FINANCE

金融学专业应用型本科人才培养特色教材

JINRONGXUE ZHUANYE YINGYONGXING BENKE RENCAI PEIYANG TESE JIAOCAI

征信理论与实务

ZHENGXIN LILUN YU SHIWU

（第二版）

主 编◎唐明琴 叶湘榕

中国金融出版社

责任编辑：张菊香
责任校对：刘　明
责任印制：丁淮宾

图书在版编目（CIP）数据

征信理论与实务/唐明琴，叶湘榕主编．—2 版．—北京：中国金融出版
社，2024.1
金融学专业应用型本科人才培养特色教材
ISBN 978 – 7 – 5220 – 1865 – 2

Ⅰ．①征…　Ⅱ．①唐…②叶…　Ⅲ．①信用制度—高等学校—教材　Ⅳ．①F830.5

中国版本图书馆 CIP 数据核字（2022）第 255940 号

征信理论与实务（第二版）
ZHENGXIN LILUN YU SHIWU（DI-ER BAN）
出版
发行　**中国金融出版社**

社址　北京市丰台区益泽路 2 号
市场开发部　（010）66024766，63805472，63439533（传真）
网 上 书 店　www.cfph.cn
　　　　　　（010）66024766，63372837（传真）
读者服务部　（010）66070833，62568380
邮编　100071
经销　新华书店
印刷　保利达印务有限公司
尺寸　185 毫米×260 毫米
印张　16.75
字数　350 千
版次　2015 年 11 月第 1 版　2024 年 1 月第 2 版
印次　2024 年 1 月第 1 次印刷
定价　49.00 元
ISBN 978 – 7 – 5220 – 1865 – 2
如出现印装错误本社负责调换　联系电话（010）63263947

总序言

在当今经济全球化和结构转型的大潮中，金融的核心地位更加凸显，国际一体化程度不断提高，金融创新不断加快。中国的金融改革开放更是异彩纷呈：对内，消除民营资本进入障碍；对外，拓宽资本跨境流动渠道，证券发行管理模式由核准制向注册制转变，以放开利率、汇率为核心的市场化改革不断推进，诸如产业金融、科技金融、民生金融、网络金融、农村金融等新的金融范畴不断涌现。这使得金融机构的经营领域不断拓宽，企业及个人投融资的选择空间不断扩大，同时，各金融主体面临的风险种类和程度也不断扩大，金融对经济的促进作用及可能带来的冲击同步增大。金融改革创新浪潮对金融教育提出了新的需求，也要求高校培养出能紧紧把握和跟随时代脉动的实用型金融人才。

人才培养的核心在于教学建设，教学建设的核心在于课程建设，课程建设的核心在于教材建设。虽然改革开放以来我国的金融教育随着金融实践的发展也取得了长足进步，但仍然明显落后于现实需求。金融本科教材建设方面存在的突出问题有：缺乏统一、规范的建设框架，开设的课程及教材版本多种多样，教材内容各不一致；内容与金融现实存在脱节，有些从西方教材直接照搬过来，与中国的金融现实不对接，有些内容过时、陈旧。正是基于存在的问题和适应新形势下金融人才培养的需要，我院利用成为教育部金融学本科教育专业标准委员会成员的机会，力图从规范与发展教学内容的角度出发，对金融学本科专业课教材的建设，进行一次发展的尝试。

广东金融学院是原隶属于人民银行总行的行属院校，金融学专业是教育部首批特色专业。长时期行业办学的经历，促成了学院的人才培养历来重视行业需求，突出强调金融的应用特征，同时也造就了一支较为过硬的教师团队。鉴于国内金融学本科教材的使用现状，本系列教材只涉及金融专业课教材，包括《商业银行业务与经营》《金融风险管理》《国际结算》《个人理财》《公司理财》《商业银行模拟实训教程》《征信理论与实务》，都是发挥学院师资优势、涉及具体金融业务的核心专业课程教材。学院组织了一批具有深厚理论功底和丰富教学经验的中青年教师，联合区域内金融业界的高管人员及我院兼职研究生导师，编著了这套专业核心课程教材，希望对金融本科教学建设和应用型金融人才培养发挥一定的推动作用。

感谢为本套金融专业核心教材编著付出艰辛劳动的各位教师及金融业界同仁，感谢中国金融出版社对本套教材出版所给予的大力支持。

广东金融学院副院长

2022 年 1 月于广州

第二版修订说明

《征信理论与实务》教材于 2015 年 11 月正式出版至今，已有 7 年多了。该教材在推动信用经济时代信用专业人才培养，拓展经济管理类学生征信相关知识，提高征信行业从业人员素质，普及社会信用文化知识等方面，均起到了一定的重要作用。鉴于近些年社会信用建设的不断推进和征信行业的快速发展，本教材内容也需要适应新的形势进行一些完善和调整。为此，我们多次召开专家咨询会，组织一批专业老师重新修订了这本教材。

本书第二版中主要进行了如下修订：

（1）在章结构方面，仍保持十章，但增加了"国际征信"和"征信未来发展趋势与模式"两章，合并原"征信法律"和"征信监管"为一章，去掉原来最后一章"个人信用记录的维护"，并对各章标题进行了优化。

（2）在节结构方面，新增两章的节除外，另有五章新增或替换了节，如："征信概述"这一章新增一节"征信的原则、行为规范与基本流程"，替换原来"征信的起源和发展"一节；"征信数据库"这一章新增一节"替代数据"；"征信产品与服务"这一章新增一节"征信增值产品服务"，替换原来的"信用咨询服务"一节；合并的"征信法律与征信监管"这一章新增一节"行业自律管理"；"企业征信产品应用场景"这一章新增两节"小微企业普惠金融"和"其他企业征信产品应用"。此外，一些节标题也进行了优化，具体可参见目录。

（3）在内容方面，除替换旧数据、修正错误等常规修订之外，对一些节的内容进行了大幅修改、补充及优化调整，并替换了一些知识链接，新增了十几个案例。

修订之后的十章分别是：第一章，征信概述；第二章，国际征信；第三章，征信数据库；第四章，征信技术与标准；第五章，征信产品与服务；第六章，征信法律与征信监管；第七章，信息主体权益保护；第八章，征信未来发展趋势与模式；第九章，企业征信产品应用场景；第十章，个人征信产品应用场景。各章参与修订的作者分别是：第一章，唐明琴；第二章，颜海明；第三章，郭维；第四章，史福厚；第五章，叶湘榕；第六章，蔡赛男；第七章，解晓晴；第八章，梅春；第九章，何南；第十章，丁肖丽。最后的修订稿由唐明琴和叶湘榕共同审定。

在第二版修订过程中，中国并购公会信用管理专业委员会常务副主任刘新海研究员和安光勇博士对大纲给出了不少修改建议，并提供了部分参考资料，在此表示衷心的感谢！我们也参考了不少新的教材以及其他相关书籍和论文，不能一一列出，在此一并致以诚挚的谢意！

各位作者均已尽力，囿于水平限制，错误在所难免，恳望各位读者批评指正。

编者
2023 年 10 月

金融学专业应用型本科人才培养特色教材
JINRONGXUE ZHUANYE YINGYONGXING BENKE RENCAI PEIYANG TESE JIAOCAI

特别致谢

在本教材编写、修订过程中，深圳佳信隆企业管理咨询有限公司董事长王纯红女士、广州市金科企业管理咨询有限公司总经理张卫华先生、广州智乘企业征信有限公司总经理陈海涛先生、广东信融信用管理服务有限公司董事长张志良先生、中国并购公会信用管理专业委员会常务副主任刘新海研究员和安光勇博士给予了大力支持，谨此对以上这些机构及其领导表示衷心的感谢！

作者
2023 年 10 月

目录

第一章

征信概述

【学习目标】

1. 掌握征信及征信相关概念，理解征信的特征与功能。

2. 掌握征信的理论基础——信息不对称理论等，了解征信对解决信息不对称问题的作用。

3. 了解征信的原则、行为规范与基本流程。

4. 理解征信体系的含义、主要内容，了解国外征信体系建设的主要模式。

第一节　征信的概念

一、征信的含义

征信是指专业化的第三方机构依法收集、整理、保存、加工有关反映自然人和法人及其他组织信用状况的信息，并以此为基础向有合法需求的信息使用者提供信用信息服务，帮助经济活动主体判断和控制信用风险的活动。

在国外，一般用"Credit Information Service"来表述征信活动，包括收集、整理、加工信用信息，以及形成并提供信用基础信息和增值产品的过程。在有些文献中，也使用"Credit Reporting""Credit rating""Credit Investigation"等词汇来表述征信，但这些词汇只描述了征信活动的某一个方面，如信用报告、信用评级、信用调查等。

在我国，"征信"一词最早见于《左传·昭公八年》中，有"君子之言，信而有征，故怨远于其身"。其中，"征"即收集、证验、证实，"信"即信用、信誉、信任。"君子之言，信而有征"，就是说君子之言，之所以诚实可靠，是因为可以找到充分的证据加以佐证。这里"征信"合起来的意思即为验证信用。随着社会分工和信用交易的发展，征信活动经历了不同的演变过程，现代征信作为信用管理学科领域的技术名词，其内涵和外延更加清晰和明确。

征信的内涵非常丰富，可以从以下六个方面来理解和把握。

第一，征信的主体是专业化的信用信息服务机构，即征信机构。征信机构是专门从事信用信息服务的机构，它根据自己的判断和客户的需求，依法采集、整理、保存、加工自然人和法人及其他组织的信用信息，向客户提供专业化的征信产品和服务。

第二，征信的客体，或称征信的对象，是信用活动的主体。在经济生活中，能够从事信用活动的主体有两类：一类是法人，包括政府、企业和其他组织（如事业单位、社会组织）；另一类是非法人，即自然人。政府作为债务人的信用形式是政府信用，举债方式有发行债券、国库券等；企业法人和其他组织作为债务人的信用形式是企业信用或称商业信用，举债方式有赊购商品、发行企业债券、向银行贷款等；自然人作为债务人的信用形式是个人信用，举债方式有零售信用、民间借贷、向银行借贷等。

第三，征信的基础是信用信息。信用信息是反映自然人、法人及其他组织在社会经济活动中信用状况的记录，是交易主体了解利益相关方的信用状况、判断和控制信用风险的基础。信用信息主要包括交易主体的金融信用信息、商业信用信息和社会信用信息等。金融信用信息主要是信息主体从金融机构获得的授信及履约等信息，如贷款或信用卡额度与偿还记录、投保与理赔记录、证券买卖交易记录等；商业信用信息是信息主体与商业交易对象之间发生的信息，如商业授信额度与期限、商业合同履约信息等；社会信用信息主要是信息主体参与各种社会活动所发生的信息，如政府机构的行政奖罚记录、法院的判决和裁定信息、公用事业单位记录的缴费信息以及信息主体的社会交往信息、行为偏好信息等。

第四，征信的信息主要来源于信用信息的提供者。信用信息提供者出于商业目的、协议约定或法律义务而向征信机构提供信息。征信机构从信用信息提供者处获得的信用信息越全面、质量越高，对信用主体信用状况的描述和评估就越准确。至于征信机构能采集到哪个层面的信息，这取决于法律制度环境、社会文化习惯、机构自身采集信息的能力等多方面因素。

第五，征信的服务对象主要是从事信用交易活动的各方主体及政府相关监管部门（即信用信息的使用者）。征信机构根据信用使用者的不同要求采集信用信息，在采集信息的范围、方式以及提供的征信产品和服务上各有侧重。对于市场化运作的征信机构来说，信息使用者的需求将引导其市场定位和发展方向。随着以信用为基础的新型监管机制的不断完善，征信产品逐渐成为政府实施信用分类监管和社会治理的基础和抓手，各级政府及相关监管部门也成为征信产品和服务的使用者。

第六，征信的主要目的是促进信用交易活动的开展。征信信息用于交易主体了解交易对手的信用状况，供交易主体决策参考，是交易主体选择交易对手的依据之一。从长远看，征信致力于在全社会形成激励守信、惩戒失信的机制，有效推动形成诚实守信的社会氛围，进而提高社会整体信用水平，促进社会经济和谐健康发展。

征信有多种分类方法。按信息主体的不同，征信可分为自然人征信（个人征信）和法人征信（企业、社会组织、事业单位、政府等征信）；按业务方式的不同，征信可分为信用登记、信用调查、信用评级等；按从事征信机构所有权或经营者性质的不同，征信可分为公共征信和私人征信。征信也有狭义和广义之分。狭义征信，即传统意义上的征信，仅包括信用登记、信用调查。而广义征信不仅包括狭义征信内容，还包括信用评级、商账追收、保理、信用保险、信用担保、电话查询票据、企业信用管理服务咨询等内容。在企业的全程信用管理过程中，所有对企业信用风险进行防范、控制和转移的技术方法都可以被认为是广义的征信手段。

二、征信概念的演变

征信概念的演变和征信活动的发展密不可分。随着社会分工的细化和信用交易的发展，对征信概念的界定也不断清晰，其演变过程大致经历了三个阶段。

第一阶段是授信主体征信。此阶段的征信是指赊销人或债权人，通过对潜在和现实的赊购人或债务人的信用交易行为以及经济实力进行调查、监测，评估、判断其信用状况，了解其还款能力和还款意愿，以此作出是否交易或采取资产保全的决策。

第二阶段是第三方征信机构征信。此阶段征信的内涵是受托探访调查并提供调查结果报告。特别是货币本身成为信用交易的对象后，授信主体为了方便地获取赊购人或借款人的全面信用信息，组建或认可某个征信所，由它收集、汇总各授信主体提供的赊购人信息，并提供给授信主体使用。这些征信所因为是独立于借贷（或买卖）双方的，所以也称为第三方机构。

第三阶段是现代征信的出现和发展。此阶段征信的概念已由早期的受托探访调查演变为现代意义上的信用信息收集、整理、加工、提供活动。征信所在经营过程中，发现某一类机构或人群经常成为被调查对象，于是就将此类机构或人群的信息事先收集起来并建立资料库，在接受委托时可以立即提供调查结果，这就是现代征信的雏形。随着计算机和通信技术飞速发展，征信所逐步建立电子资料库，并实现信息收集与提供的自动化。此时征信机构不仅提供被调查对象的原始信息，也提供被调查对象的定量化评价结果。

三、现代征信的意义

现代征信，是指专业化的第三方征信机构以了解法人（企业等）资信和非法人（消费者个人）信用为目的的调查，具体来讲，就是运用专业知识，通过收集掌握的公开信息和调查掌握的隐蔽信息对某个民事主体履行债务的能力作出客观公正的评价，包括一些与交易有关的数据采集、核实和依法传播的操作全过程。因此，上述两种对企业和个人的调查分别被俗称为企业征信和个人征信。

个人征信是指由征信机构把分散在各商业银行和社会有关方面的个人信用和信誉信息汇集起来，进行加工和储存，形成个人信用信息集合，当个人在进行信用活动（如贷款购房、购车等分期付款形式的购买活动）时，其信用记录将作为一项重要的参考因素被贷款人所考虑，为银行和社会有关方面系统地了解个人的信用和信誉状况提供服务的活动。个人信用是整个社会信用的基础，因此个人征信在社会信用管理体系中具有重要的基础性的地位。

企业征信是指征信机构在对企业、债券发行者、金融机构等市场参与主体的信贷记录、经营状况、财务状况、资信评级情况、所处外部环境等诸多因素进行收集分析研究的基础上，对其信用能力（主要是偿债能力及其可偿债程度）所作的综合评价。在企业的经营活动中，这些信息会被有条件地披露给特定的主体。

企业征信在形式上表现为对履约能力及其可信程度所进行的一种综合分析和测定，它是市场经济体系不可缺少的中介服务。在我国，随着资本市场的建立和发展，信用关系日趋复杂，由此产生的信用风险对经济活动的影响也日益深远。特别是加入世界贸易组织（WTO）以后，我国更快地融入全球经济，只有建立与国际接轨的信用保障体系，及时揭示和预警信用风险，才能为我国资本市场和商业市场的健康发展、与国际市场的进一步接轨创造良好的条件，从而保证我国经济持续、快速、健康地发展。

企业征信服务对国家宏观信用管理体系建设和企业微观信用管理都具有非常重要的意义。可以说，没有完善的企业征信服务，企业间的信用交易行为就无法顺利进行，也不可能建立一个正常的市场经济秩序。这是因为，在经济活动中，地域差异和信息不对称是不以人的意志为转移的客观存在，它会导致合作双方互相不了解情况，信用信息的不充分给交易双方带来许多麻烦，也给一些欺诈行为以可乘之机，使得社会交易成本上升，一些企业吃亏上当及不履行债务的事情屡有发生。而委托一个独立、客观、公正的第三方对合作对象进行资信调查和信用咨询，可以使交易决策更有依据，从而保障整个交易的顺利进行。

【知识链接1-1】

征信与信用、诚信的关系

一、征信、诚信和信用的区别

（一）诚信的定义

诚信即诚实守信，是一种精神和原则，是人们在社会交往与经济活动中认同并遵守的一种道德规范和行为准则。"诚"即诚实诚恳，指主体真诚的内在道德品质；"信"即信用信任，指主体"内诚"的外化。"诚"更多地指"内诚于心"，"信"则侧重于"外信于人"。"诚"与"信"一经组合，就形成了一个内外兼备、具有丰富内涵的词汇，其基本含义是指诚实无欺，讲求信用。千百年来，诚信被中华民族视为自身的行为原则和道德规范。

（二）信用的定义

《辞海》对信用有三种释义：一是信任使用；二是遵守诺言，实践成约，从而取得别人的信任；三是价值运动的特殊形式。《新帕尔格雷夫经济学大辞典》对信用的解释是：提供信贷（Credit）意味着把对某物（如一笔钱）的财产权给予让渡，以交换在将来的某一特定时刻对另外的物品（如另外一部分钱）的所有权。《牛津法律大辞典》的解释是：信用（Credit），指在得到或提供货物或服务后并不立即而是允诺在将来付给报酬的做法。在现代经济社会生活中，我们一般认为，信用是与商品交换和货币流通紧密相连的一个经济概念，指在社会经济交易的一方承诺未来偿还的前提下，另一方向其提供商品或服务的行为。

（三）诚信、信用和征信之间的区别

诚信、信用和征信的概念经常被人们混淆或者相互替代使用，但三者又存在着明显的区别。

诚信属于道德层面的概念，是人们对事物自律性的主观意识。它既是调整人们社会行为的一种道德规范和行为原则，也是反映人们社会修养的一种道德品质。诚信与否，是一个人主观上的故意行为，只能进行道德层面上的定性判断，难以定量评估。

信用从属于经济范畴，是商品生产、货币流通、市场交易发展到一定阶段的产物。它既是社会经济主体的一种理性行为，也是一种能力体现，可以进行定量评估、预测。

征信是专业机构收集、记录、保存、提供信用信息的活动行为，其本质特征是有第三方机构参与。征信本身既不是诚信，也不是信用，仅仅是客观记录社会经济主体过去的信用信息并帮助预测未来是否履约的一种活动。

二、诚信、信用和征信的联系

诚信、信用和征信虽然分别隶属于不同的范畴，但是它们之间存在着非常紧密的联系。诚信、信用和征信相互作用、相互影响，共同构成了社会信用体系建设的主要内容。诚信是一切信用形式的共同基础，没有诚信，信用关系不可能发展。诚信是每个社会经济主体都应遵守的道德规范和行为原则，是社会文明、进步和发达的标志。社会经济主体之间的诚实守信和相互信任共同保障了社会信用环境的正常运行。信用则是诚信原则在社会经济主体活动中广泛应用的体现。征信通过对社会经济主体信用活动和行为及时、真实、全面的记录，既帮助社会经济主体积累信用财富，也激励每个人养成诚信的行为习惯，进而促进整个社会信用环境的改善。总的来看，诚信是社会信用形成的基础，而社会信用水平的提高又离不开征信体系和征信活动。

第二节　征信的理论基础

信息经济学、数理统计、计量分析、博弈论等相关理论和学科，为征信提供了基础理论和分析工具。其中，信息不对称理论是征信产生的重要理论基础，征信则为信息不对称问题的解决提供了重要的途径。

一、信息不对称理论简介

信息不对称理论由 2001 年获得诺贝尔经济学奖的斯蒂格利茨、阿克洛夫、斯彭斯三位美国经济学家提出，是一种分析信息不对称对市场交易行为和市场运行效率的影响及解决办法的经济学前沿理论。它主要有以下两个方面的基本观点和内容。

（一）信息不对称是市场经济的普遍现象

信息不对称是一种普遍现象，它不仅存在于各类市场交易中，而且也广泛地存在于我们的日常生活中。它根源于劳动的社会分工、人的欲望及能力的差异性和人们为了自己获利或免受损失的趋利性。所谓信息不对称，是指市场交易双方拥有的相关信息不对称，其中一方比另一方拥有更多的信息，而且双方都知道这种不对称信息的分布状况。

信息不对称按市场主体不同可分为两类。一类是卖方比买方拥有更多的信息，买方不如卖方精明。例如，在产品市场上，卖方比买方拥有更多的关于商品质量、性能、使用寿命和生产成本等方面的信息。另一类是买方比卖方拥有更多的信息，卖方不如买方精明。例如，在金融保险市场上，借款人比贷款人拥有更多的关于投资的未来收益和风险的信息。

信息不对称按时间不同也可分为两类。一类是事前不对称信息，又称外生信息不对称。例如，在劳动力市场上，在雇员同雇主签订合同前，雇员就比雇主掌握更多关于自身生产效率的信息；在产品市场上，在商品交易前，卖者就比买者知道更多的关于产品质量的信息。另一类是事后不对称信息，又称内生信息不对称，指市场交易后发生的信息不对称。例如，劳动者被雇用后是努力工作还是消极怠工的信息，雇员比雇主更清楚。

造成信息不对称的原因主要有三个：一是信息的准确性和有效性受时间和空间的双重限制，信息只有在特定的时间、地点并具备特定的条件才有意义；二是在信息的收集过程中是需要付出相应成本的，这里的成本既包括了有形成本，也包括了所花费的时间和精力等无形成本，所以在信息的收集中同样需要进行收益和成本的权衡；三是信息的利用模式受对问题的认知和一定的思维习惯影响，信息的加工、处理和决策需具备专业的知识和敏锐的判断能力。

（二）信息不对称问题的主要表现形式是逆向选择和道德风险

事前信息不对称产生逆向选择（Adverse）。逆向选择是指交易双方信息不对称和市场价格下降产生的劣质品驱逐优质品，进而出现市场交易产品平均质量下降的现象。例如，在产品市场上，特别是在旧货市场上，卖方比买方拥有更多的关于商品质量的信息，买方无法识别商品质量的优劣，只愿根据商品的平均质量讨价，这就使优质品价格被低估而退出市场交易，结果只有劣质品成交，进而导致交易停止。因此，要从根本上解决"打假"问题，关键是解决买卖双方的信息不对称问题。

事后信息不对称产生道德风险（Hidden Information）。道德风险是指事后信息不对称造成的卖方对买方的损人利己的行为。道德风险产生于事后信息不对称的各类市场中。一是在委托代理关系中，代理方违背委托方利益最大化目标，为自己牟取私利。如建筑工程施工方不按图纸要求施工，偷工减料，搞豆腐渣工程，从而使委托人被迫承担更大的风险。二是在金融市场上，借款人违反借款协议，私下改变资金用途，滥用借入资金。三是在保险市场上，投保人因投保而放松对已投保的财产监护的警惕性，避免发生事故的积极性也大为减弱。四是在医疗保险中，保健对象由于享受统筹医疗而小病大养也并非个别现象，使医疗费猛烈飙升。五是在劳动力市场上，劳动者受聘后由于实行计时工资或固定工资而偷懒，或把工作当休息也不鲜见。

解决信息不对称问题有赖于搜寻和发布信息、加强监督和激励。研究信息不对称是为了使市场配置资源达到帕累托最优状态。

搜寻信息是解决事前信息不对称产生的逆向选择的有效办法。市场交易中拥有较少信息的一方通过搜寻信息可以降低信息不对称程度，提高市场交易的效率。消费者搜寻信息降低信息不对称程度，可避免或减少商业欺诈，但每个消费者都去搜寻信息会造成资源浪费。因此，解决事前信息不对称产生的逆向选择，还需要政府的适度干预和调控。

发布市场信号是解决逆向选择的又一基本方法。在产品市场上，卖方可通过传递商品质量的市场信号来缓冲或解决买方不如卖方精的问题。在劳动力市场上，雇主依据求职者的文凭档次、受教育程度和工龄来甄别劳动力质量，因为教育不仅增进人力资本，而且文凭是显示个人能力的信号。劳动者被雇用后，雇主还可根据其在工作中的实际表现对其能力作出正确判断。市场信号是可以造假的，假名牌和假文凭的大量存在就是证明。因此，政府应规范市场信号的发布，规范名牌产品和文凭的授予，以回归原本。

监督和激励是解决道德风险的基本办法。拥有较少信息的一方要加大监督力度，必须搜寻和获取更多的信息，当获取有效监督所需信息的成本大于收益时，经济人应选择激励来减少道德风险。当个人不能从其做的事中获得相应回报时，激励是非常必要的。一般来说，有效的激励办法一是明晰产权和价格；二是合同和信誉，尤其是信誉，它是一种有效的激励机制，是一种进入障碍，因为潜在竞争者为树立良好信誉，必须花费大量金钱；三是把报酬和生产效率直接联系起来，实行效率工资制，较高的工资鼓励较高的生产效率，更高的工资鼓励更高的生产率。

信息不对称理论为我们认识和研究市场经济提供了新的思路，为我们解决市场交易中的逆向选择和道德风险问题提出了系统的办法。

二、信息不对称问题解决的机制分析

信息不对称问题是经济生活中的一个普遍现象，要解决信息不对称问题所产生的逆向选择和道德风险问题，就必须增加交易行为的透明度，健全交易中的信息传递机制和信息甄别机制，其核心是建立信息共享机制，提高可获取信息的数量和质量，征信就是其中重要途径之一。

（一）市场机制分析

通过对信息不对称产生原因的分析，我们了解到信息不对称有其产生的客观条件，如社会分工以及人的能力的有限性等。科学技术尤其是计算机和网络技术的发展在一定程度上缓解了信息不对称的问题，可以说技术发展是解决信息不对称问题的一个重要手段。但是作为分类，技术发展所带来的信息不对称的缓解，可以归类到市场机制之中，因为市场诱发了技术的不断创新与发展。

解决信息不对称的市场机制表现为两个方面，这两个方面解决信息不对称的内在机理均是谋利动机。

1. 市场中介组织机构的创建。创建相应的组织机构，通过技术的创新或采用新的技术来帮助市场交易参与人员处理信息，从而在解决信息不对称问题的过程中获得利益。市场中存在很多这样的组织机构，如职业介绍所、婚介所、证券交易中心、担保公司、信誉评级机构等，这些机构的创建在一定程度上为通过市场本身解决信息不对称问题提供了市场化解决的机制。

2. 不对称信息者的主动披露。信息优势者出于经济利益的考虑会隐藏信息或者提供虚假信息，但是市场中同样存在信息优势者出于利益的考虑主动披露信息的行为，如一个质优价廉的生产商通过大量的广告向消费者主动传递自己的信息以使自己区别于其他的生产商。在信息经济中对此给予的概念就是信号发送的行为。如在劳动力市场中，求职者主动发出信号（更高的学历证书），以让自己区别于另外的求职者。

（二）制度机制分析

制度机制在一定程度上是解决市场失效情况的一种机制设立方式，即所谓的有形之手在解决信息不对称问题上的表现。这种制度的设计机理是通过惩罚、奖励等手段来完成的，如：法律所要求的如果不能完整、准确、真实、及时地发布信息而给予惩罚，组织内部为了解决信息不对称问题所设计的公司治理制度和经理人激励制度，等等。这种制度层面解决信息不对称的方式可以有一些简单的分类。

1. 按照制度的范围可以分为组织层面、行业层面、国家层面的制度设计。组织层面的制度设计用于解决信息不对称的方式包括试用期制度、激励制度、公司治理制度等。行业层面的制度设计用于解决信息不对称问题的最主要方式就是行规。国家层面的制度设计主要是政策与法律，如上市公司的强制信息披露制度等。

2. 制度层面解决信息不对称的另外一种分类方法是将制度分为显性制度和隐性制度两种。所谓的显性制度就是指法律、政策、行业规则、组织内规章等成文的制度形式。隐性制度则是指社会规范、专业化标准等不成文的但是众所周知的制度，如文化、风俗习惯等。在组织层面，企业文化就是一种隐性的制度形式。这些制度的形式在一定程度上解决了信息不对称及相应产生的逆向选择和道德风险问题。

（三）社会网络机制分析

社会网络的建立或者称为人际关系的建立，往往有助于解决信息不对称问题，因为通过社会网络可以获得相当数量的信息。美国社会学家格兰诺维特（Granovetter）的弱关系优势理论及伯特（Burt）的结构洞理论都认为，非常重复的社会网络构建可以让网络行动者获取更多的信息，并对其产生帮助。

社会网络可以增加决策者的信息量，但是对不对称信息问题的解决有帮助的最主要的还是信息的可靠性。参与者会认为从社会网络中得到的信息是比较可靠的信息，因为社会网络更多的是基于信任关系而构建的。这种信任产生的主要原因有以下几个。

1. 长期的交往。社会网络是通过长期交往而构建起来的，而这种长期交往产生了社会网络中人与人之间的信任。长期交往之所以产生信任，源于处在社会网络中的人往往考虑长远的利益，因此在交往中就会区别于一次交往可能产生的机会主义行为，而在社会交往中保持必要的信任与忠诚。

2. 其他社会关系类型。如社会网络中很多干脆就是亲人、亲戚关系，这种关系往往是基于血缘关系而存在的，而血缘关系本身即是一种稳定的信任关系。

扩大社会网络可以帮助参与者获得更多决策所需的可靠信息。因此，社会中的组织或者是个人都会积极主动地构建这种关系。但是社会网络的构建本身是需要投入成本的，这种成本的投入是一种包括时间、感情、礼物等的复杂过程。因此一个人的社会网络就会有一个相对的边界，与此同时随着向社会网络边界的靠近，信任的基础也变得薄弱，使得获得信息的真实性随之衰减。当社会网络的边界小于参与者决策所需信息的范围时，信息不对称问题就会再次产生或变得严重。

三、征信对信息不对称问题解决的作用

征信综合运用市场机制、制度机制和社会网络机制来解决信息不对称问题，其发挥的作用可归纳为以下四个方面[①]。

（一）减轻逆向选择

逆向选择是信贷交易在信息不对称情况下发生的问题，不良贷款风险往往来自那些积极寻找贷款的人。在信息不对称条件下，那些不良借款者往往可能采取各种手段骗取贷款机构的信任，从而导致贷款机构将贷款投向不良借款者而非优质借款者，即信贷交易中出现了逆向选择问题。

从理论研究来看，征信活动能使信贷机构有效甄别借款者信用风险的大小。例如，当一家企业在一家本地银行发生借贷关系并且信用良好时，则通过信息传递机制的安排（例如征信机构），这家银行的信用能够为外地的银行所了解，外地银行就像对待自己的长期客户一样来对待这个新的客户。因此，征信有助于改善银行对申请借款者特征的了解，有助于银行比较准确地预测还款概率，有利于实现对贷款对象的优化和贷款定价的合理化，减轻逆向选择问题。

---

① 参见中国人民银行征信中心"征信知识"网页：http://www.pbccrc.org.cn/zxzx/zxzs/201401/ed38451ab9864d338176a8b75e01e892.shtml。

（二）减轻对申请借款者的掠夺

征信可以降低银行从其客户处收取的信息租金[1]，原因在于，当银行对借款者的特征认识非常充分时，它们能够比那些不了解情况的竞争对手收取更低的租金，从它所拥有的信息中获取信息租金。

银行自身所拥有的信息优势赋予银行享有对其拥有的客户的一定的市场垄断权，产生了对客户的掠夺行为，而客户预期未来银行可能会收取掠夺性利率，借款者将降低合约履约的努力。这种局面将会导致更高的违约率和利率，可能会导致信贷市场的崩溃。然而，如果银行互相交换信息，将会保证借款者的信息能够有效共享，银行收取信息租金的能力将会受到约束，这意味着融资项目所产生的总剩余中将有更大的部分为借款者所获得，借款者从贷款中所获得的净福利提高。因此，借款者将有更大的动力去确保他们所投资项目的成功，从而降低违约的可能性。银行收取的利率将伴随违约率的降低而降低，相比于没有信息传递时的情况，总的贷款额将会增加。

将各家银行的信息汇集，保证借款者的信息能够及时传递到信贷市场，有助于降低各家贷款机构的信息优势和隐含的租金，迫使每个贷款机构的贷款价格更具竞争力。利率的降低提高了借款者的净收益，增加了他们还款的动力。因此，征信活动促使信息在银行之间传递，减轻了银行从关系客户中所获取的信息租金。贷款机构也有动力去组建征信机构，实现信息共享，保证信息在贷款机构之间的传递。当申请高额贷款的潜在借款者的可选择机会越多时，贷款机构越有动力去推动借款者的信息在银行间共享。

（三）产生违约披露的纪律约束

即使没有掠夺行为，银行之间也存在共享借款者记录的动力。因为银行共享借款者的违约信息，对借款者而言，会产生一种纪律约束：违约行为变成了较差的信号，其他银行在对其放贷时会考虑到信用风险溢价，从而执行更高的利率，甚至拒绝贷款。为了避免这种惩罚，借款者将会更加努力偿还贷款，从而降低信贷市场的违约率和利率，增加信贷市场的贷款金额。这一机制提高了借款者的还款激励，减少了道德风险和商业银行的损失，是银行共享借款者记录的动力之一。

（四）避免过度借贷

借款者会同时向好几个贷款机构申请信贷，并且经常能从多个贷款机构那里获得贷款。正如 Ongena 和 Smith（1998）的研究显示，在大部分国家尤其是大国，多银行借贷关系是很常见的。在某些国家，可同时借贷的银行数量相对较小：例如英国、挪威、瑞典，平均数量少于 3 家；爱尔兰、匈牙利、波兰、荷兰、瑞士和芬兰，平均数量为 3～4 家。其他国家可同时借贷的银行数量非常大，例如意大利、法国、西班牙、葡萄牙和比利时等，有 10 家以上，我国也是如此。

从借款者的角度来看，保持多银行借贷关系有如下优势：一是不同的贷款机构之

---

[1] 信息租金是指贷款机构凭借自身对中小企业信息的垄断而获得的一种超额利润，贷款机构的利润等于市场平均利润加上信息租金，但是，在信息共享的情况下，这一超额利润将不存在，贷款机构只能获得市场平均利润。

间相互竞争，有助于减少借贷成本；二是每个贷款机构只需承担较低的信用风险，因此在利息收取上它们会要求较低的风险溢价补偿；三是借款者从多家贷款机构贷款，能够避免任何一家贷款机构突然收回贷款或减少信用贷款最高限额的风险，从而避免流动性冲击的风险。

如果每个潜在的贷款机构不能确切知晓借款者从其他贷款机构已经或者能够获得的信贷额的信息，多银行贷款关系的成本就会逐渐加大。站在单个贷款机构的角度看，一个借款者的风险大小依赖于它对该借款者的债权到期时该借款者的负债总额。然而如果贷款机构不知此信息，借款者就有动机过度借贷。例如，考虑一个借款者从两家银行借款的情形，两家银行都没有告诉对方借款者从自家借出的贷款数额。假设借款者的违约概率是其负债总额的增函数，当该借款者向两家银行中的一家申请贷款时，每多借一美元就会减少对另一家银行本金和利息偿付的概率，而另一家银行却不能修改借贷合同条约来对该借款者的这种行为作出反应。因此，如果借款者对总负债支付的期望利息负担是总负债的减函数，他就有动机过度借贷。

考虑到这种道德风险，贷款机构在发放贷款时会实行信贷配给，而且（或者）要求支付更高的利率，甚至拒绝所有的信贷申请，除非借款者有担保或条约限制负债总额。如果贷款机构达成一致协议，同意相互披露对每个借款者的贷款额度和信贷最高限额，这种道德风险就可以避免。这表明，贷款机构共享贷款余额信息将会增加放款额度，并且可能会改善提供给借款者的利率条款。

第三节 征信的相关概念、特征与功能

一、征信的相关概念

1. 征信业务，是指对企业、事业单位等组织的信用信息和个人的信用信息进行采集、整理、保存、加工，并向信息使用者提供的活动。

2. 征信机构，是指依法设立的主要经营征信业务的机构。

3. 信用报告，是征信机构提供的关于企业或个人信用记录的文件。它是征信基础产品，系统记录企业或个人的信用活动，全面反映信息主体的信用状况。

4. 信用记录，是指企业和个人在一定时期内按时间顺序所累积的信用信息。其特点如下：一是具有综合性，既有正面的信用记录，也有负面的信用记录；二是具有历史的延续性，既有一次性的记载，也有屡次连续性的记载；三是具有鲜明的个性，无论是企业的信用记录还是个人的信用记录，均具有排他性，不可简单直接相加或类比；四是信用记录与其所对应的记录主体具有相斥性，即信用记录的当事人只有通过第三方才能形成具有公信力的信用记录，信用交易的当事人自身不能出具自我主张的信用记录，也不能为对方出具信用记录。

信用记录是判断企业和个人在经济活动中的道德水准和偿债能力的主要客观依据，

是投资者和放贷机构进行信用风险管理的重要决策依据。

5. 信用信息。信用信息是有关信用活动情况的客观记载。它有三个典型特点：一是与信用直接相关，二是具有客观性，三是具有文书上的可追溯性。

6. 征信数据与数据库。征信数据是经过专业处理的信用信息，反映企业信用状况的信息称为企业信用信息，反映个人信用状况的信息称为个人信用信息。征信数据库，又称为数据仓库，是指按照一定的数据模型，在计算机系统中组织、存储和使用的互相联系的信用信息的数据集合。它所收集和保存的信用信息是出于具体、明确、合法的目的，是准确、连续、动态、及时更新的，以可处理形式存储。

7. 资信评级，也称为信用评级或资信评估，是对各类企业所负各种债务能否如约还本付息的能力和可信程度的评估，也是对债务偿还风险的评价。

资信评级主要包括两类业务：一是对固定收益证券（如企业债券、上市公司可转债、货币市场与债券市场基金、资产证券化）评级，这是传统的评级，也是主要的评级业务，其主要作用是减少资本市场上的信息不对称，保护投资者的利益；二是对企业（包括各类工商企业，银行、保险、证券等金融机构以及担保机构等）整体债务偿还能力和风险的评级，也可称为企业信用质量评级、机构评级或个体评级。近年来，资信评级也被用于银行信贷决策、担保决策、资产风险评价与定价及企业信用形象树立等领域。

8. 信用评分，是指在信息主体信息的基础上，运用统计方法，对消费者或中小企业未来信用风险所作的综合评估。

9. 征信体系，被定义为包括征信法律、征信机构、行业标准、征信行业监管、征信市场与培育、征信教育与科研等在内的各方面的总和。

10. 社会信用体系，是指为促进社会各方信用承诺而进行的一系列安排的总称，包括制度安排、信用信息的记录、采集和披露机制、采集和发布信用信息的机构和市场安排、监管体制、宣传教育安排等各个方面或各个小体系，其最终目标是形成良好的社会信用环境。

二、征信的特征

1. 独立性。征信机构是第三方中介机构，独立于信用交易关系之外，它在采集、整理和分析自然人、法人或其他组织的信用信息资料，并以此为基础对外提供信用信息咨询、调查和信用评估等服务时都处于独立的地位。这种独立性能确保征信活动结果的公平、公正和公开。

2. 信息性。征信活动以信用信息为原料，它源于信用信息，也止于信用信息，不参与具体的经济活动，只参与价值的分配过程。

3. 公正性、客观性。征信活动涉及国家安全、企业商业秘密和个人隐私，信用信息的加工、整理、保存或出售，都必须基于客观中立的立场，依据真实的材料，按照一定的评估程序和方法，提供规范的征信产品和服务。

4. 时效性。由于征信对象的信用状况处于不断变化之中，征信评估的结果反映的只是一定时期内的情况，只在一定时期内有效，因此征信数据必须时时更新，以确保征信结果的时效性。

三、征信的功能

征信活动服务的范围很广，例如金融业、电信业、公共事业、政府部门等，从这些服务对象的不同角度出发，可以总结出征信具有六大功能。

（一）防范信用风险，促进信贷市场发展

随机波动理论认为，股价波动遵循随机波动，呈现典型的马尔可夫性质，股价从过去到现在的演变方式与其未来变动不相关。但是，对于单一个体而言，其行为在很大程度上则具有路径依赖的特点，预测一个人未来行为的最好方法是看其过去的表现，这一点成为社会信用体系建设的理论基础。

银行如果不了解企业和个人的信用状况，为了防范风险，就会采取相对紧缩的信贷政策。通过征信活动，查阅被征信人的历史记录，商业银行能够比较方便地了解企业和个人的信用状况，采取相对灵活的信贷政策，扩大信贷范围。这一点对缺少抵押品的中小企业、中低收入者等边缘借款人尤为重要。

（二）服务其他授信市场，提高履约水平

现代经济的核心是信用经济，授信市场包含的范围非常广泛，除银行信贷外，还包括大量的授信活动，如企业和企业（多以应收账款形式存在）、企业和个人（各种购物卡、消费卡等）、个人与个人（借款）之间的授信活动。一些从事授信中介活动的机构如担保公司、租赁公司、保险公司、电信公司等在开展业务时，均需要了解受信方的信用状况。

征信活动通过信息共享、各种风险评估等手段将受信方的信息全面、准确、及时地传递给授信方，有效揭示受信方的信用状况。采用的手段有信用报告、信用评分、资信评级等。

（三）加强金融监管和宏观调控，维护金融稳定

通过征信机构强大的征信数据库，收录工商登记、信贷记录、纳税记录、合同履约、民事司法判决、产品质量、身份证明等多方面的信息，可以综合反映企业或个人的信用状况。当从更为宏观的角度进行数据分析时，则可以整合出一个企业集团、一个行业和国家整体的信用风险状况。因此，可以按照不同的监管和调控需要，对信贷市场、宏观经济的运行状况进行全面、深入的统计和分析，统计出不同地区、不同行业的各类机构及人群的负债与坏账水平等，为加强金融监管和宏观调控创造条件。

征信对监管者的帮助主要有两个：监控总体信贷质量、测试银行是否满足监管要求（尤其是满足新巴塞尔资本协议要求）。征信对宏观调控者的帮助主要体现在通过整体违约率的测算来判断经济目前所处的周期。例如，意大利的监管机构利用征信数据库来测算商业银行的资本金要求、总体风险构成等，作为对商业银行进行监管依据的外部补充。

（四）服务其他政府部门，提升执法效率

根据国际经验，征信机构在信息采集中除了采集银行信贷信息外，还依据各国政府的政府信息公开的法规采集了大量的非银行信息，用于帮助授信机构的风险防范。在这种情况下，当政府部门出于执法需要征信机构提供帮助时，可以依法查询征信机构的数据库，或要求征信机构提供相应的数据。

征信活动使政府在依法行政过程中存在的信息不对称问题得到有效解决，为政府部门决策提供了重要的依据。这些依据主要是通过第三方反映出来的，信息的准确性比较强，有效地提高了执法效率。

（五）有效揭示风险，为市场参与各方提供决策依据

征信机构不仅通过信用报告实现信息共享，而且会在这些客观数据的基础上进行加工而推出对企业和个人的综合评价，如信用评分等。这些评价可以有效反映企业和个人的实际风险水平，有效降低授信市场参与各方的信息不对称，从而得到市场的广泛认可。

根据学者的研究，这些综合评价主要有两个作用：一是信号传递作用，通过这些综合评价，将新信息或现有的信息加以综合，提供给市场，市场根据这些综合评价所处的信用区间，对受信方的信用状况作出一个整体的评价；二是证明作用，满足一定门槛的信用评分，往往成为监管者规定取得授信的条件之一。

（六）提高社会信用意识，维护社会稳定

在现代市场经济中，培养企业和个人良好的社会信用意识，有利于提升宏观经济运行效率。但是，良好的社会信用意识并不是仅仅依靠教育和道德的约束就能够建立的，必须在制度建设上有完备的约束机制。当制度约束缺失时，国民的社会信用意识和遵纪守法意识也会面临严峻的挑战。

征信在维护社会稳定方面也发挥着重要的作用。实践经验表明，不少企业和个人具有过度负债的冲动，如果不加以约束，可能会造成企业和个人债务负担过重，影响企业和个人的正常经营和活动，甚至引发社会问题。有的国家就曾发生过信用卡过度发展事件，几乎酿成全民债务危机。一些西方国家建立公共征信机构的目的之一就是防止企业、个人过度负债，维护社会稳定。在我国，征信活动有助于金融机构全面了解企业和个人的整体负债状况，从制度上防止企业和个人过度负债，有助于政府部门及时了解社会的信用状况变动，防范突发事件对国计民生造成重大影响，维护社会稳定。

综上所述，正是因为征信能够帮助实现信息共享，提高对交易对手风险的识别，所以征信在经济和金融活动中具有重要的地位，构成了现代金融体系运行的基石，是金融稳定的基础，对于营造良好的社会信用环境具有非常深远的意义。

第四节 征信的原则、行为规范与基本流程

一、征信的原则

征信的原则是征信业在长期发展过程中逐渐形成的科学的指导原则，是征信活动顺利开展的根本。通常，我们将其归纳为真实性原则、全面性原则、及时性原则及隐私和商业秘密保护原则。

（一）真实性原则

真实性原则，指在征信过程中，征信机构应采取适当的方法核实原始资料的真实性，以保证所采集的信用信息是真实的，这是征信工作最重要的条件。只有信息准确无误，才能正确反映被征信人的信用状况，保证对被征信人的公平。真实性原则有效地反映了征信活动的科学性。征信机构应基于第三方立场提供被征信人的历史信用记录，对信用报告的内容不妄下结论，在信用报告中要摒弃含有虚伪偏袒的成分，以保持客观中立的立场。基于此原则，征信机构应给予被征信人一定的知情权和申诉权，以便能够及时纠正错误的信用信息，确保信用信息的准确性。

（二）全面性原则

全面性原则，又称完整性原则，指征信工作要做到资料全面、内容明晰。被征信人，不论企业或个人，均处在一个开放性的经济环境中。人格、财务、资产、生产、管理、行销、人事和经济环境等要素虽然性质互异，但都具有密切的关联，直接或间接地在不同程度上影响着被征信人的信用水平。不过，征信机构往往收集客户历史信用记录等负债信息，通过其在履约中的历史表现，判断该信息主体的信用状况。历史信用记录既包括正面信息，也包括负面信息。正面信息是指客户正常的基础信息以及贷款、赊销、支付等信用信息，负面信息是指客户欠款、破产、诉讼等信息。正面信息能够全面反映客户的信用状况，负面信息可以帮助授信人快速甄别客户信用状况。

（三）及时性原则

及时性原则是指征信机构在采集信息时要尽量实现实时跟踪，能够使用被征信人最新的信用记录，反映其最新的信用状况，避免因不能及时掌握被征信人的信用变动而给授信机构带来损失。信息及时性关系到征信机构的生命力。从发展历史看，许多征信机构由于不能及时更新信息而最终难以经营下去。

（四）隐私和商业秘密保护原则

对被征信人隐私或商业秘密进行保护是征信机构最基本的职业道德，也是征信立法的主要内容之一。征信机构应建立严格的业务规章和内控制度，谨慎处理信用信息，保障被征信人的信用信息安全。在征信过程中，征信机构应明确征信信息和个人隐私与企业商业秘密之间的界限，严格遵守隐私和商业秘密保护原则，保证征信活动的顺利开展。

二、征信的行为规范

（一）信息提供的许可规范

我国法律对信息提供的许可规范主要是对政府有关部门履职信息公开的原则性规范。《政府信息公开条例》明确了对政府信息提供许可的一般性规定，成为政府有关部门信息提供的基本依据。《政府信息公开条例》还将教育、供水、供电、供气、供热、环保、医疗卫生、计划生育、公共交通等公共企事业单位纳入了调整范围。《民法典》明确了动产和不动产抵质押登记信息的公开；《税收征收管理法》明确了税务机关欠税信息的公开；《中华人民共和国民事诉讼法》和《中华人民共和国破产法》明确了法院部分诉讼判决信息的公开；《中华人民共和国产品质量法》明确了产品质量状况信息的公开；《个人信用信息基础数据库管理暂行办法》对商业银行提供信息的许可作出了明确规定。

（二）信息提供的内容规范

一方面，我国法律中明确信息提供内容的规范较少。如《政府信息公开条例》规定了行政机关主动公开的政府信息，同时准许公民、法人或者其他组织根据自身生产、生活、科研等特殊需要，向政府部门申请获取相关政府信息；《破产法》规定了人民法院对裁定受理破产申请进行公告的内容。另一方面，我国法律中对信息提供内容予以禁止的规范较多。《政府信息公开条例》规定，行政机关公开的政府信息不得危及国家安全、公共安全、经济安全和社会稳定；不得公开涉及国家秘密、商业秘密、个人隐私的政府信息，但经权利人同意或行政机关认为不公开可能对公共利益造成重大影响的，可以予以公开。

为处理好公开与保密的关系，《政府信息公开条例》还规定行政机关在公开政府信息前，应当依照《保守国家秘密法》及其他法律、法规、规定进行审查；《居民身份证法》规定公安机关对因制作、发放、查验、扣押居民身份证而知悉的公民的个人信息，应当予以保密；《保守国家秘密法》规定一切国家机关、武装力量、政党、社会团体、企事业单位和公民都有保守国家秘密的义务；《统计法》规定，属于国家秘密的统计资料必须保密，属于私人、家庭的单项调查资料，非经本人同意，不得泄露。

（三）信息提供的时间规范

《政府信息公开条例》规定，属于主动公开范围的政府信息，应当自该政府信息形成或者变更之日起20个工作日内予以公开。行政机关收到政府信息公开申请，能够当场答复的，应当当场予以答复；不能当场答复的，应当自收到申请之日起15个工作日内予以答复；如需延长答复期限的，应当经政府信息公开工作机构负责人同意，并告知申请人，延长答复的期限最长不得超过15个工作日。

（四）信息提供的准确性规范

《政府信息公开条例》规定，行政机关应当及时、准确地公开政府信息，发现虚假或者不完整信息的，应当在其职责范围内发布准确的政府信息予以澄清；同时，应当与其他行政机关进行沟通、确认，保证发布的政府信息准确一致。《产品质量法》规定，产品质量检验机构、认证机构不得伪造检验结果或者出具虚假证明；《民法典》规定，因登记错误给他人造成损害的，登记机构应当承担赔偿责任，并可向提供虚假材料的登记人追偿。

（五）信息提供的范围规范

中国人民银行对金融机构信息提供范围作出了规范。《个人信用信息基础数据库管理暂行办法》规定，商业银行不得向未经信贷征信主管部门批准建立或变相建立的个人信用数据库提供个人信用信息。

（六）信息提供的异议规范

《民法典》规定，权利人、利害关系人认为不动产登记簿记载的事项错误的，可以申请更正登记，权利人书面同意更正或者有证据证明登记确有错误的，登记机构应当予以更正；权利人不同意更正的，利害关系人可以申请异议登记。《个人信用信息基础数据库管理暂行办法》规定，商业银行应当在接到异议信息核查通知的 10 个工作日内作出书面答复，并对确实有误的信息进行更正。

三、征信的基本流程

征信活动可以分为两类：一类是征信机构主动去调查被征信人的信用状况，另一类是依靠授信机构或其他机构批量报送被征信人的信用状况。两者最大的区别在于前者往往是一种个体活动，接受客户的委托，到一线去收集调查客户的信用状况；后者往往是商业银行等授信机构组织起来，将信息定期报给征信机构，从而建立信息共享机制。两者还有一个区别是前者评价的范围更广，将被征信人的资质情况、诚信度考察、资产状况等都包括在内，而后者由于是批量采集信息，因此灵活性和主观性上不如前者，但规律性和客观性则强于前者。但两类方式在征信的基本流程上是相同的。例如，前一类流程要制订计划，决定采集哪些信息，而后一类流程也同样如此，由征信机构事先确定好需要采集的信息，与信息拥有方协商，达成协议或其他形式的约定，定期向征信机构批量报送数据。因此，在讨论流程时，可以将两者合并在一起。

（一）制订数据采集计划

能够反映被征信人信用状况的信息范围广泛，为提高效率、节省成本，征信机构应事先制订数据采集计划，做到有的放矢。这是征信基本流程中一个重要的环节，一份好的计划能够有效减轻后面环节的工作负担。一般来说，数据采集计划包括以下内容。

1. 采集数据项。客户使用征信产品的目的不尽相同，有的希望了解被征信人短期的信用状况，有的则是作为中长期商业决策的参考。客户的不同需求决定了数据采集重点的迥异。征信机构要本着重点突出、不重不漏的原则，从客户的实际需求出发，进而确定所需采集数据的种类。例如，A 银行决定是否对 B 企业发放一笔短期贷款时，应重点关注该企业的历史信贷记录、资金周转情况，需采集的数据项为企业基本概况、历史信贷记录、财务状况等。

2. 采集方式。确定科学合理的采集方式是采集计划的另一主要内容。不论主动调查，还是授信机构或其他机构批量报送数据，征信机构都应制定最经济便捷的采集方式，做好时间、空间各项准备工作。对于批量报送数据的方式，由于所提供的数据项种类多、信息量大，征信机构应事先制定一个规范的数据报送格式，让授信机构或其他机构按照格式报送数据。

3. 其他事项。在实际征信过程中，如果存在各种特殊情况或发生突发状况，征信机构应在数据采集计划中加以说明，以便顺利开展下面的工作。

（二）采集数据

数据采集计划完成后，征信机构应依照计划开展采集数据工作。数据一般来源于已公开信息、征信机构内部存档资料、授信机构等专业机构提供的信息、被征信人主动提供的信息、征信机构正面或侧面了解到的信息。出于采集数据真实性和全面性的考虑，征信机构可通过多种途径采集信息。但要注意，这并不意味着数据越多越好，要兼顾数据的可用性和规模，在适度的范围内采集合适的数据。

（三）分析数据

征信机构收集到的原始数据，只有经过一系列的科学分析之后，才能成为具有参考价值的征信数据。

1. 数据查证。数据查证是保证征信产品真实性的关键步骤。一是查数据的真实性。对于存疑的数据，征信机构可以通过比较不同采集渠道的数据来确认正确的数据。当数据来源唯一时，可通过二次调查或实地调查，进一步确定数据的真实性。二是查数据来源的可信度。某些被征信人为达到不正当目的，可能向征信机构提供虚假的信息。如果发现这种情况，征信机构除及时修改数据外，还应记录该被征信人的不诚信行为，作为以后业务的参考依据。三是查缺失的数据。如果发现采集信息不完整，征信机构可以依据其他信息进行合理推断，从而将缺失部分补充完整，比如利用某企业连续几年的财务报表推算出某几个数据缺失项。四是被征信人自查，即异议处理程序。当被征信人发现自己的信用信息有误时，可向征信机构提出申请，修正错误的信息或添加异议声明。特别是批量报送数据时，征信机构无法对数据进行一一查证，一般常用异议处理方式。

2. 信用评分。信用评分是个人征信活动中最核心的数据分析手段，它运用先进的数据挖掘技术和统计分析方法，通过对个人的基本概况、信用历史记录、行为记录、交易记录等大量数据进行系统的分析，挖掘数据中蕴含的行为模式和信用特征，捕捉历史信息和未来信息表现之间的关系，以信用评分的形式对个人未来的某种信用表现作出综合评估。信用评分模型有各种类型，能够预测未来不同的信用表现。常见的有信用局风险评分、信用局破产评分、征信局收益评分、申请风险评分、交易欺诈评分、申请欺诈评分等。

3. 其他数据分析方法。在对征信数据进行分析时，还有其他许多的方法，主要是借助统计分析方法对征信数据进行全方位分析，并将分析获得的综合信息用于不同的目的，如市场营销、决策支持、宏观分析、行业分析等领域。使用的统计方法主要有关联分析、分类分析、预测分析、时间序列分析、神经网络分析等。

（四）形成信用报告

征信机构完成数据采集后，根据收集到的数据和分析结果，加以综合整理，最终形成信用报告。信用报告是征信机构前期工作的智慧结晶，体现了征信机构的业务水平，同时也是客户了解被征信人信用状况、制定商业决策的重要参考。因此，征信机构在生成信用报告时，务必要贯彻真实性、全面性、及时性及隐私和商业秘密保护的科学原则。信用报告是征信机构最基本的终端产品，随着征信技术的不断发展，征信机构在信用报告的基础上衍生出越来越多的征信增值产品，如信用评分等。不论形式如何变化，这些基本原则是始终不变的。

第五节 征信体系

一、征信体系的含义

征信体系是指采集、加工和分析信用信息并对外提供信用信息服务的相关制度和措施的总称，是由征信法律规章、征信标准、征信机构、征信数据库、征信产品和服务、征信市场、征信监管、征信教育与科研等共同构成的一个有机整体。其主要功能是为信贷市场、商品交易市场、劳动力市场等的信用交易提供信用信息服务，同时也为政府监督管理部门和社会治理等提供信用信息服务。在实践中，征信体系的主要参与者有征信机构、金融机构、企业、个人以及政府。

征信体系建设是社会信用体系建设的基础和核心环节，其主要作用是通过提供信用信息产品，信用交易活动主体能够了解交易对手的资信情况，从而防范信用风险，促进信用交易健康发展。

二、征信体系的主要内容

从各国征信理论构架和实践体系来看，征信体系主要包括征信法律、征信机构、行业标准、征信行业监管、征信市场与培育、征信教育与科研六个方面的内容，如图1-1所示。

（一）征信法律

征信法律是指直接或间接与征信行为和征信机构有关的法律法规，一般由一组法律法规构成。它是征信各项活动开展的基础。征信法律体系是指由若干部与征信相关的法律法规组成的整体。在发达国家，征信法律体系一般由十几部甚至几十部法律法规组成。

（二）征信机构

征信机构是征信活动的组织载体，是征信市场参与的主体。征信机构是一个国家

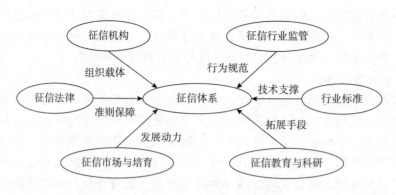

图 1-1 征信体系构成

征信体系的重要组成部分，是征信体系整体发展水平最重要的标志。根据投资主体和经营目的的不同，征信机构可以分为公共征信机构和商业征信机构（或私人征信机构）。根据业务侧重点的不同，征信机构又可以分为以收集、整理和销售征信信息为主体业务的征信机构和以信用评级为主要业务的征信机构。前一类机构一般拥有庞大的征信数据库，在征信市场上主要出售征信的低端产品；后一类机构借助于前者的征信数据进行信用评级，在征信市场上主要出售高端产品。

（三）征信的行业管理与监督

由于征信行业涉及多方面的当事人，是一项全新的、专门的服务行业，有必要设立或指定一个部门实施征信业的监督管理。征信监管的主要范围和内容包括四个方面。

1. 征信机构的市场进入。对直接关系到个人、企业经济利益，关系到商业银行经营风险和金融系统安全全局问题的征信机构，各国一般都采用比较严格的准入管理。

2. 对征信机构经营合规性监管，主要包括征信数据采集、披露程序和手段的合规性进行监管，对采用违反法律规定的程序和手段采集和使用数据的行为，监管机构有权进行处罚。

3. 对征信信息安全性的监管。世界各国一般都把征信信息作为国家经济信息安全的管理范围，对征信机构数据库的安全性以及征信数据的跨国流动进行严格的检查和监督。

4. 对征信信息证实性问题引起的纠纷进行行政裁决。对于涉及的有关违法行为，征信监管部门接受司法部门的咨询，为征信法律纠纷的司法裁定提供帮助。

（四）征信行业标准化建设

征信行业标准化建设的目的是：（1）建立并不断完善全国征信行业标准体系，为各征信系统建设提供支持与服务；（2）制定一批征信技术关键标准，为系统实现互联互通、信息共享及信息安全奠定基础；（3）建立征信体系标准贯彻实施机制，为征信系统工程建设提供服务。

征信行业标准的主要内容包括以下几个方面。

（1）信息标识标准，包括企业身份标识代码选择和个人身份标识代码选择。企业主要以全国组织机构代码为身份标识代码，个人主要以身份证号码为标识代码。通过对信息主体的规范化描述，保证不同系统间信息主体的唯一性，便于信息的整合和信息共享。

（2）信息分类及编码标准，包括有关企业与个人所有信息的分类与编码标准。在征信行业内部，最大限度地避免出现信息命名、定义、分类和编码的混乱现象，提高信息共享效率。

（3）网络通信标准，包括网络通信中的链路层和网络层应采用的标准。

（五）征信市场与培育

征信市场是生产和交换征信产品与服务的各种关系的总和。市场培育是推动征信市场的基本动力源泉。一个有秩序、快速发展的征信市场需要多方面的培育，其中包括政府的相关政策扶持、增加宣传教育的力度、提高公众信用意识、拓宽征信市场等。

（六）征信教育与科研

征信教育和科研在征信体系中发挥着培养征信专业人才、开发征信新产品的作用。一个国家如果缺少设置完善、质量过硬的征信教育，就不可能有发达的征信市场，更不存在总体发达的征信体系。

【知识链接1－2】

征信体系与社会信用体系的区别和联系

征信体系是指采集、加工、分析和对外提供社会主体信用信息服务的相关制度与措施的总称，包括征信制度、信息采集、征信机构和信息市场、征信产品与服务、征信监管等方面，其目的是在保护信息主体权益的基础上，构建完善的制度与安排，促进征信业健康发展。

社会信用体系是指为促进社会各方信用承诺而进行的一系列安排的总称，包括制度安排，信用信息的记录、采集和披露机制，采集和发布信用信息的机构和市场安排，监管体制、宣传教育安排等各个方面或各个小体系，其最终目标是形成良好的社会信用环境。社会信用体系是一种社会机制，以法律和道德为基础，通过对失信行为的记录披露、传播、预警等功能，解决经济和社会生活中信用信息不对称的矛盾，从而惩戒失信行为，褒扬诚实守信，维护经济活动和社会生活的正常秩序，促进经济和社会的健康发展。

征信体系建设是社会信用体系建设的重要内容和核心环节。社会信用体系是目的，征信体系是手段。征信体系建设的主要作用是通过提供信用信息产品，使金融交易中的授信方或金融产品购买方能够了解信用申请人或产品出售方的资信状况，从而防范信用风险。同时，准确识别企业、个人身份，保存其信用记录，有助于形成促使企业、个人保持良好信用记录的约束力。社会信用体系建设的内容更广泛，除征信体系建设外，其他部门如质检、税务等对本行业内部的市场行为进行惩戒和表彰奖励等都属于社会信用体系建设的内容。

三、国外征信体系建设的主要模式

（一）美国的市场主导型模式

美国的征信业始于 1841 年，第一家征信所是由纽约纺织品批发商刘易斯·塔潘所建立。从简单征信服务到比较完善的现代征信体系的建立，美国经历了 160 多年的时间。美国模式是典型的市场主导型，征信业以商业性征信公司为主体，由民间资本投资建立和经营。它们是独立于政府和金融之外的第三方征信机构，按照市场经济的法则和运作机制，以盈利为目的，向社会提供有偿的商业征信服务。

美国的征信服务机构具有一些很明显的特征。这些机构主要由私人和法人投资组成。它们的信息来源广泛，除来自银行和相关的金融机构外，还来自信贷协会和其他各类协会、财务公司或租赁公司、信用卡发行公司及商业零售机构等，而且信息内容也较为全面，不仅征集负面信用信息，也征集正面信用信息。此外，这些机构面向全社会提供信用信息服务。

美国对征信的立法源于 20 世纪 70 年代征信业的快速发展所导致的系列问题，走的是一条在发展中规范的立法道路。到现在美国不仅具备了较为完善的信用法律体系和政府监管体系，而且与市场经济的发展相伴随，形成了独立、客观、公正的法律环境，政府基本上处于社会信用体系之外，主要负责立法、司法和执法，建立起一种协调的市场环境和市场秩序，同时其本身也成为商业性征信公司的评级对象，这样就保证了征信公司的独立性、中立性和公正性。

（二）欧洲的政府主导型模式

欧洲征信业的发展主要采用政府主导型模式，又称公共模式或中央信贷登记模式。这种模式是以中央银行建立的中央信贷登记系统为主体，兼有私营征信机构的社会信用体系。其征信系统由两部分组成：一部分是由各国中央银行管理，主要采集一定金额以上的银行信贷信息，目的是为中央银行监管和商业银行开展信贷业务服务；另一部分由市场化的征信机构组成，一般从事个人征信业务。

欧洲对于征信的立法最初是源于对数据、个人隐私的保护，因此与美国相比，欧洲具有较严格的个人数据保护法律。1995 年 10 月，欧洲议会通过了《个人数据保护纲领》，这是欧盟第一部涉及个人征信的公共法律，该部法律的立法宗旨和基本原则是在保护人权和开放数据之间取得平衡。欧盟于 1997 年 12 月公布了第二部征信法律——《数据保护指南》。根据欧洲议会通过的法律，欧盟各国对本国的信用管理法律体制进行了完善。

欧洲的政府主导型征信模式与美国的市场主导型征信模式的差别体现在三个方面：信用信息服务机构是被作为中央银行的一个部门建立，而不是由私人部门发起设立；银行需要依法向信用信息局提供相关信用信息；中央银行承担主要的监管职能。

（三）日本的会员制模式

日本的征信体系明显区别于美国和欧洲国家，采用的是会员制征信模式，这主要是由于日本的行业协会在日本经济中具有较大的影响力。这种模式以行业协会为主建立信用信息中心，为协会会员提供个人和企业的信用信息互换平台，通过内部信用信息共享机制达到征集和使用信用信息的目的。在会员制模式下，会员向协会信息中心义务地提供由会员自身掌握的个人或者企业的信用信息，同时协会信用信息中心也仅限于向协会会员提供信用信息查询服务。这种协会信用信息中心不以盈利为目的，只收取成本费用。

日本的信用信息机构大体上可划分为银行体系、消费信贷体系和销售信用体系三类，分别对应银行业协会、信贷业协会和信用产业协会。这些协会的会员包括银行、信用卡公司、保证公司、其他金融机构、商业公司以及零售店等。三大行业协会的信用信息服务基本能够满足会员对个人信用信息征集考察的需求。例如日本银行协会建立了全国银行个人信息中心。信息中心的信息来源于会员银行，会员银行在与个人签订消费贷款合同时，均要求个人义务提供真实的个人信用信息。这些个人信息中心负责对消费者个人或企业进行征信。

同时，日本征信业还存在一些商业性的征信公司，如帝国数据银行，它拥有亚洲最大的企业资信数据库，有 4000 户上市公司和 230 万户非上市企业的资料。

日本的消费者信用信息并不完全公开，只是在协会成员之间交换使用。对此，以前并没有明确的法律规定，但银行在授信前，会要求借款人签订关于允许将其个人信息披露给其他银行的合同。另外，日本行业协会的内部规定在信用管理活动中也发挥着非常重要的作用。

【本章要点】

1. 在我国，虽然"征信"一词很早就出现了，但征信作为一项活动，是在近代才开始被人们所关注和认识的，进而才出现了真正意义上的征信概念，且对其内涵和外延的理解随着征信活动的不断深入而更加清晰和明确。

2. 信息不对称是经济生活中的一个普遍现象，要解决信息不对称所产生的逆向选择和道德风险问题，就必须增加交易行为的透明度，健全交易中的信息传递机制和信息甄别机制；其核心是建立信息共享机制，提高可获取信息的数量和质量。征信是解决信息不对称问题的重要途径之一。

3. 征信具有独立性、信息性、公正性、时效性等特征。因为征信能够帮助实现信息共享，提高对交易对手风险的识别，所以征信在经济和金融活动中具有重要的地位，构成了现代金融体系运行的基石，是金融稳定的基础，对于建设良好的社会信用环境具有非常深远的意义。

4. 征信工作遵循真实性、全面性、及时性、隐私和商业秘密保护的原则。对信息提供的行为规范可分为许可规范、内容规范、时间规范、准确性规范、范围规范和异议规范几个方面。征信的基本流程包括制订数据采集计划、采集数据、分析数据和形成信用报告。

5. 征信体系是指采集、加工和分析信用信息并对外提供信用信息服务的相关制度和措施的总称。从各国征信理论构架和实践体系来看，征信体系主要包括征信法律、征信机构、行业标准、征信行业监管、征信市场与培育、征信教育与科研六个方面的内容。从国际发达国家的经验看，征信体系建设模式主要有市场主导、政府主导和会员制三种模式。美国、加拿大、英国和北欧国家采用市场主导型模式，政府主导型模式的代表是法国、德国、比利时、意大利等几个欧洲国家，日本则采用会员制模式。

【重要概念】

征信　现代征信　诚信　信用记录　社会信用体系　征信体系

【延伸阅读】

1.《征信业管理条例》，中华人民共和国政府网站：http：//www. gov. cn/zwgk/2013－01/29/content_ 2322231. htm.

2.《征信机构管理办法》，中国人民银行网站：http：//www. pbc. gov. cn/tiaofasi/144941/144957/2898843/index. html.

3.《征信业务管理办法》，中国人民银行网站：http：//www. pbc. gov. cn/zhengwugongkai/4081330/4406346/4406348/4431544/index. html.

4. 中国人民银行征信管理局. 现代征信学［M］. 北京：中国金融出版社，2015.

【思考题】

1. 什么是征信？简述现代征信的内涵和外延。
2. 征信对解决信息不对称问题起到什么作用？
3. 简述征信的基本特征。
4. 征信的主要功能是什么？你对此有怎样的理解？
5. 简述征信的原则和基本流程。
6. 简述征信体系的主要内容。

国际征信

【学习目标】

1. 了解国外征信市场的发展状况。
2. 掌握美国主要的企业征信机构和个人征信机构。
3. 了解美国征信机构和欧洲征信机构采用的不同模式和主要特点。
4. 了解新兴市场国家的征信市场和征信机构。

第一节　美国征信业

美国是典型的私营征信机构国家。目前，美国形成了三类分工明确的征信机构：一是企业征信机构，典型代表为邓白氏公司；二是个人征信机构，三大代表机构为益博睿公司、环联公司和艾可飞公司；三是信用评级机构，标准普尔、穆迪和惠誉三大机构居垄断地位。除此之外，美国还有数量不少的专业征信机构。

一、企业征信机构

企业征信机构在美国被称为商业信用调查机构，其中最具代表性的是邓白氏公司。邓白氏公司（Dun & Bradstreet，D&B）总部设在美国新泽西州的默里山。1963 年，邓白氏公司发明了邓氏编码（D－U－N－S Number）用于识别企业身份，在整合企业以及关联企业的各类信息方面发挥了重要作用。2001 年，邓白氏公司分拆为邓白氏和穆迪两家公司，进一步加快了专业化步伐。截至 2020 年末，邓白氏公司年总营收为17.38 亿美元，业务广布北美、亚太、欧洲三大区域。邓白氏在全球 243 个国家和地区向客户提供多种信用产品和征信服务，特别是其独有的邓氏编码被广泛应用于识别、组织和整合企业信息。

邓白氏公司的核心竞争力主要体现在其全球数据库上。邓白氏公司全球数据库是一个覆盖了超过 2 亿家企业商业信息的海量数据库，收集了包括全球 214 个国家、95种语言或方言、181 种货币单位的商业信息。全球数据库收集信息的渠道和形式多样，除商事登记部门、商业信息提供商、黄页、报纸和出版物、官方公报、商业互联网、银行和法庭等常规外部渠道外，有时还采取拜访和访谈的形式收集信息。企业经邓白氏注册后，将建立一个专属的企业资信档案，存储在数据库中，供潜在合作伙伴调阅。进入全球数据库的企业信息必须完整且经若干年连续记载，及时更新和补充，以保持数据的动态化和有效性。

基于全球数据库，邓白氏公司主要为企业提供两大类产品和服务：一是信用风险管理解决方案，用于降低企业市场交易中的商业信用风险，主要包括商业资讯报告、在线监控服务、风险控制与管理系统、信用管理咨询服务和供应商管理五大内容；二是市场营销方案，帮助客户更加快捷地识别和拓展潜在客户，具体服务项目包括商业资料名录、目标客户定位、营销专案服务、资料库更新及管理方案等。

二、个人征信机构

个人征信机构在美国被称为消费者信用报告机构。最具市场代表性和影响力的当属艾可飞（Equifax）、环联（Trans Union）和益博睿（Experian）三家公司。

艾可飞创立于 1899 年，是三大消费者信用报告机构中历史最悠久的一家，当时称为零售业征信公司，总部设在美国亚特兰大，在 20 世纪 60 年代发展成为美国最大的消费者信用报告机构之一。1975 年，其更名为艾可飞公司，并开始在美国、加拿大和英国开展商业信用报告业务。艾可飞已成为美国纽约证券交易所的上市公司，是标准普尔 500 指数的成分股。截至 2021 年末，艾可飞在北美、拉美、欧洲等 25 个国家均设有分支机构，员工人数达 13000 多人，2021 年营业收入 49.24 亿美元。

艾可飞通过三个业务部门为消费者和企业客户提供服务，分别为美国信息解决方案部、劳动力解决方案部和国际部。其中，美国信息解决方案部为美国消费者和企业提供广泛的解决方案，内容包括消费者信用监控和身份盗窃预防、商业风险信息分析和利用、商业身份认定和商业欺诈解决、金融营销和分析服务。劳动力解决方案部与美国政府和数千家企业合作，提供人力资源、就业、税务、管理和工资单相关服务。国际部利用独特的数据源和分析，为世界各地的消费者、企业和政府提供更多的信贷和金融机会。每个业务部门都专注于独特细分市场的需求，与公司的战略重点保持一致，即加速创新并推广基于艾可飞云构建的新产品和服务。①

环联公司成立于 1968 年，总部在美国芝加哥。成立之初，环联主要通过技术投资提高设备的信息处理能力，是第一家通过自动化技术更新应收账款数据的征信机构，开发出了第一个在线信息存储及恢复处理系统。1988 年，环联的消费者信用信息采集范围扩大至全美，实现了信用信息的及时更新。2000 年以后，环联先后并购真实信用（True Credit）和库克郡信用局（Credit Bureau of Cook Country），进入了直接面向消费者的市场，推出在线服务，向消费者提供信用保护和价值提升服务。

环联是一家全球信息和洞察公司，现有员工 10000 人，分公司遍布全球 30 个国家

---

① 白雪. 国外三大征信机构个人产品和服务的比较研究及启示［J］. 当代经理人，2022（2）：27 – 34.

和地区，拥有 10 亿条个人消费数据和 6500 家企业数据，更新频率达到每月 30 亿次。环联主要在消费领域提供决策支持和个性化服务，不仅提供本地解决方案，还提供跨地区的全球解决方案以满足客户的独特需求。对公业务主要面向金融服务、保险、零售、电信等行业和政府，帮助机构用户在各自领域内运营、竞争和发展。个人业务主要面向消费者。除在美国开展业务外，还通过直接和间接渠道在印度、中国香港、南非和加拿大提供消费品。2021 年全年营业收入为 30.39 亿美元。[①]

艾可飞和环联都凭借高度成熟的数据检索和整合的信息应用技术，对掌握的个人信用信息进行了深入挖掘，开发和提供了信用评分、信用管理、风险控制、预防欺诈、行业分析、市场前景预测、客户筛选等一系列增值信用产品，帮助客户识别潜在风险、制定营销策略和调整经营战略等。艾可飞和环联提供的信息服务也各具特色。艾可飞的个人信用报告有两大特点：一是将账户信息分为正常账户和已注销账户两类进行分别展示；二是提供每个账户最近 81 个月的信贷历史记录，在三大消费者信用报告机构中时间跨度最长。环联的个人信用报告也有两大特点：一是记录的就业信息最为全面，包括当前和历史雇主信息、录用日期和服务年限等；二是将消费者账户分为状态良好的账户和存在不良的账户，并通过绿色、白色、黄色、橙色和红色等不同颜色区分账户状态，使信用报告更加易于阅读。

益博睿是全球领先的信息服务公司，向世界各地的客户提供数据和分析工具。总部位于爱尔兰都柏林，在 43 个国家和地区拥有 17800 名员工，拥有 12 亿消费者和 1.45 亿家企业的信用信息。益博睿帮助消费者了解个人信用、获得金融服务，助力企业作出更优决策、发展业务，协助机构和个人防范身份被盗用和欺诈风险。新冠疫情暴发以来，为保证业务的连续性和交付时间，在综合考量居家办公、线上交付、跨地域协作等因素后，益博睿推出了一系列举措，在企业审查受捐助机构时，推出了相应的减免政策；精细化管理和盘活存量，通过为银行客户提供催收系统解决方案，打通催收瓶颈，提高催收效率。2021 年，益博睿通过 158 项新科技、人才和创新的投资成功扩大了潜在市场，营业收入达 53.57 亿美元，同比增长 12%。[②]

三、信用评级机构

经过 100 多年的发展，国际信用评级行业已形成以美国评级机构为主导的基本格局。其中，标准普尔（Standard & Poor's）、穆迪（Moody's）和惠誉（Fitch）三大评级公司在全球超过 110 个国家开展业务，覆盖了主权评级、非金融企业评级、银行评级、结构融资评级等主要评级业务类型，在全球评级市场中居于垄断地位。

标准普尔由标准统计局和普尔出版公司于 1941 年合并而成，总部位于美国纽约。成立当年，标准普尔出版了用于公司债券统计和评级的新《债券指南》，包含 7000 种市政债券的评级清单。1946 年，标准普尔开始使用 IBM 电子打卡系统来收集和存储美

---

① 白雪. 国外三大征信机构个人产品和服务的比较研究及启示［J］. 当代经理人，2022（2）：27–34.
② 白雪. 国外三大征信机构个人产品和服务的比较研究及启示［J］. 当代经理人，2022（2）：27–34.

国公司信息，由此进入计算机自动化时代。1975 年，标准普尔与穆迪等一起被美国证券交易委员会确定为首批全国认可的统计评级机构。20 世纪 70 年代后期，标准普尔的债券专家委员会计划开始实施，成为第一家成立专家委员会解释其评级标准和第一家将前瞻性预测体现在评级报告中的评级机构。

穆迪创立于 1909 年，隶属于穆迪公司（Moody's Corporation），总部位于美国纽约。成立当年，穆迪首创对铁路债券进行信用评级，并以简明的符号表示对债券投资价值的分析结果。至 1924 年，穆迪评级几乎覆盖了整个美国债券市场。1962 年，穆迪被邓白氏收购，成为邓白氏的子公司。2001 年，邓白氏公司进行改组，将邓白氏公司分拆成邓白氏和穆迪两家独立的上市公司。20 世纪 80 年代起，穆迪不断拓展其海外业务市场，已在全球 41 个国家设有分支机构，员工约 11900 人。2020 年，穆迪营业收入 27.25 亿美元。

惠誉总部位于美国纽约和英国伦敦，其前身惠誉出版公司创立于 1913 年，最初是一家金融统计数据出版商。1924 年，惠誉首次推出从 AAA 级到 D 级的评级体系，并很快成为业界公认标准。20 世纪 90 年代，惠誉在结构融资评级领域取得重大进展，为投资者提供独家研究成果、对复杂信用评级的明晰解释以及比其他评级机构更强大的后续跟踪评级。1997 年，惠誉与总部位于伦敦的国际银行信贷分析公司（IBCA）合并，成为在美国纽约和英国伦敦拥有双总部的国际评级机构，这是惠誉迈向全球化的第一步。2000 年，惠誉收购世界最大的银行评级机构——汤姆森（Thomson）集团下的银行观察（Bankwatch）评级公司，进一步巩固了其国际竞争地位。迄今惠誉国际已完成 1600 多家银行及其他金融机构评级，1000 多家企业评级及 1400 个地方政府评级，以及全球 78% 的结构融资和 70 个国家的主权评级。其评级结果得到各国监管机构和债券投资者的认可。

在长期的评级实践中，三大机构积累了丰富的评级经验，建立了比较完善的信用评级制度。一是信用评级委员会制度。所有信用等级的确定、调整与撤销等都要经过信用评级委员会讨论通过。二是跟踪评级制度。信用等级发布后，评级机构继续对宏观经济形势、产业发展趋势以及受评对象自身情况的变化保持关注，并发布定期和不定期的跟踪评级。三是"防火墙"制度，即避免利益冲突制度，旨在保持信用评级行为的客观性和独立性，使评级结果免受来自内部和与评级机构有利益关系的第三方的不适当影响。四是保密制度。对评级过程中发行人提供的非公开信息实行严格的保密措施，以保护发行人利益。

四、专业征信机构[①]

前面介绍的美国四大征信机构（邓白氏、益博睿、艾可飞和环联）提供的是基础通用性的征信服务，它们一般被称为全面性征信机构或者全国性征信机构。事实上，除这些全面性征信机构之外，还存在一些服务于不同消费生活场景的特殊征信机构，

---

① 刘新海. 专业征信机构：未来中国征信业的方向［J］. 征信，2019（7）：12–18.

或者称为专业征信机构（Special Consumer Reporting Agency，SCRA）。信用风险不仅仅存在于银行信贷交易过程中，在许多先用后买的消费场景、契约式的商业交易以及重要资格和申请过程中，都存在程度不同的信用风险，需要专业的信用风险管理服务，专业征信机构正是因此而生。近十几年，随着个人消费场景的扩大、数据技术的发展和数据共享机制的更加深入应用，此类专业征信机构也发展很快，和传统征信机构形成交互补充关系。美国这类专业的个人征信机构有四五百家。

与三大个人征信机构服务于信贷和相关机构、主要采集银行信贷类的历史信用、解决信贷风险问题不同，这些专业的征信机构服务于垂直领域的机构（用于特定的服务、特定行业的交易或者面向特定的人群），收集和整合该垂直领域内消费者非信贷类的历史信用信息，解决该领域内的信用风险问题。这些专业征信机构的类型较多，大致可以分为以下十种类型。

（一）雇佣审查

雇佣调查（Employment Screening）也称为背景调查（Background Check），雇主需要对工作申请者的背景进行调查，特别是安全要求高、信任度高和级别重要的职位，例如学校、医院、金融机构、机场和政府机关等对背景调查更为重视。调查报告的内容包括过去的工作经历验证、信用历史（从传统的征信机构获得，一般不包括信用评分）和犯罪记录（从法院等公共数据库中获得）。

美国面向雇佣调查的专业征信公司有200多家，代表公司是首优咨询（First Advantage，年营业收入达到5亿美元）、凯敏瑞背景调查公司（HireRigt）和斯特林员工背景调查公司（SterlingBackcheck，收入达到1亿~2亿美元），其中首优咨询在中国设立有办事处（国内的华夏邓白氏也提供雇佣审查服务）。这种类型的专业征信公司往往没有征信数据库，是一个典型的数据集成商，靠临时整合信息和简单的数据加工完成服务。其信息来源包括征信报告、公共记录中的破产信息、地址信息、犯罪记录、之前的雇佣信息和教育背景。

雇佣审查服务根据雇主所要求的信息量来定价，虽然同是找工作，不同的职位要求的雇佣征信报告的内容是不同的：消费者申请到麦当劳工作，可能只需购买成本3美元的信息；而一个大公司高管的雇佣调查可能需要花费1000美元，用到尽可能多的相关信息。通常情况下，机构用户只需要某一家雇佣征信机构的征信服务就够了。

目前，对于雇佣调查过程中使用传统信贷信用信息仍存在争议。有的观点认为，这些信息对于求职审查不是那么重要，因为雇佣和信贷不是直接相关的，一些雇佣调查可能不应该包含犯罪记录。雇佣审查信用报告公司不会主动获取消费者的信息，除非消费者授权自己的雇佣者或者新的雇佣者来获得这样一份报告，这些征信机构才会收集和整合消费者的相关信息。为了维护消费者的权益，有的雇佣审查征信公司向消费者免费提供信用报告。

（二）租房审查

为了帮助房主管理租房过程中的信用风险，美国租房审查专业征信机构收集根据

协议交付房租的记录，其中包括含有负面信息的租房数据，例如拖欠和未支付的历史数据。美国的消费者金融保护局列出了8家租房审查的消费者专业征信机构，其中益博睿和环联分别利用自己的子公司来运营这种业务。益博睿租房信息公司（Experian Rent Bureau）从房地产主和房产管理公司、电子房租支付服务和催收公司处获得租房支付历史数据，向多个家庭租房行业提供服务。艾可飞也从其房租审查部门收集正面数据，将这些信息包含在正规的信用报告中。

（三）汽车和财产保险

专业征信机构也可面向保险业提供专门的服务，代表性的机构包括律商联讯提示（LexisNexis Clue，收入达到10亿美元）和Verisk A‑PLUS（收入达到5亿美元）。

律商联讯提示是信息服务公司律商联讯的保险赔付信息数据库，为保险业务流程的各个阶段决策提供信息服务，而且还提供专门的保险信用评分，可将其理解为律商联讯的子公司。在美国，车险和财产险定价环节意义重大，律商联讯提示在车险市场的份额达到近99%，在房屋险方面的份额超过了95%，其数据来源于保险公司的自有数据、保险行业数据以及行业外部数据。

在保险市场存在的争议是对"传统信用报告是否重要"问题的探讨，因为传统信用报告和保险的相关性并非很强。但是律商联讯认为，个人信用记录可以有效细分赔付风险，事实上所有的美国财险公司都在监管允许下根据个人信用记录评估风险。

（四）银行账户和支票审查

切克斯系统（Chex Systems）是对消费者的银行账户和支票（包括借记卡和现金交易）审查的专业征信机构，受《公平信用报告法》监管。切克斯系统是一个会员制的公司，由一系列金融机构组成，定期报送支票和储蓄账户的信息，在成员机构之间共享数据，帮助它们评估新开一个账户的风险。该公司对金融机构会员提供账户验证服务，帮助确认账户申请者是否有账户处理不当的行为（如消费者的账户被透支后就被银行关掉）。和其他的征信机构提供征信服务的模式一样，切克斯系统并不作是否开账户的决策，这些决策是成员机构（例如银行）根据它们内部的风险政策作出的。切克斯系统提供的征信服务包括向消费者每年提供免费的报告；允许消费者在自己的信用报告上设置身份被盗窃以及安全冻结的标示；提供自己开发的消费者评分，每份评分价格为10.5美元。

（五）面向低收入和次级贷人群

该类专业征信机构主要用于信用比较薄（历史信用记录缺失）、没有信用或基于现金基础或应急资金类型的消费者信贷申请，代表性的公司是微比尔特（MicroBilt）。微比尔特是商业替代数据的领先者，提供关于消费者和商业征信机构的数据的在线接口，并且提供自动决策和催收服务，为三大个人征信机构以及两家商业征信机构（邓白氏和益博睿）提供验证服务及接口。在美国，金融服务机构往往想把信贷或金融服务提供给大约1.1亿没有完全享受该服务的消费者，微比尔特通过公司的网站或者网络服务整合很多针对欺诈预防、消费者金融、债务催收、背景调查的数据产品，可以给小微金融机构提供简单、低成本的风险解决方案。微比尔特 2008 年收购了支付信息征信公司（Payment Reporting Builds Credit，PRBC），由消费者自己通过互联网平台上报信用信息并建立信用档案，该公司会对这些消费者自己填充的信息进行验证。PRBC 代表着大数据时代征信信息采集的新模式，即消费者征信信息自助填写〔企业征信邓白氏的"信用建设者"（Credit Builder）业务也有自助收集企业征信信息的功能，这将是互联网时代征信信息采集的一个趋势〕。

（六）补充/替代信用报告公司

补充/替代信用报告主要是对传统征信报告的补充，信用智商（CreditIQ）是补充信用报告公司的代表，其主要的征信服务就是提供专业信用报告和面向房地产抵押贷款的信用评分（房地产抵押贷款领域的第一个信用评分）。其信用报告满足《公平信用报告法》的合规性要求，产生于专有的信息数据库。信用智商作为美国最大、最综合的房地产与房租信息及公共信息提供商，其数据库存有超过 7 亿条消费者交易机理，覆盖了 99.9% 的美国财产拥有州、县、城市和特殊的税收管辖、房屋租住、居民财产及抵押信息，消费者特定的破产以及法院判决。

信用智商提供理想的房屋净值贷款的资格预审工具。这些额外的财产信息是关于借贷者情况的重要信息，包括抵押的次数、公共记录和估计的房屋价值。信用智商和费埃哲（FICO）合作，开发了 FICO 房产抵押评分。这个评分比其他信用评分在房屋抵押贷款的预测能力方面高 7.5%。信用智商每 12 个月向消费者提供一次免费的报告。

信用智商将新房产抵押获取贷款的时间从过去的 60 ~ 90 天缩短到目前的平均 23 天，比过去传统信用报告更新提前两个月，可以让放贷者比以往任何时候都更快地得到重要借贷者的数据。此外这些专有信息和相关的房地产业务流程密切联系，可以节省常规的审批时间。

其他的补充信用报告公司还包括：伊诺威士公司（Innovis）——美国第四大消费者征信机构，向借贷者提供补充信用报告，提供身份验证数据来帮助欺诈监测和预防，相当于新型的征信服务。L2C 公司提供从大量预购和公共的数据源中提取的替代数据，生成征信报告，被环联收购。律商联讯风险解决方案公司（LexisNexis Risk Solution Bureau，LLC）——从公共记录和多个专用数据库中收集信息。萨格数据流公司（SageStream）从车贷、信用卡、零售商、公共事业、无线电话服务商这些服务商中收集数据并提供替代信用报告。

（七）医疗服务

美国医疗征信集团公司（U. S. Medical Information Bureau，MIB）是一个面向医疗的专业征信机构会员制的征信机构，提供寿险、健康险、重大疾病、长期护理保险等方面的信息。MIB 的审批服务常常被 MIB 的成员——寿险和健康保险公司使用，来评估个人的风险和资格。这些服务提示审批者保险申请中出现的错误、瞒报和错误表示。通过风险揭示，可以帮助消费者减少在这方面的花费。MIB 每 12 个月为消费者提供一次免费的征信报告。

从 1902 年开业之初，该公司就加入了由 500 家美国和加拿大的人寿保险公司组成的协会。目的是保护其会员免受签发生命、健康、伤残和长期护理保单时出现的欺诈。这个中介机构仅从保险行业采集信息，而不直接从医生和医院处采集信息。

MIB 记录了 20% 的美国消费者的信息，在消费者授权的情况下，收集消费者的医疗状况和不良嗜好信息。如果消费者过去 7 年没有在 MIB 成员公司申请过个人人寿和健康保险，就不会有相应的征信报告。

MIB 的商业模式有时被描述成"信息交换平台"，因为会员公司将审批信息呈交给 MIB 数据库，这些信息可能对其他会员公司有用，在获得保险申请者的同意之后，其他会员公司就可以在数据库中搜索相关信息。为了保证信息安全和保护商业机密，MIB 使用了高度隐秘和专用的加密格式生成信用报告。这些信息按照特定的编码格式维护和保存，只有获得 MIB 的授权以及消费者在该保险公司申请保险的时候，该保险公司才能够应用。

米雷曼智能处方（Milliman IntelliScript）是另外一个面向医疗的专业征信公司，收集关于处方药预购历史的信息。当消费者向一家保险公司授权发布医疗记录，并且该保险公司向米雷曼提交了申请，米雷曼就可以得到该消费者包含消费者处方信息的报告。

（八）电信公共事业

全球消费者电信和公共信息中心（National Consumer Telecom & Utilities Exchange，NCTUE）收集与电信、电视和水电煤气等公共事业服务相关的新的连接申请，包括账户和支付历史、逾期、欺诈账户的信息。NCTUE 每 12 个月向消费者提供一份免费报告。NCTUE 的数据库由全球第二大个人征信机构艾可飞托管。

（九）零售

在美国，欺诈退货和退货滥用每年涉案金额达 140 亿~180 亿美元，是一个重要的问题。退货欺诈是指利用购买商品之后的退货过程进行欺诈的行为。例如，嫌疑人退（换）一个偷来的商品来获取现金，或偷取收据来骗取退货。退货滥用是另一种变相、隐蔽的退货：一些消费者购买商品但不是为了拥有，最典型的形式就是租借，指一个人购买并使用了产品，然后退（换）这种商品。为了防止退货欺诈和退货滥用，专业征信机构零售平衡（The Retail Equation，TRE）向零售商提供监测并报告退货欺诈和滥用的征信服务。TRE 帮助零售商在退货和销售时点优化交易选择。美国前 50 家大零售商中的 12 家、财富 500 强中的 6 家零售商都使用 TRE 的解决方案。超过 34000 家商店都和 TRE 签订了合同，超过 10% 的一般商品零售商的销售交易通过 TRE 提供的退货优化解决方案来处理。这些零售商涉及女装、鞋类、耐用品、房间用品、箱子、汽车用品等方面。TRE 的解决方案提供退货柜台的优化方案、建立顾客的忠诚度档案，防止欺诈、过度退货、减少退货频率，每年为零售商节省了数百万美元的成本。

TRE 给零售商和消费者提供的退货行为报告，就是消费者在商店里退货或者换货的交易记录，内容包括退货活动的相关数据、退货所在的商店、每次退货的时间、是否有收据以及金额。该公司每 12 个月给消费者提供一次免费的报告。

（十）博彩业

专业征信机构赛特各（Certegy）为博彩业提供数据和分析，帮助博彩业客户作出是否扩张博彩人员的信用的决策。赛特各为美国几个赌场提供现金服务、支票验证、支票现金兑换、支票审查和支票现金服务，服务的商业机构主要通过店面交易、在线、电话或日常的邮件接收支票。赛特各每 12 个月向消费者提供一次免费的报告。

表 2 - 1 列出了上述代表性的专业征信机构的基本信息，包括所在的垂直领域、代表机构和所采集的消费者信息。

表 2 - 1 美国专业个人征信机构一览

行业类型	代表机构	报告的消费者信息
雇佣审查	首优咨询、凯敏瑞背景调查公司、斯特林员工背景调查公司	信用报告、破产（公共记录）、住址变更历史（信用报告中的基础信息部分和公共记录）、犯罪记录（公共记录）、先前的就业记录、教育信息
租房审查	益博睿租房信息公司	正面和负面的交房租信息
车险、财险	律商联讯提示	信用报告、地址确认、之前的保险索赔、驾驶历史（公共记录）、换汽车的记录、财产登记记录
银行账户和支票审查	切克斯系统、电讯查询	信用报告、身份确认信息、账户确认信息、账户余额、账户变动历史、支票存款、不足（报数银行）、账户申请（报数银行）、账户销户记录（报数银行）
低收入或次贷人群	澄清服务、微比尔特	身份核实（信用报告中的基础信息部分和公共记录）、住址变更历史（信用报告中的基础信息部分和公共记录）、汽车和财产所有权（特定信源数据）、账户核实（报数银行）、账户余额（报数银行）、账户历史（报数银行）、支票存款金额不足（报数银行）、账户申请（报数银行）和账户销户（报数银行）
替代信用报告	信用智商、伊诺威士	财产拥有、家庭贷款债务记录、财产相关的法律文件、交税状态、租房申请和收款账户、消费者破产、质押、判决和儿童抚养记录等
医疗	MIB、米雷曼智能处方	寿险、健康险、重大疾病、长期护理保险
公共事业	NCTUE	电信和水电煤气等公共事业服务相关的新的申请、账户和支付历史、逾期、欺诈账户的信息
零售	TRE	退货活动的相关数据、退货所在的商店、每次退货的时间、是否有收据以及金额
博彩业	赛特各	支票现金兑换

注：信用报告即传统征信机构提供的信用报告。

实际上，除传统征信机构和特定征信机构外，美国还存在数千家与征信相关的个人数据公司。它们互相之间有业务往来，可以提供个人消费者各方面的信息。这些信息整合在一起的功能会非常强大，但信息应用过程中隐私保护和用途限制非常关键。这些数据公司的业务包括身份核实、欺诈防范和调查、法律合规、机构风险控制措施、债务定位、反洗钱、法律执行、获得批准的调查与尽职调查。这些数据公司在应用防范欺诈和实施风险控制措施时不受监管，也不需要消费者许可。开展市场营销活动的数据公司虽然受到的监管较少，但不能使用全部的个人身份识别信息。

第二节　欧洲主要国家征信业

欧洲是征信业发达的区域之一，与美国的私营发展模式不同，在100多年的发展历史中，欧洲逐渐形成了以德国为代表的公共征信系统和私营征信机构并存、以法国为代表的公共征信系统和以英国为代表的私营征信机构三种模式。

一、德国征信机构

（一）公共征信系统

德意志联邦银行信贷登记中心（Evidenzzentrale für Millionen Kredite）成立于1934年，是世界上最早建立的公共征信系统。受1929年至1933年经济危机影响，1931年德国第二大银行达姆斯特国际银行瓦解倒闭，银行业信贷风险剧增。为缓释银行信贷风险和加强银行监管，1934年出台的《德意志联邦银行法》授权德意志联邦银行建立公共征信系统，并规定信贷机构有义务向其报告大额贷款分信息。之后，《德意志联邦银行法》经六次修订，不断扩大公共征信系统的业务报送范围和调整贷款信息报送门槛。德国公共征信系统对征信数据的应用主要依托大额贷款数据库 BAKIS – M 和研究分析子系统 MiMiK。自20世纪30年代中期起，德意志联邦银行信贷登记中心开始建设 BAKIS – M 系统，并于90年代初实现档案电子化，2000年起实现互联网查询。BAKIS – M 系统同时采集企业和个人的正、负面信息，数据报送机构包括商业银行、财务公司、保险公司、信用卡公司等，登记大额贷款占比接近德国信贷业务总额的80%。系统定期提供信贷机构补充财务报表（son01、son02、son03）、基于偿债能力原则的 SA3 报告、基于流动性原则的 LI1 和 LI2 报告以及月度资产负债表等信用产品，供德意志联邦银行、银行监管当局（BaFin）和数据报送机构使用；数据报送机构可向系统申请查询单个借款人或关联借贷主体的信息；信息主体可以免费获取自身信用报告，并针对数据库中的信息向数据报送机构提出异议。德国公共征信系统为监管部门和信贷机构提供了大量的实际案例和数据支持，达到了加强审慎监管和风险控制、促进信息共享和信贷投放的目的。

（二）舒发公司

舒发公司（Schufa）为德国最大的个人征信机构，主要从事个人信用信息服务。公司于1927年成立于柏林，当时为了有效监督电力、燃气等消费者，电力、燃气公司以协会的形式成立该公司，后来，随着信用消费的发展，金融机构、电信通信公司、贸易商、商业公司、邮购公司也先后加入。该公司股份被银行等各类金融机构和贸易、邮购及其他公司持有。公司实行会员制，会员即为其客户，通过签订合同约定彼此之间的权利义务关系。会员主要有商业银行、储蓄银行与合作银行、信用卡公司及融资租赁公司、贸易商与邮购商、能源供应企业、电信通信企业、催债公司等；主要收集身份信息、负面信息、银行透支信息、金融机构类会员提供的信用额度、贷款及还款信息、抵押借款信息、租赁及分期付款信息、抵押事项、信用卡支付信息和支票存款账户往来信息以及从官方登记与公布事项中收集的债务人名册、工商登记案件、破产清算事项等信息。

二、法国征信机构

法国征信体系建设采用典型的公共征信系统模式。1946 年，法兰西银行成立信贷登记服务中心（Service Central des Risques），信贷机构由此开始报送贷款数据。法国公共征信系统下设企业信贷登记系统（FIBEN）和个人信贷登记系统（FICP）两个数据库。1959 年以后，法国的社会保障组织接入公共征信系统，向系统报送公共事业欠费信息。1984 年法国颁布的《银行法》拓宽了公共征信系统的信息采集范围，要求所有银行和信贷机构（包括社会保障组织、租赁公司以及法国的外国银行分支机构）必须定期报送一定贷款额度以上的贷款数据。1993 年，法国信托局接入公共征信系统。2006 年 1 月，法国公共征信系统的贷款金额报送门槛由原来的 7.6 万欧元降低至 2.5 万欧元。

企业信贷登记系统采集的信息主要来源于金融机构，包括企业的描述性信息、信贷信息、财务数据、支付与风险相关信息、法律信息等。系统数据在有限范围内共享，只有获得授权的法兰西银行职员和金融机构职员才能使用公共征信系统。FIBEN 数据库提供的主要服务包括：为金融机构提供信用报告查询；每月按照企业类型、贷款种类、行业、地区等相关比例进行统计分析并出具报告，供中央银行和金融机构决策参考。此外，法兰西银行还利用数据库为企业免费提供滚动评级，定期向货币当局、金融监管部门和金融机构提供违约率和破产企业数量。评级结果分为 13 个等级，具体见表 2 - 2。法兰西银行在对商业银行再贴现时，只接受信用等级为 3 + +、3 + 或者 3 的企业票据。

表 2 - 2   法国公共征信系统企业信用等级列表

级别	3 + +	3 +	3	4 +	4	5 +	5	6	7	8	9	P	0
释义	优秀	很好	好	比较好	可接受	较差	差	很差	可能出现支付困难	支付困难	严重的现金流问题	进入破产程序	无信息

注：0 等级往往给予那些刚刚进入公共征信系统，正在收集其财务信息的企业。这些企业暂时没有发布不良信息，但评级所需信息也不完整，相当于无法进行评级。

个人信贷登记系统建立于 1989 年，只采集个人基本信息和负面信息，包括分期付款贷款、租赁、个人贷款和透支的逾期情况等。信贷机构每次向系统报送信息时必须口头告知信息主体本人并经同意；系统每次发布信用报告时必须取得被征信人的书面授权，未经个人授权，个人信用信息不得向第三方提供。FICP 数据库主要为信贷机构提供评估借款人还款能力的服务，个人也享有向系统免费查询自己信息的权利，并可针对数据库中的信息向报数机构提出异议。

三、英国征信机构

益博睿（Experian）是全球最大的个人征信机构，总部位于爱尔兰都柏林。1996年，英国大型企业集团 GUS（Great Universal Stores）收购了位居美国消费者信用报告行业榜首的 TRW（Thompson - Romo - Wooldrige）公司的消费者个人信用服务分部门，并将其与自己的子公司合并，成立益博睿公司。之后，益博睿不断通过并购提高公司技术实力和开拓海外市场，逐渐发展壮大。2006 年，益博睿从 GUS 分离，在伦敦证券交易所上市，成为富时指数（FTSE - 100）的成分股之一。

益博睿在 43 个国家和地区拥有 17800 名员工，拥有 12 亿消费者和 1.45 亿家企业的信用信息。益博睿按照"提供有分析的信息服务产品，帮助机构和个人管理风险，并取得商业和金融决策的回报"的业务思路，主要提供四类服务。一是信用服务（Credit Services），主要提供消费者信息、商业信息和车辆信息三大类信用信息。二是决策分析（Decision Analytics），在消费者信用数据库上设置风险、营销、挽留等多种类型的触发器（Triggers），以此为基础提供决策分析意见。三是营销支持（Marketing Solutions），帮助客户将巨大的营销信息资源转化为准确、有预测性的营销策略商业信息，提高客户营销利润和效率。四是互动服务（Interactive）。在美国和英国，消费者只需按月支付一定的订阅费即可安全、在线、无限制访问其完整信用记录。同时，益博睿分别通过 ProtectMyID. com 和 ProtectMyID. co. uk 网站向消费者提供身份盗窃检测、欺诈解决方案等服务。

第三节 新兴市场国家征信业

一、韩国

韩国位于东亚朝鲜半岛南部，总面积约 10 万平方公里，总人口约 5162 万人，是单一民族国家。韩国在地理、文化方面与中国有类似之处。

韩国经济发达，是亚太经合组织（APEC）、世界贸易组织（WTO）和东亚峰会的创始成员国，也是经合组织（OECD）、二十国集团和联合国等重要国际组织成员。产业以制造业和服务业为主，半导体、电子、汽车、造船、钢铁、化工、机械、纺织、化妆品等产业产量均进入世界前 10 名。大企业集团在韩国经济中占有十分重要的地位，主要的大企业集团有三星、现代集团、SK 集团、LG、浦项制铁、韩华集团等。

2022 年，韩国国内生产总值（GDP）为 1.66 万亿美元，人均 GDP 为 3.3 万美元，经济增长率为 2.6%。

因历史原因，韩国的经济体系与美国同步，其征信体系具备了欧美和亚洲文化双重特点。同时作为 IT 强国，韩国目前是全球信息高速公路最发达的国家之一，这为韩国征信体系的创新和发展提供了良好的条件。

据国际金融公司（IFC）的统计，韩国征信行业水平在其广度（覆盖率）和深度（技术、模式）方面超过经合组织国家，与英国、美国、德国三个国家并列全球首位。韩国征信的发展初期，主要由政府征信部门主导了个人征信（PCR）整个行业的发展，而到 2000 年初，民间征信机构（PCB）发展迅猛，开始主导整个韩国的个人征信市场，到了 2010 年，个人征信市场进入成熟阶段。

韩国的个人征信市场主要由三家个人征信机构——NICE、KCB 和 SCI 组成，其监管机构是金融监督院。

韩国从 1980 年开始积极推进信用体系建设，并且很多法律都会涉及信用，而 1995 年制定的《信用信息的使用和保护法》（以下简称《信用信息法》），可称得上是信用领域中的"宪法"。

按理来说法律应该具备稳定性，不应该经常变化，尤其是在发达国家。但韩国的信用法律却有些例外。在不到 30 年的短暂时间里，《信用信息法》已经更新了很多内容、好几个版本，其更新的内容占整个法律的 1/4，主要原因有以下几点。

第一，迅猛发展的互联网等 IT 技术对征信行业造成了巨大冲击，如爬虫技术引发的个人隐私问题等（事实上这些问题之前是不存在的）。信用法律的制定者们再怎么聪明，也无法准确预测新技术的出现，以及这些技术所带来的具体影响，只能与时俱进，不断完善其内容。

第二，随着经济全球化，韩国经历了几乎所有的全球性金融危机，以及亚洲金融危机和韩国独有的信用卡危机。这些金融危机在给韩国造成巨大的经济损失的同时，也为韩国征信体系提供了诸多锻炼的机会，迫使其法律不得不作出很多创新，最终变得更加完善，整个金融体系更经得起时间考验。在近 20 年发生的金融危机中，韩国的征信体系起到了至关重要的作用，化解了各种全球性的金融冲击。

第三，韩国是单一民族国家，且属于集体主义社会（这一点与日本类似），再加上有民族激情（所创造出来的"汉江奇迹"也是得益于此），这为其法律的制定、创新、推广以及普及创造了很多有利条件。

对于发展中国家来说，相比研究发达国家的最新法律，研究其过渡性法律条款（确切地说是研究更新之前的法律条款）会更为重要。因为发达国家几年前或几十年前的信用环境，可能与发展中国家目前所面临的环境更为接近（如基础设施不健全、管理混乱、数据源不正确，等等）。

发达国家的信用相关法律也在不断发展、不断细化，其覆盖的范围变得更广，内容的深度也不断加深。韩国除了起"宪法"作用的《信用信息法》外，还有很多细分法律和制度（如总统令、总理令等）作为《信用信息法》的补充。

二、新加坡

（一）国家发展概况

新加坡是一个多元文化的移民国家，促进种族和谐是政府治国的核心政策。新加坡以稳定的政局、廉洁高效的政府而著称，是全球最国际化的国家之一。

新加坡是一个发达的资本主义国家，被誉为"亚洲四小龙"之一，其经济模式被称为国家资本主义。根据 2018 年的全球金融中心指数（GFCI）排名报告，新加坡是继伦敦、纽约、香港之后的第四大国际金融中心。新加坡也是亚洲重要的服务和航运中心之一，被全球化与世界城市网络（GaWC）评为世界一线城市。新加坡是东南亚国家联盟（ASEAN）成员国之一，也是世界贸易组织、英联邦以及亚太经济合作组织成员经济体之一。2019 年 11 月，新加坡列"2019 年全球城市经济竞争力榜单"第三位和"2019 年全球可持续竞争力榜单"第一位。

2022 年，新加坡 GDP 总量为 4663.0 亿美元，新加坡人均 GDP 为 8.3 万美元，经济增长率为 3.6%。

（二）征信业发展概况

作为亚太地区的金融中心之一，新加坡将征信系统建设视为金融基础设施建设的一部分。由于其本身的国际金融中心定位，加上长期受英国自由市场经济思想影响，奉行"风险可控"的原则，新加坡的征信业大部分由私营机构运作，政府通过不断完备并更新的法律来对征信业服务机构提出适当规定并加以监管，新加坡征信业呈现市场化导向的突出特点。

新加坡征信业主要分为个人征信与企业征信（都受到监管和牌照许可），个人征信市场主要由新加坡征信局（Credit Bureau Singapore，CBS）与新加坡 DP 资讯集团（DP Information Group）提供相关服务，而企业征信市场则主要被新加坡商业征信局（Singapore Commercial Credit Bureau，SCCB）所占领。

（三）个人征信业

新加坡征信局是新加坡最为全面的消费者征信局，有着来自所有零售银行及主要金融机构上传的全行业信贷信息。与以主要金融机构为股东筹建的模式类似，CBS 是由 158 家新加坡本地及国外银行/机构联合发起的新加坡银行业联合会（ABS）与 Infocredit 集团（一家成立于 2000 年的资产管理公司）合资成立的，ABS 拥有新加坡征信局 25% 的股权，其他 75% 的股权由私人企业拥有，其中包括一些技术合作方。

2002 年以来，新加坡《银行法》允许 CBS 的会员接入 CBS 数据库进行信贷数据的上传和查询，其中也包括中国银行和中国工商银行在新加坡的分行。CBS 业务已涵盖消费者信用评价、中小企业信用分、信用监测、数据分析服务、公共数据查询等领域。

新加坡征信局在管理信用记录时遵循"双向透明"的原则。会员企业可以通过数据库查询消费者的信用报告，据此评估其消费信贷风险，并最终决定是否批准消费者的贷款申请。反过来，作为个人的消费者也可以查询自己的消费信贷报告，可以到新加坡消费者信贷资料中心办公室申请，也可以通过邮局或网络查询，十分便捷。

DP 信贷资料中心（DP Credit Bureau，DPCB）是新加坡第一信息提供商 DP 资讯集团的全资子公司，负责 DP 资讯集团的个人征信服务。2011 年，全球最大的信贷咨询机构益博睿成为 DP 咨询集团的主要股东。凭借这种合作关系，益博睿为 DP 资讯集团带来了包括消费者和企业分析在内的多个领域的全球技术和开发专业知识，同时补充了 DPCB 的信用服务。

DP 资讯集团是新加坡著名的信用和企业信息服务机构，有着 30 多年的服务经验，服务面涵盖 98% 的新加坡金融机构和 75% 的著名法律事务所。2018 年 7 月，DP 资讯平台被新加坡法律部指定为借贷机构征信局（MLCB）的运营方。

（四）企业征信业

新加坡商业征信局（SCCB）原名中小企业信贷局，是 Infocredit 集团与邓白氏的联合合伙企业，是新加坡领先的商业信用报告和商业信息机构。2005 年以来，新加坡商业征信局已满足各种行业的风险管理和信用评估需求，包括金融机构、IT、电信、放债人、汽车和租赁公司，向企业债权人提供了全面的商业搜索和信用信息，以填补有关新加坡中小型企业信用市场知识方面的空白。这包括注册的公司信息、诉讼、破产、财务和贸易付款信息。SCCB 提供 7×24 全天候在线平台，使公司能够无缝提取商业信用报告和其他相关信息。有了更简洁的业务合作伙伴信用状况，公司就可以在授予信用、接受业务担保或公司追偿的过程中评估其合作伙伴的信誉，并更好地评估可盈利的商机。

SCCB 提供三类服务：一是线上信用风险信息，包括企业注册信息、诉讼信息、信用报告、财务报告、支付信息；二是信用监督平台，包括监控合作伙伴的金融健康程度和可信度，获取诉讼信息、破产预警和支付违约情况；三是追债服务，及时追回债款。

（五）征信监管

新加坡并没有设立类似于中央银行这样的独立的监管部门，也没有像征信中心这样的中央数据库来对贷款信息进行归集，新加坡的征信业完全由市场主导，表现出分工明确、产品定位清晰的市场格局。新加坡通过设立金融监管局（MAS）、借贷机构征信局（MLCB）、个人数据保护委员会（PDPC）等一系列法定机构来对征信行业进行全方位的监管。

2016 年 12 月，新加坡金融监管局颁布了《征信局法案》，金融监管局被授予了批复征信局设立许可的权力，并有权要求征信局及其合作伙伴配合政府运营要求。《征信局法案》仅对持牌金融机构收集信息的征信机构有约束，要求保障消费者接入、查询和修改其信息的权利。此举将敦促征信局采取足够的措施来保证借贷人信息的保密性、安全性以及完整性，并能更好地保证征信局在维护消费者利益的前提下开展业务。新加坡更注重事中事后监管，对于征信业准入没有限制，但并不意味着条件会过于宽松：《征信局法案》明确了一系列包括牌照申请、续期、注销、惩罚的要求，征信机构的应尽义务，违规的资金处罚和判刑等在内的事项。

借贷机构征信局（MLCB）成立于 2016 年 3 月，负责归集所有牌照类借贷机构记录的贷款信息和偿还情况。牌照类借贷机构可借此评估借款人的授信总额度，避免过度借贷。2018 年 7 月，在新修订的《借贷机构法案》许可下，借贷机构征信局由 DP 资讯平台负责运营。

个人数据保护委员会（PDPC）成立于 2013 年 1 月，专门负责监督并实施 2012 年《个人数据保护法案》（*Personal Data Protection Act*）的有关要求，加强个人数据保护并推动构建新加坡诚信的营商环境。2018 年底，个人数据保护委员会联同资讯通信媒体发展局（IMDA）共同发起了《新加坡数据保护标志认证》倡议，邀请所有的新加坡机构共同参与，旨在进一步培育可靠、透明以及可操作的数据保护机制。同时，新加坡基本上每年能够及时根据现实情况对法律及行业条例进行调整并快速发布。

随着《银行法》《征信局法案》《信用卡与无抵押信用法案》《信贷机构法案》等一系列法律的先后出台及不断更新，新加坡希望借此提高征信业作为金融基础设施和重要金融风险防控工具的重要功能。

三、蒙古国

蒙古国面积小，2023 年 1 月人口约为 340 万人，经济欠发达，国内生产总值在 2022 年时为 157 亿美元。蒙古国征信业的发展始于 21 世纪初，征信方面的立法于 2011 年制定，2012 年开始施行。蒙古国目前还没有真正运行的市场化征信公司。目前有央行—蒙古国银行的信贷登记系统，还有一家私人征信机构，但是其一直是 IT 建设的思路主导，所以尚未取得商业上的成功。

蒙古国的征信机构是蒙古国信用信息公司（Mongolian Credit Information Bureau，CIB）。CIB 是蒙古国第一个由私营部门领导的全方位服务征信局，为消费者和中小企业提供正面和负面信息以及增值信贷信息产品。目前所有权的 92% 由蒙古国私营部门金融机构占有，8% 由蒙古国银行家协会占有，其中 49% 保留给外国战略运营伙伴。美国国际开发署（United States Agency for International Development，USAID）和国际金融公司（IFC）正在合作提供技术援助，它们对市场和法律环境进行了研究，参与了信用数据库的规划设计以及信用信息法草案的制定。

在国际金融公司支持国际合作伙伴搜寻的同时，美国国际开发署领导了可行性、概念共识和法律框架技术援助。2008 年到 2011 年，总投资额达到 146.2 万美元，其中美国政府投资 25 万美元，非美国政府投资 121.2 万美元。资源型的合作伙伴包括资产银行（Capital Bank）、资本银行（Capitron Bank）、可汗银行（Khan Bank）、信贷银行（Credit Bank）、蒙古国非银行信贷金融机构（Credit Mongol Non - Banking Financial Institution）、郭勒穆特银行（Golomt Bank）、国际金融公司和蒙古国银行家协会（Mongolian Bankers Association）。

四、柬埔寨

柬埔寨（Cambodia）人口约1600万，属于新兴市场国家；柬埔寨是东南亚国家联盟成员国，经济以农业为主，工业基础薄弱，是世界上最不发达国家之一。2022年柬埔寨GDP总量为300亿美元，人均GDP为1785美元，经济增长率为5.2%。

柬埔寨只有一家征信机构——柬埔寨征信局（Credit Bureau Cambodia，CBC），其中，柬埔寨政府占股51%，新加坡机构占股49%，在建设过程中存在一些经验和教训。

CBC是为柬埔寨王国的金融机构和消费者提供金融信息、分析工具和信用报告服务的领先提供商。在柬埔寨国家银行（NBC）、柬埔寨银行协会（ABC）、柬埔寨小额信贷协会（CMA）和国际金融公司的大力支持下，该征信局于2004年成立。在此之前，为响应金融部门建立一个公平、透明和管理良好的信贷市场以支持该国经济增长的要求，柬埔寨成立了征信局工作委员会以启动征信局的成立。随后，委员会发布了管理条例（RFP），并于2010年完成了对供应商合作伙伴关系的选择。2011年5月，委员会通过了信用报告的管理条例，柬埔寨征信局于2012年3月19日正式运营。

CBC协助其客户管理商业和财务决策的风险和回报。使用全面的信用报告工具套件，可以增进对个人、市场和柬埔寨经济的了解。CBC帮助组织寻找、发展和管理客户关系，使它们的业务更有利可图。此外，CBC还通过向消费者和行业提供准确的实时数据来帮助其控制业务财务，从而提高财务稳定性。CBC帮助柬埔寨的企业管理信用风险，防止欺诈并自动进行决策。CBC还帮助柬埔寨的个人检查其信用报告，以确保他们能够获得贷款和融资。截至2019年8月底，CBC有165个成员，包括银行、小额信贷、租赁公司和农村信贷运营商。

根据CBC 2018年年报，其为157个金融机构（银行、小微金融机构、租赁公司和农村信贷机构）提供了服务，营收折合约为3600万元人民币（Outstanding Balance），活跃的借贷者为32.81万人。CBC不仅提供消费者信用报告（分为个人查询版信用报告和信贷机构查询版信用报告），还提供商业信用报告、信用评分（K - score）、信贷组合检测（Portifolio Monitoring）、数据分析报告（Data Analytics Report）和客户解决方案（Customized Solution）。

CBC目前有两大持股方：征信局控股（柬埔寨）有限公司［Credit Bureau Holding（Cambodia）Limited，CBHC］占股51%，艾可飞—柬埔寨控股和私人有限公司（Equifax Cambodia Holding PTE Limited）占股49%。后者是新加坡的NSP亚洲投资公司和美国艾可飞共同成立的持股平台。

五、缅甸

缅甸是世界最不发达国家之一，以农业为主，从事农业的人口超过60%，农产品有稻米、小麦、甘蔗等。人口约为5458万人（2020年4月），全国GDP为760亿美元（2019年）。

根据2018年5月17日缅甸中央银行（CBM）公告，CBM已向缅甸征信局有限公司颁发了许可证，允许其在缅甸建立征信局（Myanmar Credit Bureau Limited，MCBL）。该征信局是缅甸银行业协会和新加坡亚洲信贷局控股公司的合资企业，它将收集有关还贷历史的信息以及有关借款人的其他信息，并将其资料分发给银行和其他非银行金融机构等贷方。

MCBL为了实施其作为缅甸第一个贷款信息部门的功能，于2018年底在仰光与总部位于美国的第二大征信公司艾可飞在新西兰的子公司新西兰服务与解决方案公司（Equifax New Zealand Services and Solutions Ltd.）签署了有关征信局软件许可证、安装、咨询和支持的协议。

MCBL由缅甸银行协会成员出资60%，而新加坡的亚洲信贷局控股公司则占40%。其于2019年开始正式运营。

【知识链接2-1】

香港地区征信业发展简介

香港没有设立政府背景的公共征信机构，而是依靠市场化征信机构提供服务。在个人征信方面，香港长期只有环联资讯有限公司（以下简称香港环联）一家征信机构提供服务。在企业征信方面，美国邓白氏（香港）作为独家服务供应商负责运营汇集中小企业信贷信息的商业信贷资料库。

（一）个人征信

香港个人征信业起源于消费信贷快速发展时期，并在信用卡危机发生后得到快速发展。香港最早的个人征信机构可追溯至1982年，12家提供汽车及设备信贷融资的机构共同成立香港资信公司，共享租购相关的信贷数据。其后，香港资信公司的数据收集范围逐步扩展至各类违约数据，以提高股东和会员单位管理信贷风险的能力。20世纪80年代后期，随着信用卡业务的发展以及信用卡不良率的攀升，消费者信用信息受到广泛重视，多家财务机构和银行相继入股，香港资信公司的股东数一度增至16个。1999年，美国环联收购香港资信公司，香港环联成为主要由国际征信机构控股的外资企业。

2000年前后，香港发生严重的信用卡危机，不健全的个人信贷资料共享系统被认为是造成危机的原因之一。在此背景下，香港金融管理局于2003年发布《透过信贷资料服务机构共享个人信贷资料》的法定指引，规定所有提供个人信贷服务的认可机构均应在《个人信贷资料实务守则》框架内通过征信机构尽量全面参与共享个人信贷数据。香港个人资料私隐专员公署随后修订《个人信贷资料实务守则》，逐渐开放正面数据共享。受上述政策影响，香港环联的数据库储存量及数据覆盖程度得以大幅提升。

香港环联的主要业务和产品包括面向信贷机构（to B）和面向个人（to C）两部分。面向信贷机构提供信用报告查询以及分析咨询、客户获取、反欺诈和身份认证管理方案、催收、贷款组合管理、数字化开户等解决方案。2008年起，香港环联为银行及背景调查机构开展背景或雇佣调查提供服务，并于2009年起为按揭保险公司处理按揭申请提供信用报告服务。在面向个人方面，香港环联主要提供信用报告订阅服务。订阅用户除可查询自身的信用报告和评分之外，还可获得信用报告监控及财务管理建议等服务。目前，香港环联数据库拥有560万消费者的信贷记录和160多家会员公司，覆盖了香港主要银行及财务公司，同时为约18.3万个有效个人账户提供个人信用报告服务。

（二）企业征信

香港金融管理局、香港银行公会（HKAB）及存款公司公会（DTCA）于2004年组织建立了商业信贷资料库（Commercial Credit Reference Agency，CCRA），主要收集中小型企业的欠款和信贷记录，以支持HKAB和DTCA成员机构的中小企业信贷业务。美国邓白氏（香港）被HKAB和DTCA委任负责CCRA的运营。CCRA初期涵盖年营业额不超过5000万港元的非上市有限公司的信贷资料。2008年，CCRA覆盖范围扩大到独资企业和合伙企业。截至2017年末，CCRA收集了11.9万家公司的17.6万份信用记录。2017年12月起，该数据库进一步扩大信息收录范围，覆盖营业额不超过1亿港元的非上市有限公司。

（三）跨境征信

国际金融、经贸中心地位以及近年来粤港澳大湾区的建设发展，为香港带来广泛的跨境征信需求。2020年，中国人民银行、银保监会、证监会、外汇局联合发布《关于金融支持粤港澳大湾区建设的意见》，提出"推动跨境征信合作，支持粤港澳三地征信机构开展跨境合作，探索推进征信产品互认，为粤港澳大湾区提供征信服务"。

实践中，跨境征信进展缓慢，大湾区跨境征信合作集中于身份核验类数据的互信互认，目前主要有两种方式：一是搭建基础设施，推动数据共享，实现信用信息互通；二是征信机构在当地布局或与当地征信机构合作，通过技术处理实现两地征信产品转化。2021年7月，百行征信与香港诺华诚信达成战略合作，共同为粤港澳三地的金融机构提供商务信息和信用查询服务，并在首阶段重点落实跨境身份验证类产品和数据互认。

资料来源：张颖毅，金波，赵以邗．香港征信业发展经验、教训及启示［J］．征信，2022（10）：23－27.

【本章要点】

1. 美国是典型的私营征信机构国家。美国形成了三类分工明确的征信机构：一是企业征信机构，典型代表为邓白氏公司；二是个人征信机构，三大代表机构为益博睿公司、环联公司和艾可飞公司；三是信用评级机构，标准普尔、穆迪和惠誉三大机构居垄断地位。

2. 欧洲是征信业发达的区域之一，与美国的私营发展模式不同，在100多年的发展历史中，欧洲逐渐形成了以德国为代表的公共征信系统和私营征信机构并存、以法国为代表的公共征信系统以及以英国为代表的私营征信机构三种模式。

3. 新兴市场国家中，韩国的个人征信市场主要由三家个人征信机构——NICE、KCB和SCI组成，其监管机构是金融监督院。新加坡的征信业主要分为个人征信与企业征信，个人征信市场主要由新加坡征信局与新加坡DP资讯集团提供相关服务，而企业征信市场则主要被新加坡商业征信局所占领。

【重要概念】

企业征信　个人征信　专业征信

【延伸阅读】

1. 《征信业管理条例》，中华人民共和国政府网站：http://www.gov.cn/zwgk/2013－01/29/content_2322231.htm.

2. 孙志伟．国际信用体系比较［M］．北京：中国金融出版社，2014.

3. 中国人民银行征信管理局．现代征信学［M］．北京：中国金融出版社，2015.

【思考题】

1. 简述国外征信市场的发展状况。

2. 美国主要的企业征信机构和个人征信机构包括哪些？

3. 专业征信机构和传统征信机构有何不同？

4. 美国征信机构和欧洲征信机构采用的不同模式和主要特点是什么？

5. 新加坡和韩国的征信市场和征信机构主要有哪些？

第三章

征信数据库

【学习目标】

1. 掌握征信数据库的概念、分类与功能，理解征信数据库与信用信息管理系统的关系。

2. 详细了解我国金融信用信息基础数据库建立的基本情况、特点、意义及发展历程。

3. 重点了解征信数据库中的信息采集，了解信息采集的方式、方法以及主要内容。

4. 了解征信数据库中数据质量的"三性"标准及保障征信数据质量的意义。

5. 了解替代数据的概念、采集范围，以及我国征信业务中替代数据的应用情况和问题。

第一节 征信数据库概述

一、征信数据库的概念

数据库是按照某种数据模型组织起来并存放在二级存储器中的数据集合。这种数据集合具有如下特点：尽可能不重复，以最优方式为某个特定组织的多种应用服务，其数据结构独立于使用它的应用程序，对数据的增、删、改、查由统一软件进行管理和控制。从发展的历史看，数据库是数据管理的高级阶段，它是由文件管理系统发展起来的。简单来说，数据库本身可视为电子化的文件柜——存储电子文件的处所，用户可以对文件中的数据进行新增、截取、更新、删除等操作。它将数据以一定方式储存在一起，能为多个用户共享，具有尽可能小的冗余度的特点，是与应用程序彼此独立的数据集合。

征信数据库，顾名思义，就是针对社会各类相关信用信息数据所建立的数据库。征信数据库通常是由专业化的、独立的第三方机构为企业、个人、社会组织、事业单位等建立的信用档案和基础数据库。征信机构等借助征信数据库依法征集、整合、交换、使用、管理和报告不同社会主体的信用信息，建立各类信用主体可实时更新的、动态调整的信用档案，依法对外提供各类信用主体的信用报告。

二、征信数据库的分类

（一）国外征信数据库的类型

从世界各国征信系统的发展状况来看，由于各国国情和传统立法等方面的差异，其建立的征信数据库也各具特色。按信用主体的不同，征信数据库可分为个人征信数据库和企业征信数据库；按投资主体的不同，征信数据库可分为公共征信机构建立的公共征信数据库和私人征信机构建设的私人征信数据库。

1. 个人征信数据库。个人征信数据库，也称消费者征信数据库，是针对个人信用信息所建立的数据库。其中，具有代表性的个人征信数据库当属美国3家信用局所建立的征信数据库——艾可飞公司、环联公司、益博睿公司。它们通过合法地收集消费者个人的信用信息，逐步形成了庞大的征信数据库。3家信用局在规模和竞争实力上不相上下，在美国三分天下。

2. 企业征信数据库。企业征信数据库是针对企业相关信用信息建立起来的数据库。最具代表性的企业征信数据库是由美国邓白氏建立的。该数据库是美国乃至全球最大的全球性的企业征信数据库。邓白氏数据库包括五个子系统：邓白氏世界数据库联机服务、全球企业家谱和联系、全球数据库支持系统、全球市场分析和全球市场方案。[①]

（二）我国征信数据库的类型

当前，按照征信数据库建设主体的不同，我国征信数据库主要包括下述三种类型。

1. 政府各个部门或行业建设的征信数据库。该类数据库是指由政府各部门或行业在行政过程中建立的征信数据库，如市场监管、税务、海关、交通、司法、质监、药监、环保、商务、人民银行等，其中最突出的是中国人民银行征信中心负责建设运行的金融信用信息基础数据库。但目前这些部门的数据大多处于分割状态，相互之间缺乏信息共享，没有较好地发挥公共信用信息的作用。

2. 各个地方政府建立的征信数据库。该类数据库是指由各个地方政府针对该地区的信用主体建立的征信数据库。如上海市、深圳市、辽宁省、江苏省、四川省等均已建立了地方性的信用信息数据库。随着社会信用体系建设工作的开展，这些地方的信用信息数据库所涵盖的部门范围逐步扩大，所收集的数据质量正逐步提升，为全国公共信用信息数据库的建立积累了经验。

3. 第三方征信机构建立的征信数据库。该类数据库是指专业的、独立的第三方机构针对社会信用主体建立的征信数据库。如中诚信、大公国际、新华信、中证鹏元资信等征信机构都建立了自己的征信数据库。这些征信机构经过多年的发展，通过多种

---

① 谭中明，等. 社会信用管理体系——理论、模式、体制与机制［M］. 北京：中国科学技术大学出版社，2005：148.

手段收集数据，其征信数据库也得到了进一步完善。

三、征信数据库的功能

（一）利用征信数据库建立失信惩戒机制

失信惩戒机制是社会信用管理体系的重要组成部分，是由信用市场各授信主体共同参与，以企业和个人征信数据库记录为依据的，通过信用记录和信用信息的公开，来降低市场交易中信息不对称程度，约束社会各经济主体信用行为的社会机制。其作用是通过经济手段和道德谴责手段并用，惩罚市场经济活动中的失信者，并将有严重经济失信行为的企业和个人从市场的主流中剔除出去。

（二）依靠征信数据库提供征信服务

征信机构通过依法对征信数据进行大规模的加工，从而为各类授信人提供征信服务。所谓征信服务，不仅是指企业征信机构或个人征信机构向各类授信人提供的专业的资信调查或信用调查服务，还包括向委托人提供的成套的信用管理咨询服务。其基本特征是咨询。

（三）利用征信数据库开拓市场

利用征信数据库开拓市场是企业信用管理的一项辅助功能。它能发挥控制和转移信用风险的作用，本质上是对企业内部和市场上各类征信数据资源的充分挖掘和利用。

四、征信数据库与信用信息管理系统的关系

信用信息管理系统是综合利用信息技术对企业或者个人等信用主体的信用信息进行收集、整理、加工、分类，并利用先进的管理技术对信用信息的内容进行分析、评价、预测和管理，辅助各级管理人员更好地发现与识别现实或潜在信用风险损失所产生的不利效应的人机系统。信用信息管理系统具有征集、整合、服务和监管功能。

信用信息管理系统主要由信息征集分系统、信用评价分系统、信用信息服务分系统及信用检索分系统等四个部分组成。征信数据库是信用信息管理系统的重要组成部分和核心内容。

第二节　信息采集

信息采集就是通过收集、整理个人和企业的信息资源，为提供征信服务所做的准备工作。征信业务以信息采集工作为起点，征信数据库的建设也是从信息采集开始做起。例如，中国人民银行征信中心的信息采集是指按照规定将数据采集到征信系统数据中心，并对原始数据进行数据校验、数据整合加工后存放在数据库中，对校验不合格的数据发回商业银行要求重报，在数据报送发生延误时及时发出报送提醒。银行和非银行机构上报的规范报文文件和非规范报文文件通过校验、整合之后，按照固定的

格式存储到基础数据库中。

一、信息采集的主要方式

从当前世界征信业的发展状况来看，信息采集主要有被动采集和主动采集两种模式。

以中央银行为主导建立的全国性的公共征信机构一般以被动的方式采集信息，公共征信机构对信息的采集具有强制性，依靠国家法律作为约束有效保障了信息来源的稳定性。例如，德国规定，所有信贷机构及其国外分行及子机构、保险公司、风险资本投资公司、自有账户交易商及保理企业、从属于一家国内母信贷机构的国外信贷机构，都必须每季度向德意志联邦银行报告数据。我国《征信业管理条例》规定，从事信贷业务的机构应当按照规定向金融信用信息基础数据库提供信贷信息。我国《征信业务管理办法》第十四条规定，个人征信机构应当将与其合作，进行个人信用信息采集、整理、加工和分析的信息提供者，向中国人民银行报告。

在市场机制下发展起来的私人征信机构则采用主动采集的模式收集信息，主动采集模式对信息来源方的选择更加广泛，采集内容也更加灵活。例如，美国三大信用局主要通过银行和相关金融机构、商业零售机构、信用卡发行公司等采集个人的相关信息。邓白氏公司的信息采集渠道包括商事登记部门、信息提供机构、黄页、报纸和出版物、官方公报、商业互联网站、银行、法院等，有时候还通过拜访和访谈的形式收集有关信息。

二、信息采集的主要方法

（一）实时录入法

相关工作人员通过公网使用信息录入用户名和密码登录征信数据库系统，直接录入、更新、修改信息，实时动态维护本单位数据。

（二）批量导入法

相关工作人员利用本部门原有业务信息系统收集市场主体信息，定期传送数据到征信数据库系统平台。已建立本部门行业信息系统但无法实现数据自动传输的或还未建立系统的单位，可以按规定格式定期提供信用数据电子文档，批量导入。

（三）自动传输法

相关工作人员将本部门原有信息系统开通数据接口，在本部门原有信息系统录入数据的同时，实现与信用信息系统数据同步传输。征信数据库系统将采取标准的数据提取程序，自动提取信用信息。

三、信息采集的主要内容

（一）个人信息采集

1. 个人基本信息采集。个人基本信息一般包括信息主体的姓名、身份识别码、联系方式、通信地址、学历等。在个人基本信息中身份识别码是最核心的，具有唯一性和永久性。除了个人身份证号码以外，身份识别码还可以是社会保险号、税号、选民号等，可以对信息主体的身份进行唯一确定和定位。① 世界上多数国家都有针对公民的身份识别号码，例如美国、中国、德国等。当然，也有些国家没有个人识别号码，如英国，这些国家的个人基本信息只能通过其他渠道获得。

在美国，由国家社会安全管理局赋予每个合法公民和居民一个有效的社会安全号（Social Security Number，SSN），社会安全号具有唯一性，每人只有一个并且终身使用、终身不变。个人的年龄、性别、出生日期、教育背景、工作经历还有与金融机构发生交易时的信用状况、个人银行账号、税号、社会医疗保障号、有无犯罪记录等都与社会安全号挂钩。美国的私营征信机构都是依靠社会安全号对个人的其他信息进行整合和汇总，对个人其他的基本信息，征信机构能够从信息主体填写在信息提供者的资料中进行采集并及时补充和更新。

在德国也是如此，每个人拥有一个社会安全号，号码终身不变、终身使用。个人在德国的银行开户、缴税、办理信贷业务、申请救济、开立支票都需要用到社会安全号，社会安全号的管理机构同样也是国家社会安全管理局。德国最大的信用局通用信用保险保护协会（SCHUFA）成立于1929年，1934年就建立了公共信用登记系统。近年来，两家征信机构益博睿和英富曼（Informa Markets）也在德国设立了信用局。由于德国公民拥有社会安全号，因此公共征信机构和私营征信机构在整合和汇总个人信息时也都是以社会安全号码作为依托的。

在英国，居民并没有身份识别号码，通常个人身份信息只能从选举名册获得。选举名册就是所有已注册参加投票的居民名单，记录了选民的姓名、住址以及在某地注册参加投票的年份，这些都是非常有用的信息。英国的征信市场与美国相类似，征信机构基本上是纯市场化私营的，英国的地方议会没有法律义务向征信机构提供选举名册，私人征信机构可以从与选举有关的政治机构的公告中获得选举名册，一般情况下选举机构为获得经费也会将名册的电子版提供给征信机构。英国的征信机构在整合数据时，由于没有身份识别码，往往依靠邮局提供的邮政编码汇总收集到的信息。

在中国，对不同人群在身份识别上存在差异。例如，军人须出示军官证和士兵证；军人以外的所有中国内地居民使用公安部统一提供的个人身份证号码；外宾使用护照号码；台湾地区人员采用台胞证号码；香港地区人员使用香港身份证码。所有这些信息均可向公安部全国公民身份证号码查询服务中心核实以确认个人提供的身份信息的真实性。目前，金融信用信息基础数据库正是以以上证件为依托采集个人的基本信息，共有四个信息段：身份信息、配偶信息、居住信息和职业信息。

<hr />

① 楼裕胜．征信技术与实务［M］．北京：中国金融出版社，2018：79.

【知识链接 3-1】

金融信用信息基础数据库个人基本信息采集

一、身份信息

金融信用信息基础数据库中采集的身份信息包括姓名、性别、出生日期、婚姻状况、证件号码、手机电话、学历、学位、通信地址、户籍地址等。身份信息的采集来自与个人发生过业务的信贷机构、公积金中心、社保机构、电信机构。

婚姻状况：由最近一次与信息主体发生信贷业务的机构采集，该信息由信息主体本人填写。由于金融信用信息基础数据库中婚姻信息的采集并不是来自民政部门，也未与民政部门的信息进行验证，因此，信息使用者如要判断信息主体当前的真实婚姻状况，还需要参考民政部门提供的婚姻信息。

手机电话、单位电话、住宅电话：由最近一次与信息主体发生业务的机构采集，该信息由信息主体本人填写。

学历、学位：由最近一次与信息主体发生业务的机构采集，该信息由信息主体本人填写。金融信用信息基础数据库中学历、学位信息的采集并不是来自教育部门，信息使用者如要判断信息主体当前的真实学历、学位，还可通过教育部学生信息中心"中国高等教育学生信息网"查询。

通信地址、户籍地址：由最近一次与信息主体发生业务的机构采集，该信息由信息主体本人填写。

二、配偶信息

金融信用信息基础数据库中采集的配偶信息包括姓名、证件号码、工作单位、联系电话等。配偶信息的采集来自最近一次与信息主体发生信贷业务的机构。商业银行通过查询申请人配偶的信用报告，了解其负债情况和还款情况，全面评估申请人的还款能力和信用风险。

三、居住信息

金融信用信息基础数据库中采集的居住信息包括居住地址和居住状况。居住信息来自最近 5 家与信息主体发生信贷业务的机构，如信贷机构不足 5 家，则按实际数量展示，居住信息由信息主体在办理信贷业务时自行填写。采集多条居住信息能够帮助商业银行在贷后管理中获得客户的最新联系方式，为找到失去联系的客户提供线索。

四、职业信息

金融信用信息基础数据库采集的职业信息包括工作单位、工作地址、职业、行业、职称等。职业信息来自最近 5 家与信息主体发生业务的信贷机构、公积金中心和社保机构，来自信贷机构的职业信息由信息主体在办理信贷业务时自行填写。采集多条职业信息可以帮助商业银行交叉验证客户提供的申请资料的真实性，而且可以通过工作单位的变化情况大致了解申请人的从业经历，判断其工作的稳定性。在商业银行的贷后管理过程中，工作单位名称、单位地址信息能帮助商业银行获得客户最新的联系方式，为找到失去联系的客户提供线索。

2. 个人信用信息采集。个人信用信息并不完全等同于个人基本信息，它是指个人在信用交易中借贷与偿还状况的信息。信用信息是征信的核心，由于授信机构在授信过程中对交易对手的真实情况可能并不了解，因此只能通过借款者的历史还款信息来了解借款者过去的信誉状况，预测未来还款的概率。根据授信机构的不同，信用信息可以分为银行信用信息和商业信用信息，前者是银行在授信过程中产生的信用信息，后者是个人与个人、企业与企业、个人与企业等之间的借贷信息。

绝大多数的公共征信机构只采集个人在银行的信用信息，实现银行间信用信息的共享。私营征信机构专注的市场方向与公共征信机构不同，在信息采集范围上会更加广泛，既采集银行的信用信息，也采集商业信用信息。

在美国，私营征信机构与银行、商业零售商、信用卡公司、汽车金融公司等机构签订合作协议，由这些机构定时向征信机构提供个人的信用信息。这些信用信息包括个人在银行的信贷账户、信贷内容、抵押情况、历史还款情况以及与商业零售商的信用交易情况、信用卡透支和还款情况等，正面和负面的信用信息均需全部采集。征信机构采集个人信用信息需要向信息提供者支付费用，如果信息提供者同时又是信息使用者，双方还会对费用做进一步的协商。

在日本，个人征信行业呈现"三足鼎立"的局面，即个人信用信息中心、株式会社日本信息中心和株式会社信用信息中心。三家会员制的私人征信机构向各自的会员采集信用信息并用于会员之间的共享。个人信用信息中心的会员主要是商业银行、非银行金融机构和银行的附属公司，采集的信用信息主要来自银行，占60.9%，信息内容主要是个人在银行的各项信贷业务和还款记录。株式会社日本信息中心的成员都是各地区的消费金融公司，采集的信用信息是个人在消费信贷体系中的交易记录和履约情况。株式会社信用信息中心的会员主要由信用销售类的公司和信用卡公司组成，采集的信用信息都来自销售信用领域，涉及个人的各类透支和还款情况以及个人的消费习惯。日本的消费者信用信息并不完全公开，只是在协会成员之间交换使用，但银行在授信前，会要求借款人签订关于允许将其个人信息披露给其他银行的合同。日本制定和完善有关保护个人隐私的基本法律，重点确定个人金融信用信息、医疗信息、通信信息的开放程度。

在中国，金融信用信息基础数据库采集的个人信用信息主要来自全国的银行业金融机构，还有部分小额贷款公司、汽车金融公司、消费金融公司等，未来采集范围将扩大到所有金融机构。金融信用信息基础数据库没有采集个人的商业信用信息，目前采集的信用信息包括资产处置、保证人代偿、贷款、贷记卡、准贷记卡和担保等。

与中国人民银行征信中心相比，上海资信有限公司和中证鹏元资信评估股份有限公司采集到的信息内容更加多样，但采集范围却有一定的区域局限性。上海资信有限公司采集的个人信用信息包括个人在上海商业银行各类消费信贷申请与还款记录、可透支信用卡的申请、透支和还款记录、移动通信协议用户的缴费记录、公用事业费的缴费记录等。中证鹏元资信评估股份有限公司所采集的个人信用信息来自深圳的部分商业银行和小额贷款公司等机构。

【知识链接 3-2】

金融信用信息基础数据库个人信用信息采集

资产处置信息：资产处置是指个人的不良贷款或信用卡被资产管理公司接收了，反映了信息主体曾经有过严重的违约行为。该信息采集了债务的接收时间、接收债权的金额、余额等，信息使用者可以通过各项内容进一步了解信息主体违约的严重程度。

保证人代偿信息：保证人代偿是指保险公司、担保公司为信息主体代偿形成的债务，反映了客户曾经有过严重的违约行为。该信息采集了最近一次代偿日期、累计代偿金额、余额等，信息使用者可以通过各项内容进一步了解信息主体违约的严重程度。

贷款信息：贷款信息涉及个人在金融机构不同账户状态的各类贷款，包括呆账、结清和未结清。该信息采集了贷款机构、贷款种类、发放时间、金额、余额、担保方式、还款频率、逾期和还款情况等。通过这些项目，信息使用者可以全面掌握信息主体的负债历史、目前的负债水平、还款压力以及履约守信等情况，为信贷决策提供良好依据。

贷记卡、准贷记卡信息：贷记卡和准贷记卡的信息采集内容与贷款相似，信息使用者通过对贷记卡和准贷记卡信息的分析，能掌握信息主体的信用消费习惯。信用消费往往更能体现一个人的诚信意识，因此，此部分的信息也越来越引起金融机构的重视。

担保信息：担保信息是个人为他人贷款提供担保的明细情况，包括贷款发放机构、发放日、到期日、合同金额、担保金额等。采集担保信息是为了让信息使用者了解到信息主体的或有负债情况，为综合授信提供依据。

【知识链接 3-3】

限制性信息采集内容

并不是所有信息都能作为征信信息的采集内容。美国、欧盟、英国、德国、比利时、葡萄牙、意大利、瑞典、韩国等国家和地区都对个人敏感信息的采集做了限制性的规定，大部分主张禁止采集，有的则需要在满足法定条件下才可以采集。此类信息包括：（1）政治观点；（2）宗教信仰、哲学观点、工会会员资格；

（3）身体残疾、疾病、遗传特征、基因、性生活、健康检查等；（4）种族、民族、肤色、出生国家等。关于个人的犯罪调查和处理信息，美国、比利时和英国规定要经信息主体同意或者为履行法定义务才可采集。美国和葡萄牙还禁止采集性别、婚姻状况或年龄及其他私生活信息。在我国，按照《征信业管理条例》的规定，个人的宗教信仰、基因、指纹、血型、疾病和病史信息属于征信机构禁止采集信息，个人收入、存款、有价证券、商业保险、不动产信息、纳税数额信息属于征信机构限制采集信息。《征信业务管理办法》第十二条规定，征信机构采集个人信用信息应当经信息主体本人同意，并且明确告知信息主体采集信用信息的目的，依照法律法规公开的除外。第十三条规定，征信机构通过信息提供者取得个人同意的，信息提供者应当向信息主体履行告知义务。

（二）企业信息采集

1. 企业基本信息和财务信息采集。企业的基本信息来源很广，包括企业的名称、注册地址、注册资本、主营业务、股东情况、纳税信息等，在我国，以统一社会信用代码和相关基本信息作为法人和其他组织的"数字身份证"，人民银行还为每个在银行开立基本账户的企业配了统一社会信用代码。

在企业的基本信息里，注册信息和财务信息是最重要的。合法注册是企业合法存在的第一步。因此，企业的注册信息是授信机构核实其身份、了解其基本情况的基础。征信机构在采集注册信息和财务信息时受到各国公司注册登记制度及相关信息披露制度的限制。在美国，有限责任（或股份有限）公司的经营情况和财务状况要经常向社会公开；普通企业（合伙企业、个人独资企业）也要将自己的地址、负责人、产品销售号等材料提交给注册登记机构，输入计算机系统，以便公众查询，但普通企业（非有限责任企业）不必向社会公众公开自己的财务信息。征信机构一般会缴纳一定的费用从各个州获得公司注册登记和财务会计报告的信息。在英国，公司注册署负责公司的注册登记工作，对公司的注册和财务信息，公司注册署都会在网络上向社会公众公布并且及时更新，征信机构可以从互联网上直接获取或者缴纳一定费用批量获取信息。在中国，2014年3月1日，国家企业信用信息公示系统正式上线，向全社会公布各类市场主体的登记注册信息、备案信息和行政处罚信息，但企业的财务信息不在公示范围内。

采集了企业的各类信息后征信机构需要对信息进行整合和汇总，这就需要征信机构为每个企业建立唯一的身份识别码。建立自己内部使用的企业信息编码是世界上大多数征信机构的做法，例如，邓白氏在1963年就发明了邓白氏编码，由9位数字组成，每个邓白氏编码对应的是邓白氏全球数据库中的一条记录，它被广泛用作一个标准工具，用来识别、整理、合并各个企业的信息。私营征信机构建立自身的企业编码主要是内部管理数据整合的需要，有些时候也是外部没有企业统一的编码系统所致。例如，美国的工商注册分散在各个州，各个州的公司登记注册制度不尽相同，当征信机构进行跨国经营时，还要面临不同国家对企业建立的身份识别制度，因此，从内部管理的角度出发，这些私营征信机构在进行企业数据整合时需要建立自身的统一编码，以便对数据库进行统一的管理和数据整合。

【知识链接 3 - 4】

金融信用信息基础数据库企业基本信息

基本信息：企业申请办理机构信用代码时需要提交市场监管部门的注册登记材料、税务部门的税务登记材料、质检部门的登记材料，人民银行对证件的要素进行审核之后将相关的信息采集录入金融信用信息基础数据库，这些信息涉及工商部门和税务部门掌握的企业名称、注册地址、组织机构代码、国地税登记号、注册资金、出资方等。金融信用信息基础数据库对企业基本信息的采集通过企业提交资料的方式进行，并不是直接与相关行政部门的数据系统对接，因此，金融信用信息基础数据库中企业基本信息的更新也只能依托企业主动递交变更后的新材料。如果企业未及时递交变更后的资料，就会出现信用报告中的基本信息与企业的真实信息不符的情况。金融信用信息基础数据库还采集企业法定代表人、总经理和财务负责人的信息，包括职务、姓名、证件类型、证件号码、性别、出生年月。

2. 企业信用信息和公共信息采集。企业信用信息与个人信用信息相比，形式更加多样，内容也更加广泛。企业经营发展过程中与金融机构和非金融机构发生的各类信用交易行为都可以作为信用信息进行采集。来自金融机构的信用信息包括贷款、贸易融资、票据贴现、信用证、保理等，来自非金融机构的信息涉及赊购赊销、商业欺诈、账务往来等。公共信息的采集都是来自司法与行政机构，各国法律对公共信息公布内容都有明确的规定，征信机构只能在公布的范围内采集相关的信息。

在美国和英国，私人的征信机构通过与金融机构签订协议的方式采集金融机构的信用信息，但多数银行不会向征信机构报送保密性的信贷数据。私人征信机构采集的信用信息更多的是来自商业机构，特别是大型的、全国性的商业机构，通过这些商业征信机构能采集到大量上下游其他企业的应收账款信息、应付账款信息、历史交易记录信息、合同履约信息等。

私人征信机构对企业公共信息的采集方式包括：通过法院的公告采集企业的判决、诉讼、破产和强制执行信息；通过行政部门的公告采集企业各类行政处罚信息；通过市政公用单位采集企业缴费信息；通过劳动保障部门采集企业拖欠工资信息；通过动产和不动产登记部门采集企业的财产抵质押信息。

在我国，中国人民银行征信中心作为公共征信机构采集的企业信用信息主要来自商业银行、财务公司和信托公司，采集内容包括资产处置、担保代偿、贷款、贸易融资、信用证等，但并未采集商业信用信息。金融信用信息基础数据库还采集了部分地方法院和行政部门的企业公共信息，目前此类信息的数量还很少。从优化社会分工、鼓励其他征信机构发展的角度来讲，金融信用信息基础数据库的信息采集范围也不应过大过全。

近年来，辽宁省、浙江省、广东省等地方政府在开展社会信用体系建设的过程中都建立起了地方性的企业公共征信数据库，这些数据库主要采集了企业在各个政府部门中的登记注册、行政许可、资质认证、行政处罚、行政奖励、司法、拖欠税费、合同履约等信息。由地方政府主导建立的地方性企业公共征信数据库能有效提高政府的公共管理水平，提高企业诚信意识，促进地区信用交易的发展。

【知识链接3-5】

金融信用信息基础数据库企业信用信息采集

金融信用信息基础数据库采集的企业信用信息包括以下内容。

由资产公司处置的债务，指企业的债务已由资产公司进行处置，采集处置机构、原始金额、处置日期、余额等信息。由资产公司处置的债务反映了企业曾有过严重的违约行为。

担保代偿，指由担保公司、保险公司为企业代偿形成的债务，采集代偿机构、代偿金额、代偿余额、代偿业务等信息。担保代偿反映了企业曾有过严重的违约行为。

欠息，指企业在授信机构有尚未结清的欠息，采集授信机构、欠息余额、欠息类型等信息。欠息反映了企业曾有过违约的行为。

垫款，指授信机构与企业发生保函、承兑汇票、信用证、保理业务时企业无力支付到期款项，银行以自有资金进行垫付。采集授信机构、垫款金额、垫款余额、原业务等信息。垫款反映了企业曾有过违约的行为。

贷款，指企业在授信机构获得的贷款授信，采集授信机构、授信金额、余额、五级分类、担保、展期、抵质押物等信息。

贸易融资，指授信机构基于企业贸易结算过程中的存款、预付款、应收账款等资产给予的授信，采集授信机构、融资金额、余额、五级分类、担保、展期、抵质押物等信息。

保理，指授信机构基于企业的应收账款发放的授信，采集授信机构、叙做金额、叙做余额、五级分类、担保等信息。

票据贴现，指企业通过持有票据向银行申请贴现获得的授信，采集授信机构、贴现金额、贴现日期等信息。

承兑汇票，指授信机构以开立银行承兑汇票的方式向企业发放授信，采集授信机构、出票金额、承兑日期、到期日期、保证金比例等信息。

保函，指授信机构为企业开具保证书，承诺企业在未能如期偿还他人款项时由授信机构代偿。保函是授信机构的隐性负债，采集授信机构、金额、余额、保证金比例、担保等信息。

第三节　数据质量

数据是征信数据库最基本的组成要素，征信数据库正是由成千上万条个体的数据信息汇总而成。数据质量是征信数据库的生命力，数据质量的好坏直接决定了征信数据库存在的价值。高质量的数据就是指能够充分满足用户使用需求的数据。保障征信数据质量是征信机构内部管理的重要工作，因为数据质量的好坏决定了征信机构能否持续经营，对外提供优质服务。征信监管部门也非常重视征信数据质量，因为没有良好的数据质量作保障，征信服务化解信息不对称、降低交易成本的作用就无法体现，而且还容易引发各类征信纠纷，影响征信市场发展。

一、数据质量的"三性"标准

一般情况下，征信数据质量体现为数据的及时性、准确性和完整性。可以试想，如果征信数据库中的数据更新不及时，采集展示的数据不准确，信息要素不完整，那么采集再多的信息，拥有再先进的信息加工手段和分析方法，征信机构建立在数据基础上生产出来再多的征信产品也毫无意义。失去了数据质量做保障，征信数据库也就失去了公信力。没有一个经济主体在与他人进行交易之前会参照一份不及时、不准确、不完整的信用报告，一旦如此将会有越来越多的征信纠纷因数据库信息错误而起。

征信数据的及时性是指征信数据库应尽量实时跟踪，采集到信息主体的最新信息并最终反映在征信机构的征信产品上。征信数据的及时性涉及信息采集、信息加工和信息披露等多个环节。保障数据的及时性有利于征信机构及时掌握信息主体的信息，并依据数据对信息主体建立最新的评价。数据的及时性是征信数据库的生命力。

征信数据的准确性是指征信数据库采集并最终反映在征信产品上的信息与信息主体的实际信息一致。数据的准确性是征信机构提供服务的重要条件，也是保证信息主体公平权利的基本要求。征信机构信息采集、加工、披露等环节中的失误都可能导致信息出错，信息主体将错误的信息提供给征信机构也会影响准确性。

征信数据的完整性是指征信数据库中采集的信息数据要素齐全、内容明晰。在一个多元的社会环境中，信息主体正面、负面的信息，履约、未履约的记录虽然性质互异，但都具有密切的关联，共同构成评价的依据。按照信息采集标准的要求，征信数据库采集保存的信息不仅仅是负面信息，还应包括正面信息，只有建立在数据完整的基础上，征信机构才能对信息主体作出全面的评价。

二、保障征信数据质量的意义

（一）数据质量是征信机构经营发展的根本

征信机构所从事的工作是收集、整理、加工和分析企业或个人的信用资料，为客户提供征信服务，帮助客户判断和控制信用风险。作为市场主体的一部分，提供征信服务并收取费用是征信机构经营发展的根本，因此，征信机构的服务首先要获得市场的认可，被客户所接受，征信机构才能获得收入来源，维持经营发展。信息和计算机技术不断发展，征信机构对信息的分析手段也在不断改进，但一切的分析方法和分析手段都是以数据作为基础，征信数据质量决定征信机构服务质量，而征信服务质量的好坏则决定了征信机构能否树立权威性并长久保持竞争力。纵观历史，世界上著名征信机构提供的征信服务之所以能被市场广泛认可，是因为这些优质服务的背后都有征信机构强大的征信数据库和良好的数据质量作为支撑。

以中国人民银行征信中心负责运营维护的金融信用信息基础数据库为例，绝大多数授信机构在为企业或个人提供授信前都要查询金融信用信息基础数据库的信用报告并以此作为发放授信的重要参考。一方面是因为它采集到的信贷信息覆盖范围广，另一方面更重要的是因为中国人民银行征信中心在制度和技术上采取了一系列的手段来保障信息的数据质量，使信用报告反映出的信息及时、准确、完整，参考价值高。

（二）保护信息主体的征信合法权益

信息主体在征信活动中的合法权益体现在以下方面：对自身信息被采集和被使用的支配权；对征信机构掌握的个人信息的知情权；对个人在信用报告中的信息存有不同意见而向征信机构提出的异议权；要求征信机构改正错误信息的纠错权；对征信机构因信息有误损害了本人利益而起诉的司法救济权。

信息主体是征信活动的主要参与方，在征信活动中其信息被征信机构采集并在一定条件下提供给了信息使用者，征信机构还能以采集到的信息为基础运用一定的技术手段和分析方法对信息主体作出评价，评价结果将成为经济交往中其他人判断信息主体信用状况的参考，直接影响信息主体经济生活的方方面面。因此，保障信息主体的合法权益要求征信机构要从征信数据库的源头上做好数据质量的维护工作，保证对信息主体作出的评价是建立在及时、准确、完整的数据基础上，不会偏离信息主体的实际情况。

信息主体认为征信机构对自己的评价与事实不符，评价结果给自身带来了负面影响和损失，自身合法权益受到侵害就会引起征信纠纷，征信纠纷大多数是因为征信机构的数据质量问题而引起的。信息主体发现信息有误之后一般会向征信机构提出异议或者向征信监管部门投诉，如果信息主体认为征信机构的行为侵犯了自身合法权益或造成损失的，还可能会寻找司法途径解决。征信纠纷给信息主体自身带来极大的不便，寻找错误数据源并进行更正也需要经过一定的时间和烦琐的程序，因此，从保护信息主体合法权益、减少征信纠纷、维护社会征信活动顺利开展的角度出发，征信监管部门严格要求征信机构做好数据质量保障工作。

（三）降低信息使用者经济交易成本，有效防范交易风险

征信机构最初的业务内容就是进行信息调查并将调查的结果出售给信息使用者。随着社会分工的需要，征信发展成为一个行业，征信机构也成为专业性的组织。信息使用者愿意购买征信机构提供的服务，是因为亲自调查交易对手所花费的成本要远远

高出购买服务的价格。信息使用者愿意购买征信机构的服务，参考征信机构对交易对手的评价结论，还在于征信机构所提供服务的专业性，征信的作用也正是为了减少信息不对称所引发的交易风险。如果征信机构的数据质量未能保障及时性、准确性与完整性，不能为信息提供者提供交易对手最新、最准确完整的评价，信息使用者出于风险防范的考虑必定还会从其他更多的途径去验证对手的真实信息，从而造成时间成本和人力成本的浪费。如果信息使用者未进一步核实就错误采信了征信机构的评价结论，还可能引发交易风险。

【知识链接 3 – 6】

邓白氏全球数据库数据管理

邓白氏全球数据库是目前世界上最大的商业数据库。邓白氏全球数据库的成功运营得益于其对数据信息四个方面的综合管理，即数据来源管理、数据质量管理、数据更新管理及数据安全管理。

数据来源管理是指通过多重信息渠道收集商业数据，从源头确保信息的可靠性。邓白氏数据库采取多渠道、多形式收集信息，收集信息的主要渠道有当地的商事登记部门、当地的信息提供机构、当地的黄页报纸和出版物、官方公报、商业互联网站、银行和法庭，同时还采取拜访和访谈的形式收集有关的消息。

在数据质量管理方面，邓白氏采用四个标准来衡量信息质量：准确性、完整性、及时性以及全球一致性。其运用 DUNSRight 信息质量管理流程来保证数据质量。DUNSRight 信息质量管理流程通过收集、汇总、编辑以及核实等步骤对成千上万条信息资源进行处理，以保证数据结论的真实有效性和实用性，并用于建立包含评分及指数在内的企业档案。这也是邓白氏的数据库资源在同行业中脱颖而出的重要条件。

在数据更新管理上，邓白氏每天约更新数据 150 万次，通过主动更新、维护与清洗数据，保证信息的有效性。

在数据安全管理方面，邓白氏拥有国际先进的信息处理及存储平台，有效保障了数据的安全性和稳定性。

由于企业征信的非标化，高占比的人工成本多用于收集和验证数据，而邓白氏特有的 DUNSRight 数据质量管理流程保证了 2 亿条企业数据的高准确性。DUNSRight 的流程操作基于公司对信息的质量掌控，由全球信息收集、企业匹配、邓氏编码、企业家族链接、预测指数等五大步骤有序构成，通过五项质量关键要素的依序操作，最终实现数据的收集与提升。流程中超过 2000 次的自动核对及人工审核确保数据质量。

流程处理过程如下：

（1）全球数据收集：在世界范围内运用邓白氏自身的信息资源网络汇总大量信息数据；

（2）企业匹配：通过邓白氏独有的企业匹配技术，与其全球数据库进行匹配和整合，为每家企业整合出唯一而精确的商业记录；

（3）邓氏编码：为进入全球数据库的每家企业配置全球唯一的邓氏编码，从而通过企业的每项日常活动来识别与跟踪全球企业；

（4）企业家族链接：通过不断建立和更新的全球家族企业树，显示目标企业所有关联企业的整体风险与机遇；

（5）预测指数：运用统计分析系统评级企业的以往绩效，并预测企业的未来表现。

第四节　替代数据

一、替代数据的概念

替代数据（Alternative Data），也叫非传统信息（Non–traditional Information），其概念最早由美国提出，目前已被越来越多的国家和领域所使用。对于什么是替代数据，美国多个官方机构和国际组织从不同角度给出了解释。

美国联邦储备委员会（Board of Governors of the Federal Reserve System）认为，替代数据是指在全国信用评级机构的消费者信用档案中通常找不到的信息，或通常是由消费者作为信贷申请的一部分提供的信息。美国金融消费者保护局（Consumer Financial Protection Bureau）认为，替代数据是指任何的非传统数据，对替代数据的使用是描述性而非规范性意义上的，并认为传统数据和替代数据之间可能没有泾渭分明的界限。美国国会研究服务中心（Congressional Research Service）认为，替代数据是指用于确定消费者信用度且在三大评级机构用于计算信用评分的数据源之外的信息，包括传统信贷文件中通常不包含的其他消费者财务数据。国际征信委员会（International Committee of Credit Reporting）将传统数据定义为个人履行其财务和其他类似义务的历史数据，并认为替代数据是通过技术平台收集的可随时获得的数字化信息。世界银行将其定义为借贷信息以外的征信数据，并认为替代数据并无普遍接受的统一定义，但"通过数字手段获得大量的数据"是一种共识。

根据以上定义，可以将替代数据的特征归纳为几点：（1）与传统数据存在一定区别，更加广泛而不局限于金融类；（2）可通过数字技术大量获取；（3）有助于提高信用评分的全面性和精准度。

我国对替代数据在征信领域的应用尚处在探索阶段。2020年12月，人民银行在"长三角征信一体化"工作推进现场交流会上指出，替代数据在现代化征信体系中发挥着重要作用，是借贷信息的有益补充，并首次明确了替代数据的本质属于征信活动，需要纳入征信监管。尽管对于替代数据应用是当前构建全覆盖社会征信体系的重要步骤，征信部门已经达成共识，但是在 2022 年 1 月公布的《征信业务管理办法》中，有关替代数据的定义、采集范围等事项仍未明确。

结合当前学术界对替代数据的理解以及我国实际，本书将替代数据定义为由征信机构和数据服务机构等运用数字技术收集并进行加工整理的用于进行信用评分和授信决策、在传统的借贷信息采集范围之外的其他信息。

二、替代数据的采集范围

（一）美国征信替代数据的采集范围

由于法律、经济、文化等制度环境的差异，国际上对替代数据的分类和采集范围也千差万别。本节以美国为例，介绍替代数据的采集范围与分类。

美国现代征信业始于以费埃哲（FICO）为代表的自动化信用评分的推广。FICO自动化信用评分相对于传统征信方式取得了巨大成功，标准普尔、穆迪和惠誉等信用评级机构均依赖 FICO 所提供的算法模型推出各自的信用评分。[1] 但随着信贷需求的扩大以及对信用评分要求的提高，FICO 的缺陷逐渐暴露，主要体现在对"征信白户"即借贷数据未被传统银行纳入的群体以及信用记录空白的群体无法进行合理的信用评估。

随着金融科技的发展，美国征信业开始了对替代数据的探索。美国政治经济研究理事会将覆盖度（Coverage）、集中度（Concentration）和信用性质（Credit-like）作为选取替代数据源的最相关标准，这样的"3C"标准较为准确地把握了替代数据源的采集特征。[2] 征信机构将替代数据广泛运用到征信业务中，2010 年 6 月，益博睿收购了一家拥有 700 万美国人房租历史的公司（Rent Bureau），到 2011 年 1 月，房租数据已经包含在美国的消费者信用报告中[3]；费埃哲、艾可飞和律商联讯合作，利用固定电话、有线电视、移动电话和公共部门缴费记录等替代数据，开发了名为 FICO XD 的新信用评分体系；环联在传统借贷信息基础上，结合消费者支付历史、支付日数据、账户历史以及住所变动频率等替代数据，构建了名为信用视野连接（Credit Vision Link）的新信用评分体系。[4] 替代数据的应用，进一步扩大了征信覆盖范围，使众多"薄信用"人群从金融机构中获得了信贷服务，同时提高了信用评估的精准度。美国各征信机构所采集的替代数据类型见表 3-1。

---

① 尚博文. 美国征信替代数据的应用与启示 [J]. 征信, 2021 (10)：59-65.
② 尚博文. 美国征信替代数据的应用与启示 [J]. 征信, 2021 (10)：59-65.
③ 刘星海. 征信与大数据 [M]. 北京：中信出版社, 2016：第十章。
④ 王新军, 赵竹青, 刘昭伯, 等. 征信替代数据助推长尾客户金融可得性研究 [J]. 西南金融, 2021 (12)：56-68.

表 3 – 1 美国各信用评价机构替代数据的范围

机构产品	替代数据类型
LexisNexis – Risk View	财产契约和抵押、税务记录、犯罪历史、就业和住址历史、司法数据、身份及专业证明等
FICO – Expansion Score	支票账户、财产数据、公共记录、活期存款账户记录、司法数据、俱乐部记录等
Experian – Income Insight	租金支付数据、公共机构数据
Equifax – Decision 360	支出能力、财产损失信息、预定的每月付款、当前债务付款、债务人收入比、破产评分
TransUnion – Credit Vision	地址历史记录、银行余额、信用额度、逾期金额、实际付款金额
Zest Finance	主要机构的信用报告和数千个财务信息、滚动浏览器服务条款速度等信息

（二）我国征信替代数据的采集范围

替代数据的应用能推进普惠金融发展。金融机构使用的替代数据可以分为四类：一是身份证等注册登记信息；二是资质信息；三是行政处罚方面的信息；四是社交行为等信息，也是存在争议最多的一类。在具体业务中，一般金融机构采集的替代数据最典型的用途是贷款资质审核、反欺诈、信用风险评估、资管等。学术界或从国际标准出发，或从我国征信业发展现状出发，提出了不同的替代数据采集范围。本书结合多种分类方法，将替代数据的采集范围分为注册登记信息、资质信息、行政处罚信息、日常交易信息、社交行为信息五个类别。

表 3 – 2 替代数据分类

信息类别	基础数据变量	数据意义	数据来源
注册登记信息	居住地址、工作单位、电话号码、电子邮件、企业注册信息等及其变动频率	反映稳定性	信息主体、市场监管、房管局、车管所等相关部门
	房产、机动车、土地所有权等	反映资产状况	
资质信息	教育背景、职业资格证书、职业成就、企业资质、行政许可等	反映资质情况	信息主体、市场监管部门、教育部门
行政处罚信息	行政处罚、强制执行、涉诉数据	反映行为素养	市场监管、法院、税务等相关部门
日常交易信息	非贷款产品的定期支付数据（房租、固定及移动话费、水电煤气缴费、社保缴存、住房公积金缴存等）	反映履约信誉	金融机构、公共事业部门及其他相关部门等
	网上支付与购物数据（支付方式、经常消费品类、大额消费物品等）	反映消费能力	金融机构、电商平台
社交行为信息	社交媒体数据（关联好友、浏览记录、网络评论等）	反映信用倾向	信息主体、互联网、电信运营商等

三、我国征信替代数据的应用现状与问题

（一）我国征信替代数据的应用现状

截至 2022 年底，中国人民银行金融信用信息基础数据库共收录 11.6 亿自然人、1 亿户企业及其他组织[①]，已经成为全球覆盖人口最多、收集信贷信息量最全的企业和个人征信系统。但仍有约 8000 万户小微企业、3500 万个工作 5 年以内的毕业生、6000 万个民政低保人群等重点群体为信用"白户"，征信查询总量中小微企业占比高达 60%。[②] 信用"白户"或"薄信用"人群，是指借贷数据未被传统银行纳入以及信用记录空白的群体，解决这部分人群的征信问题，已成为扩大信用规模、推广普惠金融服务、建设全覆盖社会信用体系的关键步骤。

目前企业征信领域使用较广泛的替代数据是缴税数据，以及企业工商登记信息、涉税信息、用水用电数据、海关数据、环保数据、用工数据、奖惩数据、司法诉讼数据等。其中，工商登记信息和企业缴税信息覆盖面最广，其余信息均为涉及企业经营行为具体领域（如用水、用电、出口贸易等）的子集数据。

个人征信领域的替代数据应用主要体现在中国人民银行征信中心的个人信用报告上。2020 年 1 月 17 日，中国人民银行征信中心二代信用报告上线，除了借贷数据和姓名、出生日期、身份证件、婚姻状况等基本身份信息外，还包括学历信息、通信地址、户籍地址、所有个人手机号和配偶信息等。公共信息明细主要包括欠税记录、民事判决记录、强制执行记录、行政处罚和奖励记录、住房公积金参缴记录、执业资格记录等信息。

（二）我国征信替代数据应用存在的问题

《征信业务管理办法》自 2022 年 1 月 1 日起正式实施，明确将替代数据纳入征信监管，但在替代数据的采集范围、应用机制和监管措施上仍存在一些问题。

首先，对替代数据的采集范围尚未有明确的界定标准。该办法规定，采集个人信用信息，应当采取合法、正当的方式，并遵循最小、必要的采集原则。然而替代数据比传统信贷数据有着更宽泛的外延，且很多数据涉及个人隐私，其采集范围的扩大必然与该原则之间存在矛盾。如何在保护个人隐私的前提下，合理地鼓励替代数据的采集，需要进一步明确征信机构对替代数据的采集范围。

其次，替代数据的应用机制仍有待完善。为避免替代数据的误用或滥用，需针对数据应用的潜在风险，建立统一的数据使用规范，强化流程管理，保障数据安全，提高数据处理的透明性。同时，应积极推动多源数据的开放共享，利用大数据、区块链等技术实现异构数据的规范整合，推进地方征信平台建设，提高数据使用的效率和便捷性。

最后，对替代数据使用的监管措施有待加强。2021 年下半年，《中华人民共和国

[①] 数据来源于中国人民银行征信中心 2022 年主要工作报告。

[②] 数据来源于中国人民银行副行长陈雨露在第三届进博会主题论坛上的讲话。

数据安全法》和《中华人民共和国个人信息保护法》的出台，一定程度上为替代数据的监管提供了法律依据。但关于征信业务中替代数据的使用以及权益保护问题尚未有相应的法律法规，使监管工作的开展困难重重。

只有引起社会上各信用主体、征信机构对替代数据的关注，积极引导和参与替代数据在征信领域的应用，借助市场力量推动相应法律制度和监管措施的完善，解决其在采集范围、应用机制和监管措施上的问题，才能更好地发挥替代数据在信用风险预警与防范中的作用，发挥信用在促进经济高质量发展中的作用。

第五节　金融信用信息基础数据库

一、金融信用信息基础数据库概要

金融信用信息基础数据库是国家为了防范金融风险、促进金融业发展提供相关信息服务而设立，规定由中国人民银行征信中心建设、运行和维护的征信系统。中国人民银行征信中心是中国人民银行下属法人事业单位，是不以盈利为目的的征信机构。《征信业管理条例》规定，金融信用信息基础数据库接收从事信贷业务的机构按照规定提供的信息，并为信息主体和取得信息主体本人书面同意的信息使用者提供查询服务。国家机关可以依法查询金融信用信息基础数据库的信息。

金融信用信息基础数据库的主要使用者是各类金融机构。金融信用信息基础数据库通过专线与商业银行等金融机构总部相连（即一口接入），并通过商业银行的内联网系统将终端延伸到商业银行分支机构信贷人员的业务柜台，从而实现企业和个人信用信息定期由各金融机构流入金融信用信息基础数据库，通过进一步汇总后实时流向金融机构的功能。其中，前者表现为金融机构向金融信用信息基础数据库报送数据，后者表现为金融机构根据有关规定向金融信用信息基础数据库实时查询企业和个人信用报告。

金融信用信息基础数据库的前身是由中国人民银行组织商业银行建立的个人信用信息基础数据库和企业信用信息基础数据库。目前，金融信用信息基础数据库仍沿用这种系统架构，分别设置了个人信用信息基础数据库和企业信用信息基础数据库。

个人信用信息基础数据库主要采集和保存个人在商业银行的贷款、信用卡、担保、社保、公积金等信用信息，以及相关的个人身份识别信息，并向商业银行提供个人信用信息联网查询服务，满足商业银行防范和管理信用风险的需求，同时服务于货币政策和金融监管。伴随着我国信用体系建设的不断深入和社会信用意识的提高，个人信用信息基础数据库收录信息主体数量稳步提升，截至 2022 年末，个人信用信息基础数据库为超过 11.6 亿自然人建立了信用档案[①]。

---

① 数据来源于中国人民银行征信中心 2023 年工作会议。

企业信用信息基础数据库的前身是始建于 1997 年的银行信贷登记咨询系统。该数据库主要从商业银行等金融机构采集企业的基本信息、在金融机构的借款、担保等信贷信息以及企业主要的财务指标、环保、欠缴税款、民事裁决与执行等信息，全国各商业银行与其联网查询。截至 2022 年末，数据库收录 1 亿户企业及其他组织[①]。

二、金融信用信息基础数据库的特点

（一）全国统一建库，数据集中管理

一般而言，商业化征信模式早期产生并分散于各地的大量区域性征信机构，不同征信机构的数据库之间相互独立。以美国为例，在初创时期，全国有遍布各地的征信机构 2000 多家，各个数据库之间数据并非完全同步和共享。

我国金融信用信息基础数据库的建设参考了国际最佳做法，采取集中数据库模式：利用人民银行专线和商业银行等金融机构的信贷营业网点相连，建立了覆盖全国的信用信息采集和服务网络，全面采集企业和个人信贷信息，按照统一系统、统一管理、统一标准的原则，实现了企业和个人信用信息在全国各商业银行的交换和全国共享。该系统运行效率高，实现了信用报告查询"秒级"响应。

（二）报送信息机构类型丰富，数据覆盖面广

征信活动可以分为两类：一类是征信机构主动调查被征信人的信用状况，另一类是授信机构或其他金融机构批量报送被征信人的信用状况。由于金融信用信息基础数据库采取授信机构批量报送数据方式，因此接入系统的机构数量和类型的多寡直接影响系统数据的覆盖面。自 2006 年上线运行以来，金融信用信息基础数据库接入机构类型不断丰富，数量稳步扩充，现已基本涵盖金融市场所有授信机构类型，覆盖全部银行业金融机构。

金融信用信息基础数据库接入机构用户类型除传统的全国性银行、城市商业银行和外资银行外，还包括信托公司、保险公司、财务公司、合作金融机构等非银行金融机构以及小额贷款公司、融资性担保公司、村镇银行、贷款公司、消费金融公司等小型机构。

从接入系统的机构数量看，截至 2022 年底，个人征信接入放贷机构 5328 家，企业征信接入放贷机构 5115 家。2022 年全年个人征信业务日均查询 1143.2 万次，企业征信业务日均查询 32.6 万次[②]。

（三）采集信贷信息为主，兼备非银行信息

各种征信机构一般会依据自己的定位、经营方向和市场需求的不同，有选择地收集一部分信息。比如，法国的公共征信系统只收集个人的负面信贷信息。美国的征信机构一般以盈利为目的，根据市场的需求收集个人和企业的全部信用信息。我国的金融信用信息基础数据库收集的信息主要是个人和企业的信贷交易记录，如信用卡额度、

---

① 数据来源于中国人民银行征信中心 2023 年工作会议。
② 数据来源于中国人民银行征信中心 2022 年主要工作报告。

贷款余额、还款状况等。同时，为全面反映企业和个人的信用状况，帮助更多的企业和个人与商业银行建立信贷关系，征信机构还需广泛整合企业和个人身份、非金融领域负债以及遵纪守法等方面的信息，如企业和个人的社保信息、住房公积金信息、法院判决和强制执行信息以及行政许可和处罚信息等非银行信息。

（四）数据采集具有强制性，有效保障数据质量

公共征信机构通常强制要求所监管的金融机构上报个人和企业的信用信息，并利用法律要求信息提供者提供准确的信用信息。然而，私人征信机构只能在双方自愿的基础上，以合同或协议的方式采集信用数据，主要依靠信息提供者的自觉性来保证信息的准确性。

金融信用信息基础数据库属于公共征信系统[①]，其数据采集同样具有强制性。《征信业管理条例》第二十九条明确规定，从事信贷业务的机构应当按照规定向金融信用信息基础数据库提供信贷信息。该条规定是与金融信用信息基础数据库采取被动接收信贷信息的采集方式相适应的，有效保障了金融信用信息基础数据库的信息来源和信息的持续更新。

三、建立金融信用信息基础数据库的意义

（一）提高金融机构防范信贷风险能力，促进中小微企业和农户融资

随着金融信用信息基础数据库的广泛运用，金融机构可以通过借款人过往贷款记录对信贷的违约风险进行评估，并借助系统的失信行为处罚制度约束贷款人的还款行为，从而解决信贷业务中信息不对称和缺乏约束机制的问题，有效提高金融机构防范信贷业务风险的能力。几乎所有商业银行都把查询金融信用信息基础数据库作为审查贷款的必经环节。

银行在不了解企业和个人的信用状况的情况下，为了防范风险，一般会采取相对紧缩或保守的信贷政策。通过金融信用信息基础数据库查阅借款人的历史贷款记录，商业银行能够比较方便地了解企业和个人的信用状况，采取相对灵活的信贷政策，扩大信贷范围。截至2021年末，全国金融信用信息基础数据库通过农户信用信息系统已累计为全国1.56亿农户开展信用评定，同比增长18.20%；评定信用户1.07亿个，信用村24.5万个，信用乡（镇）1.29万个；收录新型农业经营主体162.81万个。[②]

（二）服务于其他政府部门，提升执法效率

根据国际经验，征信机构除了采集银行信贷信息外，还依据各国政府信息公开法规采集大量的非银行信息，用于帮助授信机构的风险防范。在这种情况下，当政府部门出于执法目的需要征信机构提供数据或信息帮助时，可以依法查询征信机构的数据

① 欧洲中央银行行长委员会将公共征信系统定义为："一个旨在向商业银行、中央银行以及其他银行监管当局提供有关公司及个人对整个银行体系的负债情况信息的信息系统。"

② 数据来源于：中国人民银行．中国普惠金融指标分析报告（2021年）［R/OL］．http：//www.pbc.gov.cn/goutongjiaoliu/113456/113469/4671788/index.html.

库或要求征信机构提供相应数据。

金融信用信息基础数据库现已依法为法院、公安、检察院等部门办理案件提供相关信息查询服务。中国人民银行相继与生态环境部、国家市场监督管理总局、最高人民法院等部门合作，将环保、产品质量、商业经营等方面的违规信息、行政处罚信息以及欠缴农民工工资等不良信息纳入了金融信用信息基础数据库。纳入该数据库之后，对有环保违规信息或拖欠农民工工资的企业，银行查询发现以后就不给这些企业贷款，有力地帮助了这些部门加大执法力度，提高相关企业及个人的诚信意识。

（三）增强社会信用意识，维护社会稳定

在现代市场经济中，培养企业和个人具有良好的社会信用意识，有利于提升宏观经济运行效率。但是，良好的社会信用意识并不是仅仅依靠教育和道德的约束就能够建立的，必须在制度建设上具有完备的约束机制。金融信用信息基础数据库恰恰缓解了我国社会信用约束不足的问题，发挥了"守信激励，失信惩戒"的作用，有助于增强企业和个人的诚信意识。一些拖欠贷款的企业和个人为避免出现不良记录，主动偿还了拖欠的贷款，按时履行偿还贷款等合同义务的意识稳步提高。

金融信用信息基础数据库在维护社会稳定方面也发挥着重要的作用。实践经验表明，不少企业和个人具有过度负债的冲动，如果不加约束，可能会造成企业和个人债务负担过重，影响正常经营和活动，甚至引发社会问题。金融信用信息基础数据库有助于金融机构全面了解企业和个人的整体负债情况，从制度上防止企业和个人过度负债，有助于政府部门及时了解社会的信用状况变动，防范突发事件对国家造成重大影响，维护社会稳定。

四、金融信用信息基础数据库的建设发展历程

（一）企业信用信息基础数据库发展历程

企业信用信息基础数据库的建设最早源于贷款证制度。贷款证制度实际上是贷款登记和信息咨询系统，为金融机构审查贷款服务，为中央银行宏观金融决策服务，是金融体制改革进一步深化的需要。1990年，深圳商业银行首先向中国人民银行深圳分行提出要求使用贷款证，以适应国有专业银行向商业银行转轨过程中的金融业务交叉和竞争，提高贷款透明度，防止企业过度负债。在这一背景下，中国人民银行深圳分行于1991年4月1日率先建立和实施贷款证制度。深圳特区实施贷款证制度以来，其辖区金融机构和企业普遍反映较好。该制度有效地防止了企业多头套取贷款，减少了银行信贷资产风险。在总结部分地区实施贷款证制度经验的基础上，中国人民银行决定自1996年4月1日起，在全国大中城市实行贷款证制度，并逐步向全国范围推广。

但随着科技的进步和金融业务的丰富，贷款证业务开始暴露一些弊端，影响了其实效的发挥，具体表现为以下三点：一是贷款证登录的信息有限，作用比较单一，不能覆盖金融机构审核贷款所需的信息范围；二是贷款证涵盖面窄，少数贷款对象和贷款种类没有被纳入其中，贷款证对贷款总量的反映不够；三是贷款证具有文本性、分

散性，不能信息共享，极大地制约了贷款证作用的发挥。因此，1997 年 7 月，中国人民银行统计司完成了《关于贷款证制度工作的发展和总体思路报告》，提出贷款证制度管理要向电子化管理方向发展以克服文本式贷款证的不足，要充分发挥贷款证制度在防范信贷风险方面的预警监测作用。中国人民银行在考察了国外中央银行信贷登记系统建设情况的基础上，提出了建立我国银行信贷登记咨询系统的设想。

银行信贷登记咨询系统是在原贷款证制度的基础上，结合当时金融电子化发展的趋势和金融工作的要求而建立的一套信息系统，它克服了贷款证的诸多弊端，增加了新的功能，目的是服务于加强金融监管、维护金融秩序、制定货币政策、密切银企关系。1998 年，中国人民银行启动了银行信贷登记咨询系统工程。1999 年底，银行信贷登记咨询系统上线运行。2002 年，银行信贷登记咨询系统建成地市、省市、总行三级数据库，实现以地市级数据库为基础的省内数据共享。在该系统多年运行的基础上，2005 年中国人民银行启动银行信贷登记咨询系统的升级工作，将原有的三级分布式数据库升级为全国集中统一的企业信用信息基础数据库，信息系统采集范围和服务功能大大提高。2006 年 6 月，企业信用信息基础数据库实现全国联网查询。

（二）个人信用信息基础数据库发展历程

我国的个人征信行业是随着刺激消费、拉动内需等宏观政策的出台及银行职能的转变发展起来的。20 世纪 80 年代后期，我国个人消费信用需求开始萌芽，个人征信行业随之逐步发展。当时，扩大内需成为党中央确定的必须长期坚持的战略方针，各级银行为了贯彻这一方针相继推出了住房、汽车、教育、旅游等消费信用贷款，有效地启动了消费，扩大了内需。然而，由于当时我国的个人征信制度还相当滞后，为降低信用风险，银行不得不以烦琐的手续、严格的条件来抬高消费信贷的门槛，限制了消费信贷的发展，在一定程度上抵消了通过开展消费信贷来启动内需的效果。为了解决这一矛盾，1999 年 2 月中国人民银行颁布了《关于开展个人消费信贷的指导意见》，明确提出了逐步建立个人消费贷款信用中介机构，信用制度是个人消费信贷业务发展的重要条件等建议，中国人民银行开始试点建立个人信用信息基础数据库。1999 年 7 月，经中国人民银行批准，上海地区 15 家商业银行共同牵手，在上海市信息办和中国人民银行上海分行主持参与下，由上海信息投资股份有限公司、上海市信息中心、上海中汇金融外汇咨询有限公司、上海隶平实业有限公司等联合投资组建的上海资信有限公司成立，成为新中国成立以来首家开展个人信用联合征信的专业资信机构，承担上海市个人信用档案信息数据中心的建设和管理，开展个人信用信息咨询、资质认证和风险评估业务。2000 年 7 月，上海资信有限公司个人信用联合征信服务系统数据采集及信用报告查询系统正式启动，并出具了新中国第一份个人信用报告。

与上海一并入选个人征信试点城市的深圳，也在个人信用体系建设方面做了许多创新性的工作。2001 年 12 月，深圳市政府通过《深圳市个人信用征信及信用评级管理办法》，于 2002 年 1 月 1 日正式实施。该办法是我国第一部个人信用立法，对我国社会信用体系的建设有着深远的意义。2002 年 8 月 9 日，受深圳市政府委托的鹏元资信评估有限公司独立承建、自主开发的深圳市个人信用征信及评级系统投入试运行，开始向各商业银行提供个人信用报告查询服务，这是我国开通的第二个比较完善的地方个人征信系统。除了上海和深圳以外，海南、广州、大连等地也相继获准建立个人信用制度，这标志着我国个人征信制度建设由试点逐步进入推广阶段。

2004 年，中国人民银行在总结试点经验的基础上，不断加快个人信用信息基础数据库的建设。2004 年 12 月，个人信用信息基础数据库实现了 15 家全国性商业银行和 8 家城市商业银行在北京、重庆、深圳、西安、南宁、绵阳、湖州等 7 个城市的联网试运行；2005 年 8 月底完成与全国所有商业银行和部分有条件的农村信用社的联网运行，经过一年的试运行，于 2006 年 1 月正式运行。目前对于任何自然人无论在国内任何地方的任何一家商业银行留下的借款和还款记录、申请信用卡或开立结算账户时填报的基本信息，商业银行的基层信贷人员均可在经当事人书面授权后进行查询，商业银行已经将查询个人信用信息作为贷前审查的固定程序。

2013 年 3 月 15 日，《征信业管理条例》正式实施，明确将企业和个人信用信息基础数据库统称为金融信用信息基础数据库。2017 年 6 月 1 日，《中华人民共和国网络安全法》正式实施，为保护公民、法人和其他组织的合法权益，促进经济社会信息化健康发展奠定了基础。2021 年 9 月 1 日，《中华人民共和国数据安全法》开始实施，对管理好、利用好数据资源，形成全社会共同维护数据安全和促进发展的良好环境具有重大意义。2021 年 11 月 1 日，《中华人民共和国个人信息保护法》正式施行，标志着我国对个人信息的保护迈入全新时代，对征信系统合理利用与保护个人信息提出了更加严格的要求，与已实施的《网络安全法》《密码法》《数据安全法》相辅相成，共同构成了中国数据安全的法律保障体系，成为推动我国数字经济持续健康发展的坚实"防火墙"。

2022 年 1 月 1 日，《征信业务管理办法》正式落地实施，对依法从严加强征信监管，保障信息主体合法权益和信息安全，促进征信业市场化、法治化和科技化发展具有积极意义，为征信行业的发展厘清了边界和路径，也为替代数据的依法合规使用指明了方向。

【知识链接 3 -7】

中国人民银行征信中心

一、简介

2006 年 3 月，经中编办批准，中国人民银行设立征信中心，作为直属事业单位专门负责金融信用信息基础数据库（征信系统）的建设、运行和维护。同时为落实《物权法》关于应收账款质押登记职责规定，中国人民银行征信中心于 2007 年 10 月 1 日建成应收账款质押登记系统并对外提供服务。2008 年 5 月，中国人民银行征信中心正式在上海举行了挂牌仪式，注册地为上海市浦东新区。2013 年 3 月 15 日施行的《征信业管理条例》，明确了征信系统是由国家设立的金融信用信息基础数据库的定位。目前，中国人民银行征信中心在全国31个省（自治区、直辖市）和5个计划单列市设有征信分中心。

二、主要职责

（一）负责拟定金融信用信息基础数据库、动产融资统一登记公示系统、应收账款融资服务平台的发展规划。

（二）承担金融信用信息基础数据库、动产融资统一登记公示系统、应收账款融资服务平台建设，并负责运行、维护和管理。

（三）根据国家相关法规及规章，组织实施金融信用信息基础数据库、动产融资统一登记公示系统、应收账款融资服务平台运行工作。

（四）负责制定金融信用信息基础数据库、动产融资统一登记公示系统、应收账款融资服务平台运行和维护的内部管理制度和业务技术标准。

（五）负责与金融机构及有关方面的业务技术联系协调工作，依法采集企业和个人的信用信息。

（六）负责制订本单位征信替代数据服务工作整体规划及相关实施工作。

（七）负责汇总和分析金融信用信息基础数据库、动产融资统一登记公示系统、应收账款融资服务平台数据信息，及时提出分析报告。

（八）依法向金融机构及有关方面提供企业和个人的信用信息服务及其创新产品服务应用，依法向信息主体提供信用信息服务。

（九）为人民银行及其分支机构防范金融风险、促进金融业发展提供相关信息服务。

（十）依法向国家机构提供征信信息查询等服务。

（十一）依法核查和处理金融信用信息基础数据库、动产融资统一登记公示系统、应收账款融资服务平台运行中的异议。

（十二）负责金融信用信息基础数据库、动产融资统一登记公示系统、应收账款融资服务平台的业务培训、品牌建设、服务推广和对外合作。

（十三）中国人民银行授权或交办的其他事项。

三、对金融信用信息基础数据库的管理

为了确保金融信用信息基础数据库的正常运转以及数据库中数据的及时、准确、有效，中国人民银行征信中心和商业银行建立数据报送、查询、使用、异议处理、安全管理等各种内部管理制度和操作规程。金融信用信息基础数据库建立了完善的用户管理制度，对用户实行分级管理、权限控制、身份认证、活动跟踪、数据主体（企业和个人）监督；数据传输加压加密；对系统及数据进行安全备份与恢复；聘请国内一流网络安全管理专家对系统安全进行评估，有效防止计算机病毒和黑客攻击等，建立了全面有效的安全保障体系。

资料来源：中国人民银行征信中心官网。

【本章要点】

1. 征信数据库是指针对社会各类相关信用信息数据所建立的数据库。征信数据库是信用信息管理系统的重要组成部分和核心内容。按信用主体的不同，征信数据库可分为个人征信数据库和企业征信数据库。我国征信数据库主要包括三种类型，即政府各个部门或行业建设的征信数据库、各个地方政府建立的征信数据库和第三方征信机构建立的征信数据库。征信数据库具有建立失信惩戒机制、提供征信服务和开拓市场的功能。

2. 征信数据库的建设也是从信息采集开始做起。从当前世界征信业的发展状况来看，信息采集主要有被动采集和主动采集两种模式。信息采集的主要方法有实时录入法、批量导入法和自动传输法。个人信息采集包括个人基本信息采集和个人信用信息采集。企业信息采集包括企业基本信息和财务信息采集、企业信用信息和公共信息采集。

3. 数据质量是征信数据库的生命力。征信数据质量体现为数据的及时性、准确性和完整性。保障征信数据质量对促进征信机构经营发展、保护信息主体合法权益、降低交易成本和防范交易风险具有重要意义。

4. 替代数据是对传统借贷数据的补充，包括信用主体的注册登记信息、资质信息、行政处罚信息、日常交易信息和社交行为信息等。替代数据的应用对完善征信数据库、推动普惠金融、建设全覆盖的社会信用体系具有重要意义。

5. 金融信用信息基础数据库是国家为了防范金融风险，促进金融业发展提供相关信息服务而设立，规定由中国人民银行征信中心建设、运行和维护的征信系统。建立金融信用信息基础数据库对提高金融机构防范信贷风险能力、提升政府部门执法效率和增强社会信用意识等有重要意义。

【重要概念】

征信数据库 金融信用信息基础数据库 企业征信数据库 个人征信数据库 信息采集 数据质量 替代数据

【延伸阅读】

有关金融信用信息基础数据库的内容，请阅读《征信业务管理办法》和《征信业务管理办法》释义。

【思考题】

1. 金融信用信息基础数据库有什么特点？
2. 试述信息采集的模式、方法与主要内容。
3. 各国为什么要通过立法限制征信机构过度采集个人信息？

4. 什么是替代数据？替代数据和传统数据有什么区别？

5. 金融信用信息基础数据库是否可以采集个人的收入、资产或者宗教信仰等信息？为什么？

6. 私人征信机构对企业公共信息的采集方式有哪些？

7. 保障征信数据库的数据质量有着怎样的意义？

第四章

征信技术与标准

【学习目标】

1. 掌握企业征信的业务范围和技术操作内容；详细了解企业征信数据的概念、数据来源、采集作业方式以及处理和维护；了解预测企业信用风险的数学模型的种类和量化指标的制作流程；了解企业征信报告的格式、内容、制作程序以及企业征信数据库检索系统。

2. 掌握个人征信的业务范围和技术操作内容；详细了解个人征信数据的类别、数据来源、采集格式以及处理；了解个人征信报告的种类和版式标准；理解个人信用评分的原理、用途和分类。

3. 理解征信标准化的意义，了解国外征信标准化的基本情况以及我国征信标准化的历程和现状。

第一节　企业征信技术

一、企业征信业务

（一）企业征信的业务范围

企业征信的业务操作围绕企业征信报告制作进行，业务内容包括取得符合要求的成套的目标企业的信用信息，对目标企业作出适当的信用分析和解释，以企业征信报告的形式回复委托人。企业征信机构的主要技术操作包括采集被调查对象的信用信息、处理信用信息、核实信用信息、评价被调查对象的信用价值、传播征信结果。

企业征信机构的调查工作方式一般分为两种：一是传统的资信调查方法，二是依靠大型征信数据库存储的海量信用信息的报告形式。使用传统业务操作方式的是企业征信类调查机构；依靠大型征信数据库进行征信作业，其所采用的操作方式是主动采集企业信用信息，这类企业征信机构被称为报告机构。

与个人征信的情况不同，即使一些企业征信机构依靠大型征信数据库存储的海量信用信息支持征信产品的生产，但在向委托人提供资信调查报告之前，企业征信机构也要派人下现场调查或核实，其业务操作受到现地现认原则的约束，以保障资信调查报告的质量。

大型企业征信机构生产报告产品要遵循非常严谨的业务操作流程。

（1）接受委托：机构的销售人员或客服人员接受用户的调查委托，并核实是不是近期的重复调查；然后，履行规定的审核手续，通过正常的管理渠道下达生产任务单给报告生产部门。

（2）采集数据：从征信数据库检索调查对象的档案或历史记录，或从数据供应商处采购数据。调查员根据采集单进行补充调查，并配上被调查对象最近的财务报表。

（3）核实数据：调查员通过电话或下现场核实各数据源提供的基本数据，特别是核实那些逻辑不合理的数据。

（4）处理数据：剔除不可靠的和逻辑不合理的数据及假数据，尽可能排除财务报表的虚假成分，作出系统性修正。在这道工作程序中，有可能包括量化一些定性分析指标。

（5）报表分析：分析财务报表，作出相应的评价，并给予一些文字性的评述。

（6）量化指标：使用数学模型，评出调查对象的资信级别，求出风险指数。

（7）现地现认：调查员下现场调查和核实，取得现场调查实录，并为报告附上简单的文字性报告。

（8）组装报告：在统一的报告模板上，按照标准的格式，将基于事实的记录、量化分析结果、分析结论等"原料"拼装上去。

（9）质量检验：根据标准进行产品检验。

（10）产品出库：向有关客户服务人员发出"提货"通知。

在实际操作中，有的征信机构先在征信数据库中汇集数据或记录，并将数据或记录填充进报告模板，然后再送入报告生产线。线上的工作人员只需对已经填充进去的数据进行核对和增减，配齐财务报表和量化分析指标，便可将初步成型的报告送入现地现认作业程序。

（二）现场调查作业

不论是采用传统的征信工作方式，还是采用现代的征信工作方式，下现场调查都是企业征信业务人员的基本功。在企业征信机构设置的征信业务或技术工作岗位中，负责下现场调查或核实信用信息的人员是调查员，也称现场调查员。

通常来说，下现场调查分为两种情形：一是公开调查，目的是采集信用信息；二是隐蔽调查，目的是核实信用信息，不让被调查企业察觉，现地现认的工作特点就是隐蔽调查。

在下现场调查之前，调查员要做好充分的准备工作，力争一次性取得完整的"战果"。首先，调查员要做好时间方面的准备。如果是用公开调查采集信用信息，调查员应该在事前与拜访对象预约，确定双方都合适的时间。其次，调查员应做好空间方面的准备。调查员必须策划好交通方式和行车路线，估计乘车所需花费的时间，切忌迟到。最后，在下现场之前，调查员必须做好必要的准备工作，做到有备而战。

调查员下现场调查的方法可以概括为四要素，即采集时间、采集地点、调查对象和采集内容。

（1）采集时间：在采集信用信息时，调查员要把握不同调查对象的特点，选择合适和充裕的时间去访谈，保证采集信用信息的完整性和准确性。

（2）采集地点：在实地调查征信对象的"正主"时，信息采集地点对判断被调查对象的真实信用状况非常重要。在条件许可的情况下，调查员最好走访重要的场所，包括调查对象的办公和生产场所。

（3）调查对象：只有选择最合适的调查对象，才可以采集到有用的信用信息，提高工作效率。在替委托人保密的条件限制下，更要恰当地选择调查对象。在调查预约时，调查员要根据所需调查或核实的内容，有针对性地选择被访谈对象。

（4）调查内容：在调查工作准备期间，调查员应该准备好本次调查所需的现场调查信用信息采集单和调查问题清单。这样在现场访谈时，才能做到有的放矢，避免造成调查内容浮浅和调查项目的遗漏。

二、企业征信数据

（一）企业征信数据的概念

企业信用信息是指反映企业的经济状况、履约能力、商业信誉等信用状况的信息以及用于判断企业守信意愿或能力的信息。企业征信机构有针对性地采集企业的信用信息，经过筛选、整理、分类、比较、修复、核实等多个处理程序，便可以将企业信用信息转化为企业征信数据，并输入企业征信数据库中。信用信息在转化成征信数据之后，才能用于生产各类企业征信报告。

企业信用信息的采集或保存必须是合法的。一些在技术上有异议的信用信息，如果在采集、保存或应用等方面受到法律的限制，只能归于"非法信用信息"。事实上，由于收集信息是有成本的，因此企业征信机构也不见得会广泛地采集所有能够采集到的企业信息。企业征信机构是否加工或保存一类征信数据，受到技术和成本两个条件的制约。征信数据必须在技术上能够对企业信用价值的评估作出贡献，并且在经济上是合算的。为控制成本，某些征信机构只会选择生产几种性能价格比高的报告，但是每家征信机构的主流产品都是普通版企业资信调查报告和企业基本信息报告。

对企业征信数据进行分类是一项重要的工作，它有助于提高企业征信机构采集信用信息作业的工作效率，降低信用信息的采集成本，开发和利用信用信息源。企业征信数据的分类直接对应着企业信用信息的分类，常见的信用信息分类包括以下几种。

（1）根据不同的信用信息源分类，如企业内部信息和外部信息、官方信息（政府公务信息）和非官方信息（民间信息）。

（2）根据信用信息的性质分类，如事实记录和访谈记录、直接信息和间接信息、定性信息和定量信息。

（3）根据信用信息的采集成本分类，如收费信息和免费信息。

（4）根据信用信息的采集方式分类，如采购信息和交换信息。

（5）根据信用信息的完整性分类，如单项信息和成套信息。

（6）根据信用信息的加工深度分类，如原始数据和成品数据、粗加工数据和深度加工数据。

（7）根据资信调查报告的模板分类，如公共记录和银行往来记录。

（8）根据法律限制程度分类，如公开信息和保密信息、合法信息和非法信息。

（9）根据信用信息反映的经济形势分类，如宏观信用信息、中观信用信息、微观信用信息。

对于企业征信机构来说，征信数据的质量至关重要。数据的质量会直接影响到征信报告产品的质量，也决定了数学模型预测的精度。此外，征信数据的质量还会直接影响到征信数据库的质量，决定征信数据的交换价值和征信数据库的资产评估值。对企业征信数据质量好坏进行衡量的主要指标包括以下几个。

（1）征信数据项的完整性。数据项完整，基本没有漏项，才可能形成用于报告生产的成套数据。

（2）征信数据的时间完整性。时间完整性是数据项完整性的一部分，如：为满足征信报告制作和数学模型运行的要求，某些量化数据必须至少具备3年以上的数据积累；一些数据项的起始点和终点要配套；等等。

（3）征信数据的更新频率。更新频率指标非常重要，不仅体现了数据质量，还要求数据源供应的稳定性，这项指标直接影响到征信数据库的价值。一般来说，财务数据最好每3个月更新一次，而登记注册事项最好能够随时更新。

（4）征信数据的真实性。最主要的是数据来源的可靠性和征信机构自身处理数据的水平，包括核实数据的程序。

（5）征信数据的精度。数据的精度主要影响数学模型的预测准确性，精度指标起码要达到国际或国内相关标准，必要情况下，征信机构需要对数据精度提出更高要求。

（6）征信数据的合法性。征信数据库中不允许保存任何非法的征信数据，全部征信数据必须是合法的。

（7）符合国家或行业标准。国家、行业和国际标准要求的基本征信数据项、数据精度和数据结构是衡量征信数据质量的最低标准，征信机构要达到最严的那种标准要求。

（二）企业征信数据的来源

1. 政府掌握的企业征信数据。政府掌握的信用信息是公务信息的一部分，产生于政府执行公务或对企业实施监管的工作过程之中。掌握较多企业信用信息的政府部门主要有市场监督管理局、税务局、中国人民银行、海关总署、统计局、法院、国资委、商务部、邮政局等，如表4-1所示。在成套的企业信用信息中，相关政府部门掌握的企业信用信息约占到40%。

表4-1　　　　　　　　　　　掌握企业信用信息项的政府部门

调查项目	信用信息来源
公司名称	市场监督管理局（原工商局）
法人代码	市场监督管理局（原质监局）
公司注册登记信息	市场监督管理局（原工商局）
公司性质	市场监督管理局（原工商局）、商务部（外经贸委）、国资委
公司注册地址	市场监督管理局（原工商局）
公司确切办公地址	邮电局、电信局、国资委
公司股东情况	市场监督管理局（原工商局）、商务部（外经贸委）、国资委
有无分公司、外地办事处	市场监督管理局（原工商局）、国资委
主要负责人	市场监督管理局（原工商局）、国资委、公安局
营业范围	市场监督管理局（原工商局）、统计局、国资委
企业发展史	市场监督管理局（原工商局）
员工数	人力资源和社会保障局（原劳动局）、人才交流中心、工资户开户银行
税务登记	国家税务局
营业额度	国家税务局、地方税务局、国资委
伪劣商品查处	市场监督管理局（原质监局）
产品生产许可证、条形码	市场监督管理局（原质监局）
进出口情况	海关
发展计划	国家发展改革委、财政局
经济纠纷	法院
财务报表	市场监督管理局（原工商局）、国家税务局、统计局、财政局、国资委、外经贸委等
贷款情况	中国人民银行、商业银行
基本户开户银行	中国人民银行、市场监督管理局（原工商局）
主要来往银行	中国人民银行、商业银行
办公用房和车辆	房屋管理局、公安局
董事个人资料	市场监督管理局（原工商局）、公安局
公司固定资产	房屋管理局、公安局

资料来源：林钧跃. 征信技术基础［M］. 北京：中国人民大学出版社，2007：77.

2. 非官方的企业信用信息。非官方的企业信用信息，是指政府公务信息之外的企业信用信息，有时也被技术人员称为民间信息，特别是指那些非商业化的企业信用信息。非官方的企业信用信息主要来源于商业银行、行会商会、公用事业单位、电信公司、企业的供应商、各类房东、租赁公司和新闻媒体等，这些信用信息的拥有者不是专业的数据供应商，所提供的信息是庞杂的，但经过企业征信机构的筛选和处理，有些信息是可以利用的，能够成为企业征信数据。

3. 商业化的企业征信数据。商业化的企业信用信息是非官方信用信息的一部分，通常以征信数据的形式存在，是可以进行交易的商品。企业征信机构可以从数据供应商处采集征信数据，它们是销售数据产品的专业机构，有能力提供符合企业征信机构要求的征信数据，而且数据的质量很高。企业征信机构还可以从其他的征信机构购买征信数据，一些拥有大型征信数据库的企业征信机构也提供不同加工深度的征信数据，如企业基本信息等。另外，市场上还存在一些代工（OEM）形式的报告加工机构，它们拥有某些地区的企业信用信息优势，允许在编制好的报告上打印或标注企业征信机构的名称。在必要的时候，企业征信机构还可以委托其他类型的机构帮忙调查，取得一些特殊类别或特别准确的企业信用信息。

（三）采集企业征信数据的内部作业

1. 公开数据的采集方式。对政府掌握的信用信息，主要有六种常见的采集方式。

（1）正面与中央政府部门打交道，向政府提供自己的资质，提出申请，建立日常的收费或免费查询关系。

（2）与地方政府的相关部门建立正常的采集关系。

（3）在城市信用体系功能健全的城市，与当地城市信用体系建设领导小组建立联系，从该市的联合征信平台处采集信息。

（4）从各级政府的信息中心或附属事业单位采集信用信息，与之建立半商业化的信用信息采集关系。

（5）与跨地区的政府信息整合工程建立合作关系，甚至参与其中，采购信息。

（6）与个别政府部门运行的公共征信系统或信息工程建立数据交换关系。

从公用事业单位采集信用信息主要方法有两种：一是从公用事业单位或通信公司采集数据，至少要采集到欠费用户的负面信息；二是承接公用事业单位或移动通信公司的信用风险控制业务，帮助它们建立信用风险防范机制，包括欠费催收工作。

至于那些在市场上提供商业化征信数据的供应商，寻找它们比较容易，主要工作是对它们进行筛选、排队和规范。评价供应商优劣的硬件指标包括合法性、类型、覆盖、质量、更新频率、效率、成本、稳定性和服务态度。

2. 电话调查采集方式。电话调查是企业征信机构经常使用的调查方式之一，是一种低成本的调查方法。通常来说，企业征信机构使用电话调查方法的作用有两个：一是采集信用信息，二是核实信用信息。在以传统征信方式操作的企业征信机构中，电话调查员的主要工作是采集信用信息，根据委托人的需求进行个案调查。但是，在拥有大型征信数据库的企业征信机构中，电话调查员的主要工作是核实征信数据。为保证电话调查的效果和规范电话调查的业务操作，企业征信机构要对电话业务员进行严格培训，培训内容包括相关法律法规、通话用语、掌握主动、应对拒绝、控制时间、认真记录等。

3. 信用信息资源共享方式。企业征信机构获取信用信息的一种重要方式是交换信息，需要建立起行之有效的信息资源共享机制。通常来说，交换信息的对象包括相关政府部门、行业协会、用户群、供应商网、其他征信机构等。通过信息资源共享的方式，企业征信机构有可能收到意想不到的效果，交换到正常方法无法取得的信用信息，而且还不需要动用机构的流动资金。企业征信机构与他人交换信息的形式有四种：（1）交换信用信息；（2）交换征信数据；（3）向信用信息提供方赠送相应数量的企业征信报告或订购报告的点数；（4）赋予信用信息提供方企业征信数据库搜索的小时数。

三、企业征信数据的处理和维护

（一）企业征信数据的校验

在企业征信机构的信息处理过程中，筛选出信用信息是其中的第一道工序。筛选就是将有用的信用信息从采集或汇集来的各类相关企业信息、产品信息或政府政务信息中挑选出来，包括从信用信息采集单中挑选出合格的信用信息。从事筛选信用信息的技术人员要熟知企业征信数据库的全部数据项和生产报告可能需要的信息，排除其他无用的信息。在一些国家，法律不允许征信机构采集或存储多余的信息。筛选出合格信息的指标很多，主要就是筛选出那些真实的和精度符合要求的信用信息，有时还包括完整性指标。

信息录入是数据处理过程中最基本的一个工作环节，是将被筛选出来的企业信用信息录入计算机，使载在不同媒介上的信用信息统一形成电子信息。为了避免在录入过程中出现错误，企业征信机构要在系统中设计若干种校验方法，包括对数据类型的校验以及采用双端口录入方法等。

有些企业征信数据是成套的数据，成套的数据会表现出一定的逻辑关系。对征信数据的质量校验要求技术人员校验各栏目下的成套企业征信数据是否逻辑合理，并剔除逻辑不合理的虚假数据或不合格数据。校验一套征信数据是否逻辑合理，可采用的方法有三种。

（1）经验法。即请来一些富有不同行业财会经验的会计师或审计师，对某些或某类财务报表进行分析，找出可能出现造假的地方。

（2）参照系比较法。原理是寻找一个与待分析企业处于相同行业的外国企业，该企业所在国家与中国的社会、经济和文化状况具有可比性，且拥有完整的行业均值性质的财务数据，比较待分析企业财务报表是否有异常表现。

（3）不同会计制度对照法。原理是使用同一套财务数据，但使用不同会计制度的要求进行分析，看是否出现不合理状况。

为了保证某些企业征信数据项真实可靠，许多征信数据需要进行人工核实，经常采用的方法包括实地核实法和电话核实法。在下现场调查时，调查员可以直接从被调查对象处了解情况，也可以从知情人处核实。

企业征信数据的质量非常重要，必须达到制作企业征信报告产品的要求，也要达到量化指标预测精度的要求，而且预测用数学模型对征信数据质量的要求会高于制作报告产品的数据质量要求。符合完整性、新、精度、格式等质量指标的信用信息，就是质量好的信息，这种信息的差、错、假、漏、旧五项指标都必须非常低。有些征信数据是有明显误差的，但可以修正，只要征信数据是成套的，而且能够求出系统误差，就是可用的合格信息。

（二）财务数据的处理

企业的财务报表由企业的财务部门编制，主要包括企业的资产负债表、利润表和现金流量表。在企业的财务报表中，还包括各种附表和附注说明。对于制作企业征信报告和量化指标，财务数据是非常重要的，企业征信机构会对财务数据进行单独处理和特殊使用。

企业财务报表通常有两种：一种是尚未经过审计的企业财务报表，另一种是经过审计的企业财务报表。尚未经过审计的企业财务报表的真实可靠程度比较低，可信度比较差，只能作为参考使用。企业征信机构要尽可能获取经过审计的目标企业财务报表。

企业做假账的情况很多，根据其意图，其做假账的行为可以被分为恶意粉饰和善意粉饰两种情况。在恶意粉饰中，企业会计人员因使用对象的不同，对同一期间的账目作出不同版本的记录，是一种故意欺瞒行为。善意粉饰是指企业将自然的经营内容或成果加以夸张。最容易被企业做假的商务会计科目有存货、应收账款、固定资产、净资产和净利润。关联交易和子母公司方面的会计科目也是比较容易做假的。

（三）企业征信数据的存储和维护

企业征信数据库是用于存储企业信用信息的，但并不需要尽可能多地采集和存储企业信用信息。在设计企业征信数据库时，企业征信机构会从成本和效率两方面来慎重考虑，把规模控制在有效范围之内。一般来说，企业征信数据库的设计只需考虑两个因素，即生产企业征信报告产品和计算量化指标的数学模型。

在为企业征信数据库设计存储企业数量规模时，技术人员首先要考虑的是企业征信数据库查询的企业覆盖面。当接到用户的调查委托时，企业征信数据库中应该有80%的可能性存储着调查对象的信用档案。其次，企业征信机构还需要考虑征信数据库中信用档案的重复查询率，这一指标决定了企业征信机构的单位报告盈利能力。对于有多次被委托调查可能的企业，在征信数据库中必须要有它们的信用档案。

征信数据库的安全性问题是每个大型征信机构都不能回避的严肃问题，它不仅是管理问题，也是法律问题。在开始设计数据库时，企业征信机构就要对四个方面予以重视：（1）符合法律法规的要求；（2）符合政府监管的要求；（3）对记录者负责；（4）对信用信息的用户负责。企业征信机构既要注意征信数据库的物理安全，也要防止内部人员的疏漏和破坏。

在对征信数据进行维护时，企业征信机构还要根据失信惩戒机制的运行原理，确定对企业征信数据的保存期限问题。在法律没有明确要求时，企业征信机构要自己制定相应的管理措施。征信数据在征信数据库中被保存时间的长短，主要是指征信数据的使用时间长短，也就是征信数据传播时间的长短。从被调查企业的角度看，意味着它们的信用记录或失信记录被公示的时间长短。

在征信数据的各项性能指标中，数据更新频率是非常重要的一个指标。企业征信机构可以采用的更新方法主要包括实时更新、定期更新和不同频率更新。每3个月进行一次数据更新是最低更新频率的底线。

四、企业信用风险预测

（一）制作量化指标的数学模型

在企业信用报告中提供被调查对象的风险指数是惯例。风险指数是使用数学模型制作的。给出被调查企业风险指数的目的是向报告用户推荐授信额度，其应用可以分为两个层次：一是确定被调查企业的信用风险的大小，并让报告用户依据指数设置授信的门槛；二是帮助报告用户科学地确定授信额度。

在分析企业的信用风险时，可使用两类数学模型，即预测模型和管理模型。预测模型用于预测企业的信用风险变化趋势，大多数预测类模型都用于预测企业破产的可能性或预测赊销合同的违约率。企业征信机构常用的预测模型是 Z 评分模型和巴萨利模型。管理模型不直接预测企业的违约率，而偏重于均衡地解释企业的信用状况，估计企业的经济实力。企业征信机构最常用的管理模型是营运资产分析模型和特征分析模型。

（二）信用风险标识的量化指标

企业征信机构给出的资信等级是度量被调查对象信用风险的一种量化指标。在有些企业征信机构制作的征信报告中，附有企业的资信级别和风险指数两项量化指标。企业征信机构将量化指标制作的工作流程分为六个具体的操作步骤。

1. 分析/选择相关的风险因素。评价企业信用风险的因素很多，可能有数百个重要性不同的影响因素。根据数理统计原理，在确定预算精确程度的条件下，要尽可能少地使用风险因素。过多的风险因素会增加收集数据的成本和时间，还可能降低评价的准确性。

2. 确定评级的指标。评级指标通常可以分为：财务指标、非财务指标、主观评价、负面记录等几个大类。选择评级指标要考虑企业现有的评价方式、行业的特征、采集到需要信息的可能性、征信机构的经验等。

3. 形成评价的指标体系。一个完善的指标体系要包括分析所有风险因素的重要性以及表示评级结果的符号系统。首先，在相关分析的基础上，将各风险因素赋予不同的权重，然后根据权重排列风险因素，并使各项因素的权重总和为100%。其次，建立一套表示资信级别的符号系统。

4. 计算企业的资信级别分值。利用企业档案中采集的数据，对评价企业的各个指标给出相应的分值，从而计算出企业资信级别。使用信用管理专业软件，可以使打分和计算过程自动化。

5. 分析资信评级结果。企业的资信评级结果计算出来之后，应对结论进行分析。

一方面要分析计算出来的资信评级结果与实际情况是否相符；另一方面要考虑资信级别的离散程度，应能将企业类别较好地区分开。

风险指数通常是预测企业的违约率，但在数据条件不充分或者有其他目的的情况下，企业征信机构也制作用于预测其他风险的指数，如邓白氏中国信用风险指数（NCRI）就用于预测被调查对象的技术性破产可能性。

五、企业征信报告的制作

（一）企业信用报告的格式

在各种企业征信报告中，普通版企业征信报告是主流报告产品，它是一种定式报告，这种报告都有特定的版式。这种报告的编制依赖于特定的报告模板，而报告模板是事先设计好的，能够提供什么样的信用信息和内容的逻辑顺序是完全确定的。报告模板不是一成不变的，在设计或升级时，企业征信机构要考虑很多情况，如报告用户的需求、报告用户的阅读习惯、信息资源状况、量化指标的技术水平、市场上同类报告产品的模板、行业的平均水平、自己的特点等。

普通版企业征信报告要满足报告用户日常授信决策的信息需要，价格也必须是可以接受的。在所有的企业征信报告种类中，其性能价格比应该是最高的。鉴于对性能价格比指标要求高，在设置这种报告的栏目时，技术人员要考虑信息量、信息完整性、数据处理水平、性能价格比、逻辑合理、机读、升级、特色、工具、比较等因素。

（二）企业信用报告的内容

普通版企业征信报告会设置10～16个栏目，所提供的信用信息主要包括企业发展史、注册信息、当年经营情况、付款记录、银行往来记录、公共记录、财务报表、主要产品、进出口报关、主要经营者履历、对外信誉状况分析、现场核实信息等。

有的大型企业征信机构生产的报告版式简洁，注重量化指标的技术含量，大量使用符号，易于计算机化。企业征信机构的客户服务人员所遇到的大量咨询是了解报告中常用的英文缩写和符号，掌握主流报告中常用的英文缩写和符号的知识是对企业征信机构业务人员的基本要求。

（三）企业征信数据库的检索系统

鉴于征信数据入库和信息检索的需要，企业征信机构必须设计一套能够高效率工作的检索系统，主要由企业识别编码、行业分类编码和企业规模划分标识系统共同组成。企业识别编码是所有入库的信用记录或信用档案的唯一识别编码，必须满足唯一性和终生不变性原则。企业征信机构可以使用一套现成的编码系统或自行建立一套编码系统。行业分类编码一般不需要企业征信机构自行编制，只需要使用现成的国家标准或国际标准即可。企业规模划分标识系统可参照国家统计局的划分办法。在设计征信数据库的检索系统时，技术人员要考虑遵守若干项原则，如简洁性原则、便利用户原则、高效率原则、高精确度原则等。对于大多数普通企业征信数据库的检索系统设计，不仅要强调检索系统的方便和实用，还要考虑降低企业征信数据库的维护成本。

（四）编制企业征信报告

编制普通版企业征信报告是调查员或征信技术人员应该掌握的一项基本技能。编制报告是一项程序化的工作，主要程序包括汇集已采集的信息，调用正确的模板并审核，编写报告内容，配备量化指标，配备财务分析结果，配备附件，配备现场核实报告，报告质量检验。在报告生产线上，产品质量检验是非常重要的，在模板、文字、逻辑、数据、量化指标、核实等方面都要认真把关。

第二节　个人征信技术

一、个人征信业务

个人征信，又称消费者信用调查，特指个人征信机构对自然人的信用申请人或受信人的信用状况进行调查和分析的技术操作，包括对消费者的信用价值进行评价。

在个人征信业务操作中，调查委托人是各色各样的授信机构、雇主和一些政府部门；被调查对象是自然人性质的消费者，或者是个体工商户；从事调查作业的是个人征信机构。个人征信机构主要依靠所掌握的个人信用信息资源，以个人征信数据、个人信用记录、个人特征变量、个人信用评分等服务方式，让授信机构、雇主或政府了解自然人性质的个人信用状况，正确评价个人的信用价值，包括了解个人的行踪。个人信用价值是对授信机构而言的，个人征信机构对个人信用状况进行评价的结果包括三个方面：

（1）申请信用的消费者或某种潜在消费者有没有可以发放信用的价值；

（2）可以向一位消费者授予多大额度的信用，而且具体对应哪种信用工具；

（3）假设给一位消费者发放信用工具，预测他（她）未来可能拖欠的违约率，是对前两项提供的一种检验。

理论上说，个人征信作业模式是在接到对自然人进行调查的委托后，个人征信机构派人去采集被调查人的信用信息，然后加以分析，作出该人的信用调查报告。这是传统的征信作业方式，属于被动征信方式。虽然市场上还有一些非主流的小型个人征信机构、个别的私家侦探所、商务调查公司和律师事务所采用这种被动征信的作业方法，但这早已不是个人征信行业普遍使用的作业方法了。

个人征信行业的主流作业模式是依靠巨型的个人征信数据库，对一城或一国的所有居民进行主动征信，为每个人建立一份信用档案。在接到调查委托时，个人征信机构直接从个人征信数据库中调出该调查对象的资料，经过快速汇总，形成个人信用报告，交给合法的报告用户使用。

个人征信机构的业务操作包括个人信用信息采集、数据处理、信用记录和信用档案的建立和维护、信用价值评价、个人征信报告生产、信用记录传播的全过程。

二、个人征信数据

（一）个人征信数据的类别

个人征信数据是经过筛选和加工的信用信息，用于生产个人征信报告产品、形成变量或提供给征信数据的直接用户。由于信息采集、处理和维护的成本很高，个人征信机构仅采集那些用于报告产品生产和支持信用评分数学模型的信用信息。

个人征信数据包括反映负面信息的征信数据和反映正面信息的征信数据。在一些国家，无论是公共征信系统还是个人征信系统，都有一些系统只采集负面信息。只采集负面信息，对于拥有不良信用记录的消费者可以起到失信惩戒的威慑作用，但对于正确授信和筛选合格的信用申请人，则无法正确评价消费者的信用价值。只有全面采集正面信息和负面信息，形成成套的全面数据，并以此制作出全面报告，才能正确判断消费者的信用价值，预测对消费者的授信极限，达到有效控制消费者信用风险的目的。

鉴于保护个人隐私权的法律要求，个人信息远比企业信息敏感，个人征信机构必须遵守相关法律，在允许的范围内采集和使用个人信用信息。通常，个人征信机构会按照消费者信用调查报告版式要求，采集以下基本的个人信用信息。

（1）个人识别信息：描述个人的基本信息，主要包括个人的身份证信息、以前和现在的住址、住所是个人拥有的还是租赁的、婚姻状况、联系方式等。

（2）信用交易信息：主要是消费者使用金融机构信用工具的付款记录，通常包括付款人、交易的类型、交易日期、账户的开户日期、最高信用额度、最后一次支付的日期、账户类型等。

（3）就业信息：主要包括雇主的名称、任职、收入、开始工作的日期以及工作的时间长短等。

（4）公共记录，包括民事和刑事处分的记录、经法院裁决的民事纠纷案件终审结论、被他人起诉的情况、刑事判决记录、商账追收记录等。

（5）被查询记录，指个人征信机构自行生成的个人信用档案被查询记录。

（二）个人征信数据的来源

根据个人征信机构的产品和服务，所需要的个人征信数据主要来自下列征信数据源。

（1）个人识别信息主要来自消费者填写的信用申请表，公安部的个人身份证信息、居民户籍资料和出入境管理局的护照资料，邮局的投递地址资料。

（2）金融机构的信用信息主要来自商业银行的消费信贷使用和偿贷信息，信用卡公司的消费者使用循环信用的记录，其他有储贷功能的信用社、企业财务公司、保险公司等的信贷记录。

（3）公共记录主要来自司法部门的民事案件审理记录、民事经济案件判决记录、偷漏税记录、拖欠子女抚养费记录和个人破产记录，国税局掌握的个人欠税记录，商账催收机构的催账记录。

（4）数据供应商。第三方身份的数据供应商主要收集和加工有关消费者社会经济行为的数据，如个人收入、缴费和消费形态等记录。在我国，雇佣信息中的一部分可以从劳动人事部门和类似于人才交流中心的机构获得，而个人收入估算要依靠人力资源调查公司的调查和分析。

（5）内部数据源，指产生于个人征信数据库的查询数据，包括授信机构为处理信用申请而提出的查询请求，雇主为审查应聘申请而提出的查询请求，消费者为维护自己的信用记录而请求提供信用档案的内容，还有一些促销类的查询。

各征信数据源向个人征信机构提供数据的方式各不相同，通常有以下三种方式：

（1）自愿免费向个人征信机构提供征信数据；

（2）提供商业化的征信数据，将征信数据销售给个人征信机构；

（3）与个人征信机构交换数据，或者用个人征信数据交换个人征信报告。

（三）个人征信数据的采集格式

由于个人征信数据来源的复杂性，针对征信数据的上报、采集和使用问题，个人征信的行业组织作出了相应的规定，对各信用信息源上报的数据字段作出规定，包括必须上报的字段和可以选择上报的字段。

例如，美国几家个人征信机构专门组成了美国征信局协会（CDIA），由协会出面制定了专门用于向个人征信局提供数据的统一标准数据报告格式。标准数据的采集格式是 Metro1 和 Metro2，Metro2 是 Metro1 的升级版。任何个人征信数据提供者都应该按照标准的要求提供个人征信数据。

除美国之外，其他国家没有行业组织制定的数据采集标准，采集数据的格式和内容都由个人征信局或公共的个人信用信息登记系统自行制定。

三、个人征信数据的处理

（一）个人征信数据的记录方式

个人征信机构以标准的格式采集到数据之后，进一步的数据处理工作则由个人征信机构自己完成，即使用自己的技术和方法处理数据。不同的个人征信机构可能会以不同的方法和细致程度来处理数据。

例如，对客户拖欠的描述，益博睿公司将客户拖欠状态进行编码记录，范围数在3～98，用一系列的字段来刻画这个客户的当前状态，描述账户在当前时间是已支付了欠款，还是发生了拖欠，包括拖欠的时间。艾可飞公司会从不同角度分字段描述账户状态，给出每个账户当前状态的评级，再用一系列的代码来刻画这个账户的当前状态，并用简单的语言描述这个账户的状态。环联公司则主要使用客户付款行为来描述账户状态，也提供一些描述性的字段来刻画这个账户的特殊表现。

又如，对消费信用工具类别的描述。艾可飞公司把所有的消费信用工具分为三类，分别用字母 R、O 和 I 来表示。其中，R 表示循环透支账户，O 表示开放式信贷账户，

I 表示固定用途信贷。环联公司则将消费信用工具分成五类：R 表示循环透支账户；O 表示开放式信贷账户；C 表示非银行机构提供的消费信贷；I 表示固定用途信贷；M 表示抵押贷款，包括购房贷款。

（二）个人征信数据的匹配问题

数据配对是指把有关某个人的数据从分散在各个部门、各个领域、各个地方的数据中甄别出来，归类汇集到一个标识项之下，以形成一个完整的记录整体。

在美国，表明个人身份的社会保险号是自愿提供的，在个人征信局的许多个人信用档案中是没有社会保险号码的。因此，个人征信机构需要运用数据配对处理技术，只要给出一个人的姓名和地址，就可以检索出与该人相关的征信数据。

在我国，个人征信机构的所有信用档案中都有当事人的个人身份证号码，任何征信数据源提供的个人征信数据都配备有个人身份证号码，个人身份证号码是所有文件的最基本检索工具。因此，我国配对的基础数据是个人身份证号码。

（三）个人征信机构生成的查询数据

在个人征信机构的征信数据库中，查询数据是一组特殊的数据，也是一组非常有用的数据。查询数据有时也被称为查询记录。查询数据产生于对个人征信数据库的查询，任何对征信数据库的检索都会被记录下来。在查询数据项下，内容通常包括查询目标的消费者名称、查询时间、查询次数、查询者的名称、查询性质等。

通过查询数据，可以了解到消费者是否需要借钱、是否在积极地寻求信用卡、是否在寻找工作等信息。在一般情况下，消费者提出的申请次数越多，说明对款项的需求越迫切或额度越大，他（她）的偿债能力也就越弱，信用风险随之变大。换言之，在一个很短的时间区间内，如果某个消费者的信用档案被查询多次，说明他（她）的经济状况可能有问题或者工作可能不稳定。由于查询数据说明的这些问题，多次提出信贷申请的消费者获得贷款的机会就会变小。

个人征信机构根据查询的目的，将查询数据分成硬查询、软查询、非信贷查询、账户自检查询、消费者自查询等类别。硬查询是指消费者申请消费信贷、信用卡或寻找工作等引发的查询，是消费者申请信贷或寻找工作的证据。软查询是指金融机构或其他授信人基于推销目的，主动查询个人征信机构的数据，以筛选出他们所需的目标客户。非信贷查询包括两类：一类是雇主查询，另一类是保险公司查询。账户自检查询是指金融机构或其他授信人定期对自己的当前客户进行系统的分析，属于管理方面的查询，不属于硬查询。当事人有知情权，因此消费者本人也可以查询自己的信用档案。能够影响消费者信用评价的查询，只有其中的硬查询类。

（四）个人征信特征变量

在美国，各大个人征信局都拥有强大的原始数据加工能力，它们不仅向用户提供个人征信报告，还向用户提供征信数据产品，主要是特征变量产品。所谓特征变量，是个人征信局在账户原始数据基础上，经过各种数据加工处理技术，将原始数据转化成时间序列数据，然后将这些数据再次进行各种数学转换，提炼出用于刻画消费者行为特征的各种标识变量。特征变量隐蔽掉了与账户户主隐私相关但与风险特征关系不大的信息，保留了它的分析特征，并将有关的特征加以强调性放大，形成了同时保护账户户主和原始数据提供者的数据形式。美国各大个人征信局开发出了数以千计的特征变量，用于描述消费者的信用风险和信用价值特征。表2-2列出了美国艾可飞公司提供的部分特征变量。

表 4 - 2 　　　　　　　　　　　　　美国艾可飞公司提供的特征变量举例

特征变量名	描述
8000	已追账的账户数
8001	破产记录
7000	公用事业不良记录数
6002	其他部分的破产记录
5000	最近 6 个月查询次数
5001	最近一次查询距今月份数
5002	最近 24 个月内财务公司的查询次数
5003	最近 6 个月为优惠政策进行的查询次数
6003	最早开户的账龄
6004	最近开户的账龄
6005	最近 3 个月内开户的账户数
6006	最近 6 个月内开户的账户数
6007	最近 12 个月内开户的账户数
6008	最近 24 个月内开户的账户数
6009	账户数
6010	有效账户数

特征变量是对原始数据的深度挖掘，它使个人征信局的数据得到了更有效的利用。许多大型金融机构都投入了很大的研发力量，将个人征信局提供的特征变量融入自己的数据库中，开发预测不同目标或信用风险的数学模型。由于所开发的数学模型融合了金融机构的内部数据，因而它的准确性比个人征信局或信用评分产品开发商提供的通用信用评分模型高，也有效得多。

四、个人征信报告的制作

个人信用报告是向合法用户提供的消费者个人信用行为的记录汇总，有的报告还包括对当事人信用状况的分析和定量化评价。个人信用报告的种类很多，主流报告是当事人信用调查报告，就业报告和个人信用评分报告的销售量也很大。

为了在保护个人隐私和降低信用交易双方信息不对称性两者之间取得平衡，各国信用信息保护类法律开始陆续出台，行业组织也积极推动个人征信报告版式标准的制定。美国征信局协会曾经制定过涉及个人征信报告格式的标准，即所谓的信用观察

2000 表格。该标准要求个人征信报告应包括 5 个栏目的个人信用记录，分别为人口统计信息、付款/费记录、就业记录、公共记录、查询记录。为个人信用报告制定统一的报告格式的好处是保证了个人征信行业全行业的机构都能集体避免违反法律规定以及个人征信报告的产品质量，告诉个人信用信息供应者提供信息的范围，在客观上设置了个人征信机构的业务门槛。

根据法律，个人信用报告分为个人信用记录型报告和个人信用调查型报告两大类。个人信用记录型报告是大型个人征信机构的主流报告产品，种类很多，购房信贷信用报告、就业报告、商业报告、销售支援报告、个人信用评分报告等是常见的报告。个人信用调查型报告是在记录型报告的基础上补充了一些现场访谈和调查性的资料以及调查员对消费者的主观评价。个人调查型报告的主要用户是保险公司和雇主，其市场需求比较小，主流的个人征信机构较少生产这种报告。

鉴于个人征信报告有特定的版式，使用专用的符号和编码系统，而且报告所用的语言非常简练，所以个人征信机构往往需要提供报告解读服务。

五、个人信用评分

个人信用评分是一种度量消费者个人信用风险的量化方法，预测消费者个人未来的信用表现，可以提高授信机构授信决策的正确性和工作效率。在原理上，个人信用评分是一种用于预测信用风险的数学模型，只要输入个人信用档案中的数据，就可以得出个人信用风险度量的具体分值，生产出个人信用评分报告产品。

对于个人信用评分报告的用户，个人信用评分的主要用途有两个：一是预测信用申请人的违约可能性，并依此决定是否批准一份信用申请，从潜在客户群中筛选出信用风险小的好客户；二是预测授信机构现有客户的违约率，帮助授信机构对客户群体进行分类，区分出客户的好与坏以及盈利与损失。

个人信用评分包括通用评分和行业选择评分两大类产品，前者是市场上的主流评分产品。建立通用的个人信用评分模型所使用的数据样本主要取自大型个人征信数据库，样本数量非常大，所使用数据具有跨越授信机构和商业银行、时间长度和空间跨度非常大的特点。因此，通用评分作为通用化的客户行为模型，是个人征信机构普遍使用的个人信用评分系统，也是商业或金融机构普遍采用的数据处理标准以及机构之间相互比较和沟通的交流手段。常用的个人信用评分产品是 FICO 评分。FICO 评分系统用于预测情况变坏的可能性，它所预测的是在评分后的 24 个月内消费者逾期 90 天还款的可能性。

行业选择评分是指适用于某行业的特定信用评分，常见的行业选择评分产品针对的领域包括房地产信贷、住房抵押贷款、分期付款信贷、汽车贷款、其他大件产品的分期付款贷款、循环信用工具、信用卡、赊购卡。由专业信用评分技术开发机构和个人征信机构共同开发的行业选择信用评分系统的针对性很强，比通用评分对金融或非金融信用工具的信用风险预测更为精确。

第三节　征信标准

一、征信标准概述

（一）征信标准

征信标准是指为了规范征信机构的业务运作、形成良好的行业秩序、解决信用信息征集及应用中的实际问题而制定的供征信机构和行业共同而且重复使用的一种规范性文件。它为征信行业在信用信息采集、处理、加工和使用中所面临的实际问题提供了一种科学、合理的解决方案。

征信标准按照制定主体的不同，可以分为企业标准、行业标准、国家标准、地方标准、国际标准。企业标准是由征信机构制定的在其内部使用的标准。行业标准是指由征信管理部门、征信行业协会制定或者采纳并公开发布的标准。国家标准是指由一国征信标准化机构制定并公开发布在一国范围内使用的征信标准。地方标准是指对没有国家标准和行业标准而又需要在省、自治区、直辖市范围内统一的工业产品的安全、卫生要求制定的标准。国际标准是指由国际或区域性标准化组织、经济金融组织制定和颁布，在全球范围或特定地区适用的征信标准。

（二）征信标准化

征信标准化是指为了在征信机构或行业内获得最佳秩序，解决信用信息服务中的实际问题而制定和实施征信标准，并对标准实施情况进行评估的活动过程。征信标准化包括三个相互关联的环节：制定和发布征信标准的相关活动、贯彻实施征信标准的相关活动和评估征信标准应用成效的相关活动。其中，制定征信标准是起点，标准制定是否科学合理事关标准的推广和应用价值；实施征信标准是关键，标准价值的大小需要通过实施来体现，并且在实施中总结经验，不断优化；评估征信标准是征信标准得以提升的重要渠道，通过评估去粗取精、去伪存真，促进标准价值的提升。

征信标准化是一个循环往复不断提升的过程。从广度而言，征信标准化的范围和内涵随着征信业的发展而不断扩展、延伸，从基础标准到技术、业务、服务和管理标准；从深度而言，标准化是征信业理论研究和实践经验不断积累与深化的过程，标准的制定是积累的开始，标准的修订是积累的深化和无止境的循环上升。

二、国外征信标准

（一）国外征信标准概述

征信业是一个新兴的行业，在国际标准化组织中并没有与之相对应的技术委员会或分技术委员会。由于征信的发展与金融、网络通信技术和信息技术的发展有着密切关系，从国外的经验看，征信行业标准的制定绝大多数采用了世界上通用的信息技术、网络、安全标准以及金融领域的标准。一些大的征信公司在一些行业特色较强的领域提出了自己的标准。美国征信局协会制定了专用于美国征信局的标准数据报告格式与数据收集格式 Metro1 和 Metro2。

美国征信局协会设计的表格 2000 也成为征信局出具的个人信用报告的标准格式。表格 2000 要求个人征信机构的信用报告提供如下信息：（1）消费者信用交易的记录，记录的是消费者借款和还款的流水账，正面信息与负面信息均收入信用信息记录；（2）公共信用信息记录，主要收集记录政府公开档案类信息，只记录负面信息，如法院记录和警察局刑事处罚记录、消费者欠税记录、交通违章记录等；（3）就业信息记录，一般提供消费者的雇主、职务、收入、服务年限、工作或岗位变动情况；（4）个人身份信息记录，主要提供消费者的家庭与消费者的住所、社会安全号码、出生年月日、家庭成员和配偶情况等信息；（5）查询信息记录，包括信用局向所有使用者提供信用报告的记录。

邓白氏编码是全球企业征信巨头邓白氏公司编制的企业身份识别系统。邓白氏编码已经成为国际标准（1993 年被 ISO 接受），先后被世界上多个工业和贸易组织接受。

印度征信行业虽然起步较晚，但是发展却非常迅速，主要是得益于国家对征信行业发展的统一规划。为促进征信市场的发展，印度提出了完整的征信标准体系。

（二）国际知名征信机构的技术标准

从历史上看，征信标准起源于企业征信标准。20 世纪 80 年代以来，随着经济全球化程度的提高和通信技术的发展，一些大型的征信公司开始出现。为了完善其全球服务网络，大型征信公司建立了庞大的全球信息数据库。这些信息数据库之间为了实现互联互通、便于信用信息的共享，对所采集信息格式制定了公司内部的统一规范，这便是企业征信标准的雏形。

1. 美国征信局协会。美国征信局协会（Consumer Data Industry Association，CDIA）的前身是美国信用局协会（Associated Credit of Bureaus，ACB），它是一个国际贸易协会，总部设在华盛顿区，它代表消费者信用、抵押报告、雇用和租赁情况及追收欠款服务业。ACB 提供立法帮助以及对成员的疏通，和消费者报告代理一起建立了消费者报告业的标准。

为了减少美国信用行业竞争和组织上的障碍，ACB 组织艾可飞、益博睿、伊诺威士（Innovis）和环联等大型征信公司的代表组成特别工作组，制定出 Metro2 格式标准。Metro 的格式起源于 20 世纪 70 年代，一直是美国信用报告行业的格式标准。1997 年，ACB 根据新的需要，开始制定取代 Metro 格式标准的新标准。新标准在 2000 年正式实施，这个标准主要是规范信用报告者（一般是银行信用授信机关）向信用局报告消费者信用数据的格式。该标准对 Metro2 格式、Metro2 执行检查列表、自动化通用数据程序和自动化消费者争议确认进行了规范性描述，是一个通用性很强的征信标准，对我国征信行业的发展也具有较大的参考价值。

Metro2 格式是 ACB 为本行业制定的一个行业标准，具有以下特点：标准满足《公平信用票据法》（FCBA）、《公平信用报告法》（FCRA）、《平等信用机会法》（ECOA）

的需求和所有适用的州法律；被所有的消费者报告代理机构接受，Metro2 格式使正确、全面和及时的信用信息报告成为可能；对儿童抚养报告、第三方代收机构、学生贷款报告、公共事业公司报告等特殊报告形式作出了规定；规定了消费者争议的自动确认工作流程；规定了所有消费者账户必须按月报送；规定循环报告数据的数据提供商必须在循环结束时报告所有账户。

Metro2 标准在美国个人征信行业产生了广泛而深远的影响。美国三大个人征信机构及其他中小型征信机构均采用了 Metro2 格式，从而使准确、全面、及时、合法的信用信息采集、储存、加工成为可能，提高了个人征信系统正确匹配、更新消费者信用信息的能力。

2. 邓白氏集团公司。成立于 1941 年的邓白氏公司是美国也是全球最为著名的企业征信公司。邓白氏公司在其长期经营实践中，经过不断探索，大胆创新，长期改进，逐渐建立起一套与众不同的信用评估保障体系和技术手段，其中也包括一些著名的企业标准。

（1）邓白氏全球数据库。邓白氏公司的全球数据库是全世界信息量最大的企业信用数据库，邓白氏公司的信用产品和服务就来源于这个数据库。邓白氏公司数据基地位于美国东部，在全球 37 个分支机构建有数据库分基地，有 3000 多人从事数据的收集和加工工作。该数据库由 5 个子系统组成：邓白氏全球数据库联机服务系统、全球企业家谱和联系系统、全球数据库支持系统、全球市场分析系统和全球市场方案系统。

为了满足客户的需求，邓白氏数据库采取多渠道、多形式收集信息，目前收集信息的主要渠道有当地的商事登记部门，当地的信息提供机构，当地的黄页、报纸和出版物，官方的公报，商业互联网站，银行和法庭；有时候还采取拜访和访谈的形式收集有关消息。邓白氏全球数据库拥有全球企业信息 7000 多万条，覆盖 214 个国家和地区，使用 95 种语言、181 种货币，在全球拥有客户 15 万家，其中包括《财富》杂志 500 强中 80% 和《商业周刊》全球 1000 强中 90% 的企业。数据库不仅积累了多年收集的信息，而且每天以 100 万次的频率更新。

邓白氏全球数据库采用高科技手段实行联机服务，客户可以通过计算机系统或网络定时检索世界各国企业的商业和资信信息。此外，客户还可以通过邓白氏公司全球数据库的联机服务在网上订购邓白氏公司的各种征信产品。

（2）邓白氏编码系统。邓白氏编码是邓白氏公司信息库及其信用分析系统所使用的编码系统，由 9 位数字组成。从结构上看，邓白氏编码的前 8 位数字用于定义一个独立的企业，第 9 位数字用于校验编码的不重复性和准确性。每个邓白氏编码对应的是邓白氏全球数据库中的一条记录，被广泛用作标准工具，用来识别、整理、合并各个企业的信息。其主要作用有管理现有客户和潜在客户档案，识别企业家族族系，连接相关贸易伙伴，扩大商机；帮助客户清理内部档案；整合企业内部数据库。数以千计的公司都使用邓白氏编码与供应商、客户以及贸易伙伴建立联系，同时对自己的供应链进行有效管理。此外，邓白氏编码在支持电子商务、行业网络等现代交易系统中也发挥了重要作用。

邓白氏编码已经被世界上 50 多个工业和贸易组织接受,是一个国际标准的编码体系。邓白氏编码在 1989 年被美国标准化组织(ANSI)接受,1991 年被联合国接受,1993 年被国际标准化组织(ISO)接受,1995 年被欧洲共同体接受。邓白氏编码的功能还包括帮助消除客户档案中的重复;同电子数据交换(EDI)系统和条形码直接对应;对与生意有关的发票、采购、付款、货运、报关等进行鉴定;将供应商联系起来,增强企业的采购功能。邓白氏编码的企业"家谱"功能包括同编码下的各地公司、公司的子母关系、总部、独立法人资格的子公司、非独立法人资格的分公司、企业部门等关系。

由于全球数据库中的企业记录数目急剧膨胀,邓白氏公司在 1997 年开始设计并实施经过升位的新邓白氏编码体系——MOD-10,邓白氏编码升位至 10 位数。

三、我国征信标准

(一)我国征信标准建设历程

我国征信行业的标准化进程尚处于起步阶段。2002 年,国务院责成由中国人民银行牵头,建立企业和个人征信系统。2004 年,中央编办在"三定方案"中明确人民银行"管理征信业,推动社会信用体系建设"。作为行业管理部门,人民银行开始建章立制,完善征信管理制度体系。征信标准化是其中的一项重要内容。

当时征信业尚处于行业发展的初级阶段,行业规模较小,征信机构数量不多,我国未成立专门的征信标准化委员会。鉴于我国征信业起步于商业银行信贷信息共享,征信业与金融业关系密切,征信标准化活动被归类至金融标准化范畴。因此,我国征信标准的制定、组织、管理活动是在全国金融标准化技术委员会(以下简称金标委)的统一指导下开展的。

金标委(SAC/TC180)是经国家标准化管理委员会授权,在金融领域内从事全国性标准化工作的标准化组织,负责金融业标准化技术归口管理工作和国际标准化组织中银行与相关金融业务标准化技术委员会(ISO/TC68、TC222)的归口管理工作,下设证券、保险、印制三个分技术委员会,分别负责开展证券、保险、印制专业标准化工作。国家标准化管理委员会委托中国人民银行对金标委进行领导和管理。

2005 年,国家标准化管理委员会批准成立全国信用标准化工作组,负责基础类、通用性和综合性信用类的国家标准制定与修订工作,并对口国际标准化组织的相应组织机构,参与信用相关的国际标准制定工作。2008 年,国家标准化管理委员会批准成立了全国社会信用标准化技术委员会质量信用分技术委员会(SAC/TC470/SC1)、全国社会信用标准化技术委员会商业信用分技术委员会(SAC/TC470/SC2)。

2016 年,全国社会信用标准化技术委员会(TC470)取代全国信用标准化工作组,同年还成立了全国社会信用标准化技术委员会检验检测诚信工作组(SAC/TC470/WG1)。2019 年,能源行业涉电力领域信用评价标准化技术委员会成立(NEA/TC36)。

与此同时，内蒙古、上海、河北、山西、北京、天津、广东等七地成立省级信用专业标准化技术委员会；部分信用类社会团体成立标准化技术组织，与政府组织成立的公益类信用标准化技术委员会形成互补由此形成了国家标准、行业标准、地方标准和团体标准、企业标准的信用标准层级。

【知识链接 4 - 1】

征信标准体系在我国标准体系中的地位

根据 2017 年修订的《中华人民共和国标准化法》（以下简称《标准化法》）的规定，我国标准分为国家标准、行业标准、地方标准和团体标准、企业标准等四个层次。各层次之间有一定的依从关系和内在联系，形成一个覆盖全国又层次分明的标准体系。

征信标准属于金融行业内标准，在国家统计局制定的《国民经济行业分类》GB/T 4754—2017 中，金融业隶属于我国服务业 16 个门类中的第 J 类。

行业标准和国家标准都是全国适用的标准。《标准化法》对国家标准作出了规定："对保障人身健康和生命财产安全、国家安全、生态环境安全以及满足经济社会管理基本需要的技术要求，应当制定国家标准"。国家标准分为强制性标准和推荐性标准，强制性标准必须执行，推荐性标准国家鼓励采用。国家标准是一个国家标准体系的主体和基础，是国内各级标准必须服从、不得与之相抵触的标准。《标准化法》对行业标准也作出了规定："对没有推荐性国家标准、需要在全国某个行业内统一的技术要求，可以制定行业标准。"行业标准是全国某个行业范围需要统一的技术要求，是专业性较强的标准。"行业标准由国务院有关行政主管部门制定，报国务院标准化行政主管部门备案。"

（二）我国征信标准建设现状

1. 形成三类信用标准化技术组织。自 2005 年信用标准化工作启动以来，我国相继成立了 4 个国家级的社会信用标准化委员会，部分省成立了省级信用标准化技术委员会，加上 2 个信用相关的行业级标准化技术委员会，三类信用标准化技术委员会数量达到 13 个，类型基本齐全（见表 4 - 3）。此外，一些信用专业社会团体成立标准化技术组织，填补了市场化信用标准化技术组织的空白。

表 4 - 3   三类信用标准化技术委员会

国家级	全国社会信用标准化技术委员会（SAC/TC470）
	全国社会信用标准化技术委员会质量信用分技术委员会（SAC/TC470/SC1）
	全国社会信用标准化技术委员会商业信用分技术委员会（SAC/TC470/SC2）
	全国社会信用标准化技术委员会检验检测诚信工作组（SAC/TC470/WG1）
行业级	全国金融标准化技术委员会（SAC/TC180）
	能源行业涉电力领域信用评价标准化技术委员会（NEA/TC36）

续表

省级	内蒙古自治区信用标准化技术委员会（SAM/TC51） 上海市商务信用标准化技术委员会 河北省社会信用标准化技术委员会（HeB/TC19） 山西省社会信用标准化技术委员会 北京市社会信用标准化技术委员会 天津市社会信用标准化技术委员会 广东省社会信用标准化技术委员会（GD/TC135）

2. 信用标准体系建设开始起步。2007 年 10 月，全国金融标准化技术委员会（SAC/TC180）组织研制完成《征信标准体系框架》。2017 年、2020 年，《信用标准体系总体架构》（GB/T 35431—2017）、《公共信用信息标准总体架构》（GB/T 39444—2020）相继发布，用于指导各行业、领域、区域开展信用标准化工作。从地方看，河北、河南、湖南、内蒙古、湖北、山东、福建等地机构和学者也已开展信用标准体系研究工作。

3. 信用标准发布数量不断增加。我国从 2006 年开始陆续发布各类信用标准，起初信用标准发布数量较少，近些年来发布数量明显激增，各层级标准的数量都有明显增加。

信用类行业标准中，金融行业标准、国内贸易行业标准发布数量多、发布年份较早。交通、轻工、气象、出入境检验检疫等 10 个行业标准中的信用类标准体系发布数量少、发布年份集中。

截至 2021 年底，已有 24 个省级行政区发布了信用类地方标准，部分设区的市发布了市级地方标准，其中成立信用标准化委员会的地区发布信用标准占比为 40%。此外，信用类团体标准已与公益标准发布量相当，成为公益标准有效的补充。

4. 信用标准化创新活动开始出现。2007 年，全国信用标准化技术工作组确定陕西省为社会信用体系建设标准化试点省。

2014 年，广东省四会市质量技术监督局组织开展"四会市玉器行业信用标准体系综合标准化试点"工作，成为全国第一批社会管理和公共服务标准化试点。

"十三五"时期，信用标准化试点进入爆发期，出现了国家级信用标准化试点、省级信用标准化试点以及专业标准化技术委员会推动的信用标准化试点，试点类型包括服务业标准化试点、社会管理和公共服务标准化试点、团体标准化试点等。从内容方面看，信用标准化试点范围包括社会信用建设、行业信用建设、个人信用体系建设、征信等，覆盖面相对广泛。

5. 信用标准化区域合作实现零的突破。2020 年 6 月，京津冀三地信用标准化主管部门共同签署《京津冀区域协同社会信用标准框架合作协议》。

2020 年、2021 年，长三角地区通过发布家政团体标准、征信链团体标准等，以联合印发规范性文件的方式，在全国率先推出区域信用标准。

2021 年 12 月，《基于跨境活动的企业信用报告格式规范》以深圳市信用促进会团体标准形式发布。该标准为不同国家、地区企业信用报告提供转化支撑和互认依据。

6. 积极参与信用标准化国际交流。全国社会信用标准化技术委员会对口国际标准化组织在线信誉技术委员会（ISO/TC290）工作，从2014年至2017年连续4年参加ISO/TC290年会，参与一项国际标准的研讨并积极反映和维护我国在该领域的核心诉求。2018年，ISO/TC290发布了首个在线信誉国际标准《在线消费者评论的收集、审核及发布过程的原则和要求》（BSISO20488：2018）。

（三）已发布的部分信用标准介绍

1. 基础信用标准。我国于2005年启动征信标准化工作后，首先着手发布了一些较为基础的信用标准，这些标准对提高征信数据质量、规范评级市场行为以及促进企业和个人征信系统推广应用发挥了重要作用。下面介绍较早发布的十项基础信用标准。

（1）《征信数据元　数据元设计与管理》：规定了征信数据元的基本概念和结构、征信数据元的表示规范以及设计规则和方法等，并给出了征信数据元的动态维护管理机制；适用于与征信业务有关的机构进行数据元设计与管理，并为建立征信数据元的注册与维护管理机制提供指导。

（2）《征信数据元　个人征信数据元》：规定了与个人征信业务有关的机构使用的数据元；适用于从事个人征信业务的机构与相关机构间的个人征信信息交换和共享。

（3）《征信数据元　信用评级数据元》：规定了与信用评级相关的数据元；适用于对信用评级机构及金融机构内部评估系统的评级结果进行质量评价，以及相关机构间的信用评级信息交换与共享。

（4）《征信数据交换格式　信用评级违约率数据采集格式》：规定了信用评级违约率数据采集业务中对数据的要求、数据采集对象和来源、数据采集指标体系、数据采集报文的结构以及数据采集流程和方式；适用于从事信用评级违约率数据采集业务的机构与相关数据报送机构间的信用评级违约率数据的交换和共享。

（5）《信贷市场和银行间债券市场信用评级规范　信用评级主体规范》：规定了在信贷市场和银行间债券市场从事信用评级的机构进入和退出该市场的程序、从事信用评级业务的基本原则及要求；适用于信贷市场和银行间债券市场中从事信用评级业务的主体。

（6）《信贷市场和银行间债券市场信用评级规范　信用评级业务规范》：规定了信用评级业务中信用评级程序、信用等级符号及含义、信用评级报告内容等；适用于信用评级机构进行信用评级时的业务操作。

（7）《信贷市场和银行间债券市场信用评级规范　信用评级业务管理规范》：规定了开展信用评级业务准则、信用评级的跟踪与检验、信用评级业务的质量检查和信用评级业务数据的管理与统计等内容；适用于信用评级市场信用评级业务的管理和控制。

（8）《机构信用代码》：从信用的角度编制用于识别机构身份的代码标识。机构信用代码共18位，包括5个数据段，从左至右依次为1位准入登记管理机构的类别、2位机构类别、6位行政区划代码、8位顺序号、1位校验码。机构信用代码有助于实现信息共享，改进社会管理方式。机构信用代码证是承载机构信用代码的证书，已逐步在人民银行和银行业金融机构征信业务、信贷业务、账户业务、现金业务、票据业务、外汇业务等领域推广应用，将成为金融系统及其他经济领域机构客户身份识别的重要手段，成为机构的"经济身份证"。机构在人民银行和银行业金融机构办理业务时，出示机构信用代码证，可以得到更加方便、快捷的金融服务。

（9）《金融信用信息基础数据库用户管理规范》：适用范围为中国人民银行征信中心、包括商业银行在内的从事信贷业务的机构、人民银行各级查询网点以及金融监管部门等机构；旨在重点规范金融信用信息基础数据库的各类用户；对不同机构的用户职责、创建、变更、停止等行为以及制度建设、信息反馈、内部审计等内容进行了规范，便于各类机构加强对不同层级用户的管理，防范违规查询、泄露和使用金融信用信息基础数据库信息行为的发生。

（10）《征信机构信息安全规范》：重点规范征信机构的信息安全，适用范围为从事个人或企业征信业务的征信机构。要求征信机构应当按照法律法规和中国人民银行的规定对本机构的征信系统进行信息系统安全定级，并根据征信系统定级情况达到相应的安全要求。该规范还对征信机构的安全管理、安全技术和业务运作等三个方面提出了具体要求，为征信机构建设征信系统，保障征信信息安全提供了指引。

2. 总体架构标准

（1）《信用标准体系总体架构》（GB/T35431—2017）：规定了信用标准体系的总体架构和相关要求，适用于各类组织或个人开展的信用标准活动。信用标准体系分为基础层、通用层和专用层三个层级。其中，基础层适用于各类信用标准化活动的基础性技术标准，具有广泛的适用性和指导意义；通用层适用于不同领域、不同行业信用标准化活动的通用性技术标准，按照信用标准类别分为信用管理类、信用信息类（依据信用信息征集、共享、应用的管理流程划分）和信用服务类；专用层是面向不同领域、不同行业信用标准化应用需求的专用性技术标准，具有信用领域或行业特点，分为政务诚信、商务诚信、社会诚信和司法公信四类。

（2）《公共信用信息标准总体架构》（GB/T 39444—2020）：规定了公共信用信息标准总体架构的基本原则、总体架构和应用要求，适用于各类主体开展的公共信用信息标准化活动。公共信用信息标准分为基础类、采集类、共享类、应用类、管理类五类。其中，基础类包括公共信用信息标准总体架构、基本术语、标准化工作指南等具体标准；采集类包括公共信用信息采集和处理等具体标准；共享类包括公共信用信息共享目录体系、交换方式及接口规范、联合奖惩系统应用接口规范等具体标准；应用类包括公共信用信息公示规范、联合惩戒和守信激励协同技术规范、公共信用信息报告格式规范等具体标准；管理类包括公共信用信息安全与保密规范、资源维护与管理规范、数据质量管理规范等具体标准。

【本章要点】

1. 征信机构的业务操作包括对企业或个人的信用信息进行采集、核实、处理、合法传播的全过程。信用信息经过专业处理形成可以直接用于制作征信报告产品的征信数据，征信数据汇集组合出信用记录，信用记录分类组合形成信用档案。

2. 企业征信数据来自官方和非官方渠道。采集企业征信数据有多种方法，电话调查是经常使用的调查方法，交换信息是获取信用信息的一种重要方式。企业征信数据的处理和维护要考虑数据校验、财务数据处理、数据库容量设计、安全性、数据更新频率等多方面问题。

3. 企业信用报告中经常会提供被调查对象的风险指数和资信等级两项量化指标。风险指数是使用数学模型制作的。数学模型分为预测模型和管理模型两类。量化指标制作的工作流程分为六个操作步骤。

4. 普通版企业征信报告是企业征信机构的主流报告产品，有特定的版式，一般会设置10～16个栏目。鉴于征信数据入库和信息检索的需要，企业征信机构必须设计一套能够高效率工作的检索系统，主要由企业识别编码、行业分类编码和企业规模划分标识系统共同组成。

5. 个人征信数据包括反映负面信息的征信数据和反映正面信息的征信数据。为正确判断消费者的信用价值，需要全面采集正面信息和负面信息。由于个人征信数据来源的复杂性，往往需要行业组织或个人信用信息登记系统制定数据采集标准。个人征信数据的处理包括个人征信机构用自己的技术和方法处理数据、进行数据配对、生成查询数据、开发特征变量等内容。

6. 当事人信用调查报告是主流的个人信用报告。各国行业组织都积极推动个人征信报告版式标准的制定。根据法律，个人信用报告分为个人信用记录型报告和个人信用调查型报告两大类。

7. 个人信用评分是一种度量消费者个人信用风险的量化方法，预测消费者个人未来的信用表现，可以提高授信机构授信决策的正确性和工作效率。个人信用评分包括通用评分和行业选择评分两大类产品，通用评分是市场上的主流评分产品。

8. 征信标准是指为了规范征信机构的业务运作、形成良好的行业秩序、解决信用信息征集及应用中的实际问题而制定的供征信机构和行业共同而且重复使用的一种规范性文件。征信标准分为企业标准、行业标准、国家标准、地方标准和国际标准，而市场化的团体标准可作为公益标准的有效补充。我国征信标准建设由中国人民银行征信管理局于2005年底启动。

【重要概念】

征信数据　风险指数　查询数据　特征变量　征信标准　邓白氏编码系统

【延伸阅读】

1. 林钧跃. 征信技术基础 ［M］. 北京：中国人民大学出版社，2007.
2. 中国人民银行征信管理局. 现代征信学 ［M］. 北京：中国金融出版社，2015.

【思考题】

1. 企业征信数据的来源有哪些?

2. 企业征信数据的处理和维护包括哪些内容?

3. 简述企业征信报告的格式、内容和制作程序。

4. 个人征信数据有哪些来源?

5. 个人征信数据的处理包括哪些内容?

6. 简述个人信用评分的原理、用途和分类。

7. 什么是征信标准? 征信标准分哪几类?

8. 简述邓白氏公司的企业标准。

第五章

征信产品与服务

【学习目标】

1. 掌握征信服务的含义，了解征信服务的特点、作用以及国内外征信机构的服务产品。

2. 掌握信用报告的概念和种类，了解国内外信用报告查询机构以及征信服务的内容和方式，掌握我国企业和个人信用报告查询方法。

3. 了解增值产品和服务的内容，重点了解数据类产品服务和工具类产品服务。

第一节 征信产品与服务概述

一、征信服务的含义

征信服务是指企业征信机构或个人征信机构向各类授信人提供的专业的资信调查或信用查询服务，还包括向委托人提供的成套信用管理咨询服务，其基本特征是咨询。征信服务的基础产品形式是信用报告。信用管理咨询，是指企业综合信用咨询评估公司根据第三人的咨询要求，依法对其有偿或无偿提供特定信用人企业的信用评级信息和相关信息，或其他较高层次的信用产品的一种信用服务。征信服务的提供者主要是专业征信机构，使用的服务手段是征信产品及其组合；征信服务的用户是形形色色的授信人，包括赊销企业和金融机构。征信是受委托的企业资信调查或个人信用调查，多数委托人是征信服务的直接使用者。以上是传统意义上的征信服务，广义而论，只要是在企业全程信用管理工作中提供的信用风险防范、控制和转移专业服务，都可以被称为征信服务。[①]

征信服务通常是通过向服务委托人提供经过专业方法生产的征信产品和软件来实现的，征信服务的目的是对各类企业的信用管理工作提供技术支持，帮助企业作出正

---

① 林钧跃. 征信技术基础［M］. 北京：中国人民大学出版社，2007：13–14.

确的授信决策或收账决策。

常见的征信服务分类形式如下。

（一）按业务模式划分

按业务模式，征信服务可分为企业征信服务和个人征信服务。企业征信服务是资信调查公司受托调查目标企业的资信状况，调查报告通常包括对被调查对象的评级和与授信额度相关的风险指数。企业使用专业机构提供的征信服务的主要目的在于采用赊销手段销售时对客户进行科学的授信。个人征信服务则是个人信用机构根据申请，以一种标准的报告版式向合法的用户提供消费者个人的信用记录。在个人征信服务过程中，个人征信机构产生的消费者信用调查报告产品的种类较多，如美国的三大个人征信局都可提供 30 种以上的报告产品。

（二）按服务对象划分

按服务对象，征信服务可分为信贷征信服务、商业征信服务、雇佣征信服务以及其他征信服务。信贷征信主要服务对象是金融机构，为信贷决策提供支持；商业征信主要服务对象是批发商或零售商，为赊销决策提供支持；雇佣征信主要服务对象是雇主，为雇主用人决策提供支持；另外，还有其他一些征信活动，诸如市场调查，债权处理，动产、不动产鉴定等。各类不同服务对象的征信业务，有的是由一个机构来完成，有的是由围绕具有数据库征信机构上下游的独立企业来完成。

（三）按征信时机划分

按征信时机，征信服务可分为主动征信服务和被动征信服务。主动征信服务是指征信机构主动进行信用调查，是在不存在委托人的情况下进行的调查。被动征信服务的情况相反，是征信机构在接受委托之后，根据委托人的具体要求展开的信用调查，主要有事前征信（筛选新近往来的赊销客户，确定对客户的授信额度）、定期征信（监控长期往来的客户，特别是在临近一期授信结束之前）、临时征信（发现客户出现不寻常情况，或者临时需要增加客户的授信额度）和事后征信（科学地诊断逾期账款）。

（四）按征信范围划分

按征信范围，征信服务可分为区域征信服务、国内征信服务、跨国征信服务等。区域征信一般规模较小，只在某一特定区域内提供征信服务。这种模式一般在征信业刚起步的国家存在较多，征信业发展到一定阶段后，大都走向兼并或专业细分，真正意义上的区域征信随之逐步消失。国内征信是目前世界范围内普遍采取的形式。跨国征信这几年正在迅速崛起，主要有内在和外在两方面原因：内在原因是西方国家一些老牌征信机构为了拓展自己的业务，采用多种形式（如设立子公司、合作、参股、提供技术支持、设立办事处等）向其他国家渗透；外在原因主要是由于经济全球化进程的加快，各国经济互相渗透、互相融合，跨国经济实体越来越多，跨国征信业务的需求也越来越多，跨国征信这种形式也自然增多。

（五）按征信形式划分

按征信形式，征信服务分为同业征信服务和联合征信服务。同业征信服务是指征信机构在一个独立或封闭的系统内（如金融业、建材业、运输业）进行征信和提供征信服务。联合征信服务主要是针对个人征信而言，它是指征信机构根据协议，由第三方中介机构把分散在各商业银行和社会有关方面的个人信用信息汇集起来，进行加工和储存，形成个人信用档案数据库，为银行和社会有关方面系统了解个人的信用状况提供服务。

二、征信服务的特点

根据征信具备独立性、信息性、客观性、时效性等特性，征信服务应当满足的一般要求如下：征信机构提供征信服务应当独立、客观、公正和审慎，确保征信产品的准确和独立性；征信机构制作信用报告，应当客观反映征信对象的信用信息，不得进行推断和评估，不得损害征信对象的合法权益，不得妨碍社会公共利益和安全；征信机构应当通过合法的途径收集信用信息，不得以骗取、窃取、胁迫或者其他不正当手段收集信用信息。征信服务具有如下三大特征。

（一）征信服务是一种基础性的信用管理服务

征信服务是委托的资信调查服务或信用调查服务，包括信用管理咨询。在接受委托以后，提供征信服务的征信机构将对调查对象展开资信调查，征信机构会在尽可能短的期限内完成调查，并将调查结果以调查和分析报告的形式报告给委托人。服务深度具体体现在所形成的不同种类的征信报告上，征信调查可以是普通的、深层次的和专项的，更深层次的征信服务是信用管理咨询或外包服务。

（二）征信服务是一种商业化的有偿服务

征信是一个商业化、市场化的行业，各类征信公司调查、采集、记录、加工各类信用信息，通过建立庞大的数据库将征信服务产品有偿传递给所有合法用户。在美国，信用实质上已经成为一种商品，遍布美国的征信机构和追账公司等以盈利为目的向社会提供有偿服务，完全实行市场化运作。

（三）征信服务需要由专业机构提供

征信机构必须具备公正和高效的第三方资质，必须站在独立、公正的第三方的角度，高效率地提供专业的征信服务。市场上的信用交易双方往往对征信机构的工作效率要求非常高，要求征信机构必须采取大型的征信数据库方式向客户提供调查服务。

征信机构在调查手段、数据分析技术、社会关系网络和现场核实能力等许多方面远胜于单个企业的信用管理部门，因为征信机构可在采集数据和调查数量方面产生规模效应，具备低成本调查的绝对竞争优势，而且制作的征信报告的性能价格比最优。因此，征信服务已经成为一种相当普及的专业服务，赊购企业和金融机构的授信决策越来越依赖征信服务的支持。

三、征信服务的作用

征信服务的范围很广，例如金融业、电信业、公共事业及政府部门等。从服务对象不同的角度出发，征信服务主要具有六大作用。

（一）防范信用风险，促进信贷市场发展

银行如果不了解企业和个人的信用状况，为了防范信用风险，就会采用相对紧缩的信贷政策。通过征信活动，查阅被征信人的历史记录，商业银行就能比较方便地了解企业和个人的信用状况，采取相对灵活的信贷政策，扩大信贷范围，特别是针对缺少抵押品的中小企业、中低收入者等边缘借款人。以金融信用信息基础数据库为例，该数据库汇集了商业银行的信贷信息和一些政府部门与机构的信用信息，为商业银行的信贷决策服务。目前，几乎所有商业银行都把查询该数据库作为审查贷款的必经环节。据统计，近年来，金融机构通过查询该数据库拒绝风险贷款的客户约占申请客户总数的 10%，并且，通过数据库的应用，原来需要 20 天的审批时间缩短为 1 周，有效提高了商业银行的审批效率。

（二）服务于其他授信市场，提高履约水平

现代经济的核心是信用经济，授信市场包含的范围非常广泛，除了银行信贷外，还包含大量的授信活动，如企业和个人、企业与企业、个人与个人之间的授信活动，一些从事授信中介活动的机构如担保公司、租赁公司、保险公司、电信公司等在开展业务时，均需要了解受信方的信用状况。征信服务活动通过信息共享、各种风险评估等手段将受信方的信息全面、准确、及时地传递给授信方，可有效揭示受信方的信用状况。采用的手段有信用报告、信用评分、资信评级等。

（三）加强金融监管和宏观调控，维护金融稳定

征信机构强大的数据库收录工商登记、信贷记录、纳税记录、合同履约、民事司法判决、产品质量、身份证明等多方面的信用信息，可以综合反映企业或个人的信用状况。当从更宏观的角度进行数据分析时，则可以整合出一个企业集团、一个行业和国家整体的信用风险状况。因此，可以按照不同的监管和调控需要，对信贷市场、宏观经济运行的状况进行全面、深入的统计与分析，统计出不同地区、不同金融机构、不同行业及各类机构和人群的负债、坏账水平等，为加强金融监管和宏观调控创造条件。

（四）服务于政府部门，提升执法效率

根据国际经验，征信机构除了采集银行信贷信息外，还依据各国政府的信息公开法规采集了大量的非银行信用信息，用于帮助授信机构防范风险。在这种情况下，当政府部门出于执法需要需征信机构提供帮助时，可以依法查询征信机构的数据库，或要求征信机构提供相应的数据。通过征信服务，政府部门在依法行政过程中存在的信息不对称问题得到有效的解决，获得了重要的决策依据。这些依据主要是通过第三方反映出来的，信息的准确性比较强，有效提高了执法效率。

（五）有效揭示风险，为市场各参与方提供决策依据

征信机构不仅通过信用报告实现信息共享，而且会在这些客观数据的基础上通过加工作出对企业和个人的综合评价，如信用评分和信用评级等。这些评价可以有效反

映企业和个人的实际风险水平，有效降低授信市场参与各方的信息不对称，以便授信机构作出更好的决策。

（六）提高社会信用意识，提升宏观经济运行效率

在现代市场经济中，培养企业和个人良好的信用意识，有利于提升宏观经济运行效率。但是良好的社会信用意识并不是仅仅依靠教育和道德的约束就能够建立的，必须在制度建设上有完备的约束机制。当制度约束缺失时，国民的社会信用意识和遵纪守法意识也会面临严峻的挑战。所以，征信服务最为重要的作用就是营造一个诚实守信的社会信用氛围，使诚实守信者得到激励，使信用不良者受到惩戒，从而约束企业和个人的信用行为，提高全社会的信用意识，提升宏观经济运行效率，维护社会稳定。

四、征信机构服务产品介绍

（一）国外主要征信机构服务产品情况

国外征信机构一般是根据具体的市场，从业务流程角度对其产品进行划分，以便于需求方寻找合适自己的产品。如益博睿公司将征信产品分为四大类：为信用市场提供的服务，为营销市场提供的服务，为决策分析提供的技术服务，为信息主体提供的服务。在产品展示时，益博睿公司按照客户获取、市场营销、客户管理、风险管理、欺诈管理等业务流程进行展示。艾可飞公司在面向机构服务过程中，将产品主要分为营销、风险、欺诈三大类。此外，艾可飞公司也按照服务对象种类来列示产品种类，如医疗保健、就业等。环联公司在面向机构服务过程中，将产品分为市场营销服务、欺诈和风险识别服务、风险管理服务、催收管理服务。此外，环联公司也按照服务对象种类来列示产品种类，便于各机构进行选择。

国外征信机构提供服务的产品可分为六种。①

1. 征信数据服务。征信数据服务是指征信机构利用依法采集、加工、整理和保存的信息，为客户提供原始的信息分享服务，以及基于对信息的分析而产生的关于客户信用的增值信息服务。

（1）原始的信息分享服务。识别信息主体的信用风险需要从多角度、全方位来判断，凡是有助于判断信息主体信用风险的信息，都应该进行信息分享，判断其履约习惯及未来违约的可能性。此类服务是将采集的所有原始信息整合后汇集在一起，提供给客户使用。根据国外经验，识别信息主体信用风险的信息主要包括四类。①身份识别信息，解决他（她）是谁的问题。此类信息又可分为基础信息（反映其自然属性）和定位信息（反映其社会属性）两类。基础信息具有普遍性、唯一性和永久性，用于识别信息主体，常见的有名称和识别码。定位信息是表明借款人当前位置的信息，包括个人的常住地址、公司的主要营业地址等。②信用历史信息，解决他（她）是什么信用行为的问题。信用历史信息是判断企业和个人偿债能力的重要指标，可以分为两

---

① 李连三. 国外征信产品开发情况研究［R］. 中国人民银行征信中心，2011.

类。一是传统的信用历史信息，包括构成未来还款义务的所有负债形式及偿还情况。对企业而言，包括向银行等金融机构的各类借款、保理、贸易融资、信用证、保函、承兑汇票、担保、垫款等以及还款情况记录，普通企业间的贸易融资记录等。对个人而言，包括各类借款余额、担保、信用卡透支额、赊账等信息。如果是个人独资企业（无限责任），必须将其个人负债及其所有企业的负债情况综合考虑。二是非传统的信用历史信息，包括水、电、煤气、电信、有线电视等后付费信息及其他公用事业费用缴纳信息，是专业放贷机构向企业和个人首次授信的重要参考。③公共信息。此类信息对于识别信息主体的信用状况也非常重要。企业的这类信息主要包括企业财务状况、企业组织形式和高级管理人员的变化、企业的行政许可、奖励和处罚信息、税收信息、司法信息等；个人的这类信息主要包括行政许可、奖励和处罚、欠税、司法判决等信息。④其他信息。此类信息是判断企业和个人偿债能力的信息，包括企业所在行业发展情况、企业主营业务和产品情况等信息，个人的货币财产类信息、学历、职业等。此类信息一般由放贷机构掌握。

（2）增值信息服务。增值信息服务是指在原始信息的基础上，通过数据处理和分析的技术与经验，从便利客户使用、帮助客户更为客观地了解信息主体信用状况、为客户提供及时服务、降低客户使用成本的角度出发，提供的一系列经过加工的信息服务。根据国外经验，增值信息主要包括四类。①特征变量服务。特征变量是指将每一个账户的具体细节进行加工，去除与信息主体隐私相关但与风险特征关系不大的信息，保留其分析特征，从而使得客户可以根据这些变量来开发各自的预测模型。②重大信息变化提示和身份验证服务。重大信息变化提示服务是指当信息主体的信息出现重大变化，征信机构认为这一变化将会引起信息主体风险状态改变时，及时向客户发出提示，告知信息变化情况。这项服务的出现是因为客户每查询一次信息主体的信用报告，都要被收取高额的费用，因此，在贷后管理中不能经常实时查询，否则成本太高。身份验证服务是指利用征信机构采集的信息主体的身份信息，验证信息主体的身份信息是否真实，防止身份欺诈。提供这类服务是因为国外大多数国家没有身份证制度，身份欺诈很严重，为了帮助客户防范信息主体利用虚假身份从事信用活动，征信机构开发了此类服务。③信用评分服务。信用评分是一种通过历史数据来预测信贷申请人或现存借款人的违约或拖欠概率的统计方法。目前，国外大型的私营征信机构基本上依托自己的征信数据库，基于大量的信息主体信息，提取出其统计特征，用历史来预测未来，测算其未来违约的可能性。④信贷市场分析服务。信贷市场分析服务是指基于统计分析技术，对整体信贷市场状况和结构进行分析，为客户确定业务发展方向提供信息支持。信贷市场分析服务包括信贷市场发展整体状况和趋势、信贷市场结构、信贷资产质量变化、重点行业信贷业务、资产质量的发展状况和趋势、本机构在信贷市场上的竞争地位等方面的分析。

2. 信用风险管理工具服务。信用风险管理工具服务是指征信机构利用自身数据处理和分析技术，以及基于自身经验开发的应用程序等，为客户提供技术和应用程序服务，帮助客户评估和管理信用风险，提高盈利能力。信用风险管理工具服务主要包括三类。①评分服务。评分服务是指征信机构利用自身在信用评分方面积累的技术和经验，帮助客户开发各种评分工具，用于客户管理自己的信贷数据库和其他数据库（主要信息为信息主体的申请信息、资产类信息等）里的信息，帮助预测客户的违约概率，或者预测客户的盈利能力等。征信机构开发的评分种类主要有风险评分、收益评分、流失倾向评分、市场反应评分、欺诈评分、催收评分等。②组合管理服务。组合管理服务是指征信机构运用数据处理的技术和经验，帮助客户管理其资产组合，降低违约率，提高盈利能力。该项服务主要包括帮助机构管理组合中的客户生命周期的所有阶段；处理客户每日的资料，对每个账户的决策策略提出建议；自动化催收有限顺序的决策；整合特定行业的客户行为评分模型；分析组合风险和风险趋势，帮助机构更新信用政策；将征信机构的信息和自身的信息结合起来，寻找那些活跃的借款人；为客户提供一套授信标准，应用于客户的业务流程之中。③应用程序服务。应用程序服务是指征信机构根据客户需求，利用自身技术和经验开发出的可供客户运行模型、进行业务管理、辅助决策的程序。这方面的服务包括评分应用程序、建模工具、策略管理工具、商业决策分析工具、绩效客户建模工具等。

3. 信用风险解决方案服务。信用风险解决方案服务是指征信机构为客户提供一整套关于信用风险管理的组合服务，帮助客户进行信贷业务全流程或局部几个流程的信用风险管理设计，最终帮助客户厘清信用风险，管理存在的信用风险点，降低业务的信用风险。这是征信机构提供的综合性高端服务，充分体现了征信机构作为一个风险管理专家的特征。征信机构通过利用自身的技术和经验，为一些本身不具备内部风险管理和产品开发经验的客户提供专家服务，为其产品开发和信用风险管理提供涉及业务开展的方案策划、流程设计、硬件配置、软件开发、产品服务等全套解决方案。例如，征信机构为一个客户提供客户获取、市场营销、客户管理、风险管理、欺诈管理这一业务流程全方位的信用风险管理设计和信息产品配置，形成一个成本最低、效率最高的客户营销和信用风险控制体系。

4. 信息主体服务。信息主体服务是指征信机构针对信息主体基于了解自身信用记录、评估自身信用风险和及时监控自身变化的需求而提供的信息服务。信息主体服务主要包括四类。①了解自身信用记录服务。信息主体为了防止自身信息出现错误，会定期对自己的信用状况进行全面的检查。查询本人信用报告，能够最为详细、全面地检查自身信息是否准确，若发现不准确的信息，及时提出异议处理。②评估自身信用风险。对信用报告进行解读，即使是专业人员，也会得出不同的结论，更何况是普通的信息主体，没有这方面的经验，因此，必须借助征信机构的评估技术，了解自身的信用风险相比于全社会平均水平处于一种什么状态。查询征信机构提供的信息主体信用评分是一个最好的评估自身信用风险的方式。③及时监控信息主体信用变化。在国外，查询信用报告的费用很高昂，信息主体不可能实时监控自身信用变化（即使免费查询，也不可能实时监控信用状况变化），在这种情况下，提供及时监控信息主体信息变化并向信息主体发出提示的服务就变得非常重要。国外四大私营征信机构（益博睿、环联、艾可飞和科瑞富）均提供此类服务。④金融教育和相互交流。征信机构一般会根据本国的法律规定，对信息主体提供金融教育，尤其是信用知识方面的教育，这方面的服务是免费的，如果要提供更深入的财务顾问服务，则需要付费。还有另外一种服务是提供一个相互交流的平台，信息主体可以将自己关注的问题提交给征信机构，征信机构利用这个平台，收集来自各个渠道的反馈信息，改进自己的服务，同时为信息主体答疑解惑。

5. 外包服务。外包服务是指征信机构利用自己的技术、经验和程序，为客户提供其内部 IT 技术和业务流程管理服务。①软件研发外包服务是指征信机构为客户的数据库管理、客户关系管理、计算机辅助设计/工程等业务进行软件开发，以及嵌入式软件、套装软件、系统软件的开发及测试等。②信息技术研发外包是指征信机构为客户提供系统集成、电子平台设计、测试平台搭建等服务。③信息系统运营维护外包是指征信机构为客户提供内部信息系统集成、网络管理、桌面管理与维护服务，信息工程、远程维护等信息系统应用服务，基础信息技术管理平台整合等基础信息技术服务。④业务外包服务是指征信机构为客户提供内部管理、业务运作等流程设计服务，后台管理、金融支付服务、医疗数据及其他内部管理业务的数据分析、数据挖掘、数据管理、数据使用的服务，专业的数据处理、分析和整合服务，企业经营、销售、产品售后服务所需的应用分析、数据库管理等服务；采购、物流的整体方案设计及数据库服务等。

6. 金融监管服务。金融监管服务是指征信机构利用自身拥有的数据、技术和平台，为监管机构评估银行业和单个银行风险，监控风险变化，动态调整银行准备金，监控商业银行内部评级模型准确性，制定监管政策，执行监管任务等提供信息服务。无论是私营征信机构，还是公共征信机构，均为金融监管部门提供这方面的服务。例如，美联储会定期从美国的征信机构购买数据，用于分析；西班牙中央银行会根据公共征信系统提供的数据，为商业银行建立动态准备金管理制度。征信机构为金融监管提供的服务主要如下：对信贷业信用风险敞口、信贷集中度风险、期限结构风险进行整体性和结构性分析，确定行业风险基准数据，使金融监管部门能够及时、准确、完整地掌握信贷市场的整体风险状况以及单个信贷机构风险状况相对于整体而言的位置；同时，征信机构还可以为金融监管部门对银行建立的基于内部评级的全面风险管理模型的有效性进行评价时，提供模型准确性验证服务。

（二）国内征信服务产品开发情况

国内征信服务主要在基础征信领域，以提供信用报告服务以及以此为基础的信用评分服务等内容为主，国内征信产品开发与国外相比，仍然存在一定的差距。但随着国内社会、经济的发展，多元化的征信市场格局初步形成，征信服务产品日益丰富，征信服务内容不断在演变，服务经济和社会的能力不断增强。国内征信服务产品已涵盖企业信用报告、个人信用报告、信用调查报告、债券主体评级报告、债券债项评级报告、借款企业评级报告、担保机构评级报告和持续跟踪评级报告等方面。征信产品的服务范围涵盖了信贷市场、债券市场、个人消费信用市场、商业信用市场等市场，征信主体涵盖了个人、企业、银行、非银行金融机构、专业服务机构和政府部门等多类市场主体，少数机构走出国门，向海外市场提供服务。以征信市场的子市场——信用评级市场为例，其产品包括短期融资券评级、中期票据评级、上市公司债券评级、非上市公司企业债券评级、金融债券评级、中小企业集合债券评级、资产证券化产品评级、借款企业评级、融资性担保机构评级、小额贷款公司评级、商业承兑汇票出票人和承兑人评级等十余个品种。

近年来，人民银行会同有关部门，积极培育和引导征信服务需求，大力开展融资性担保机构信用评级，并将评级结果应用情况纳入人民银行对金融机构的综合评价体系；积极研究推广商业承兑汇票评级；拓宽信用评级报告的使用范围等；另外，在政府采购、招投标、资质认定等方面不断加大信用信息应用。各征信机构为满足不断发展的征信服务需求，不断加快服务创新，开发了一些新的征信服务产品。部分评级机构除提供信用评级报告外，还开展咨询顾问、信用风险管理培训、评级模型销售等业务。部分信用调查机构除开展信用调查业务外，还开展信用风险管理咨询、企业商账管理、信用管理培训、信用风险管理软件等业务；最近几年，信用调查机构也越来越多地开始向商业银行及其他金融机构提供各类信用信息服务，帮助金融机构进行贷前审查和贷后监控。

第二节　征信基础产品服务

信用报告是征信机构提供的基础产品服务，它包含了个人和企业信用记录的全面信息，也是其他征信产品和增值服务的基础。在实践中，很多国家或地区的征信机构在其个人信用报告中都提供通用信用评分。通用信用评分通过给予个人一定的等级或分数，对信息主体的信用状况进行定量、直观的综合评定，因此，通用信用评分通常也归于征信机构的基础产品。本节主要介绍信用报告查询服务。

一、信用报告概述

（一）信用报告的定义与分类

信用报告是指征信机构以合法的方式从不同渠道收集信用信息，进行整理和加工后提供给经过授权的使用人的书面报告。信用报告包含了反映某个企业或个人信用历史、信用能力和信用价值等信用状况的各类信息，包括信息主体的基本定位信息、信用交易信息、公共记录、信用查询记录和争议记录等，企业信用报告往往还包含财务信息。

信用报告分类可以有多种，我们常见的是按照信息主体的不同将信用报告分为个人信用报告和企业信用报告。此外，按照信息内容繁简程度不同，可将信用报告划分为一般信用报告、基本信用报告、深度信用报告和信用追踪报告等。

（二）企业信用报告的主要内容

一般而言，企业的基本信息、财务状况、经营状况、金融信用信息和贸易信用信息构成了评估企业信用的主要依据。不过，由于文化、政治、法律和市场环境的不同，各国征信机构的企业信用报告中所含信息差别较大。我国商业征信机构的企业信用报告主要涵盖企业注册资料、历史沿革、管理人员、财务状况、信用记录、产品及产量、销售情况、采购情况、进出口情况、商标专利、行业背景、行业对比分析、信用等级、基准信用额度等 20 多项内容。相对而言，中国人民银行征信中心的企业信用报告涵盖信息更为全面。同时两者最大的不同之处还在于后者并不提供信用等级、基准信用额度等决策参考性的信息。但总体来说，企业信用报告都包含"5C&3F"八大要素。"5C"指品质（Character）、能力（Capability）、资本（Capital）、现状（Condition）及担保情况（Collateral）；"3F"包括管理素质（Management Factor）、财务要素（Financial Factor）和经济要素（Economic Factor）。

【知识链接 5－1】

欧洲、美国、亚洲企业信用报告版本比较

一、欧洲风格的企业信用报告

主要栏目：①机构基本信息；②资产或净值；③行业分类和产业简介；④在业界地位和同行评价；⑤信用价值分析。

优点：内容简洁；除基于事实的客观情况外，征信机构会给出综述性评价；提供授信额度的建议。

缺点：报告内容较为简单，有些重要的调查项目，如财务报表、企业财务报表分析等未包含在内；缺乏交易核实信息和银行意见；较少提供被调查对象的业务内容及其展望方面的信息。

二、美国风格的企业信用报告

主要栏目：①机构基本信息：注册信息、注册资金、企业历史、员工人数等；②财务报表；③付款记录；④与银行的往来记录；⑤诉讼记录和其他公开记录；⑥行业分类；⑦经营状况和业务量；⑧进出口情况；⑨经营者介绍；⑩评级和风险指数。

优点：内容具体翔实，可读性强，风险指数等量化指标的技术含量最高，对企业活动及交易状况均能作出详细的描述。

缺点：不简洁、符号系统复杂，需要对客户进行读报告训练，缺乏对被调查对象信用价值的文字评价；除提供给欧洲的报告之外，没有对授信额度提出建议；强调现地现认原则不够。

三、亚洲风格的企业信用报告

主要栏目：①公司基本信息：注册成立日期、注册地址、营业地址、注册资

金、实到资金等；②企业类型和所有制；③经营者背景介绍，有时包括股东；④企业财务报表，缺乏时会给出估计其财务状况的其他相关资料；⑤银行往来记录；⑥行业类别及营业概况；⑦付款记录及往来厂商情况；⑧诉讼记录和其他公共记录；⑨动产或不动产的抵押担保记录；⑩被调查对象的信用价值综合评述。

优点：内容上更加细腻，更注重使用者读报告的方便；注重信息核实，坚持现地现认原则，征信业务操作上着重实地拜访；文字描述多，且对财务数据的分析也相当重视，不乏图文并茂；资料更新快速，时间落差较短。

缺点：技术含量不及美国风格的报告，数学模型技术上的投入非常不够，量化指标的种类少，预测的精确度低。

（三）企业信用信息基础数据库信用报告的内容

中国人民银行征信中心的企业信用报告主要包含基本信息、银行信贷信息、公共记录明细、其他信息等四个部分。

企业信用报告
（自主查询版）样式

1. 基本信息，包括企业主体身份信息、主要出资人信息、高管人员信息。企业主体身份信息包括企业名称、注册地址、登记注册号、税务登记号、贷款卡状态、最近一次年审日期等；主要出资人信息包括出资方名称、证件号码、出资额、币种、出资比例等；高管人员信息主要包括高管姓名、职务、身份证号码、性别以及出生年月等。

2. 银行信贷信息记录被征信主体的银行信贷交易历史和现状，包括信息概要和信贷记录明细。信息概要反映主体的总体信用状况，具体包括当前负债信息概要、已还清债务信息概要、对外担保信息概要；信贷记录明细通过逐笔详细描述信用主体的信贷业务信息，反映信用主体借款、还款历史，具体包括当前负债信息明细、已还清债务信息明细以及对外担保记录。

3. 公共记录明细用于记录信息主体的社会表现，通过展示信息主体在社会公共部门所形成的正、负面信息，从侧面反映其还款能力和经营能力。公共记录明细具体包括欠税记录、民事判决记录、强制执行记录、行政处罚记录、社会保险参保缴费记录、住房公积金缴费记录、获得许可记录、获得认证记录、获得资质记录、获得奖励记录、出入境检验检疫绿色通道信息、进出口商品免检记录、进出口检验分类监管信息、上市公司或有事项记录、拥有专利情况、公共事业缴费记录等。

4. 其他信息包括报数机构说明、标注、信息主体声明、集团公司信息、大事记信息、异议标注等。

（四）个人信用报告主要内容

个人信用报告主要服务于商业银行及其他金融机构、房屋租赁机构、人事雇佣等方面，其提供的信息以信贷信息为主，展示不同类型账户的交易信息，结构和内容都相对规范。征信机构不同版本的信用报告内容不尽相同，但在主要方面还是比较一致的，一般都包含以下几个方面内容。一是基本信息，又称识别信息，用来帮助银行迅速了解消费者是谁。二是信贷信息，在个人信用报告中占据着最主要地位，是授信机构最为关注的问题，通过历史来预测未来，通过个人信用记录来预测个人违约情况。三是公共信息，形成对信贷信息的有益补充，帮助信贷机构更全面评估信息主体的信用程度，也可以帮助没有信贷信息的信息主体建立信用档案。四是历史查询记录，通常由查询机构、查询原因、查询时间等数据项构成，可以使信息主体了解有哪些人使用过自己的信用报告，防止信息被滥用；也可使授信方部分掌握信息主体的信用状况，如查询原因可以反映查询者对于信用报告的需求，而查询频率高可能反映了该信息主体曾经向多家金融机构寻求过信贷支持但均被拒绝等。五是通用信用评分，作为一把衡量个人信用状况的标尺，可以帮助授信机构更准确地预测消费者未来的还款行为。

（五）个人信用信息基础数据库信用报告的内容

中国人民银行征信中心个人信用报告的主要内容包括个人基本信息、信贷交易信息、非信贷交易信息、公共信息、查询记录五个方面。

个人信用报告
（个人版）样本

1. 个人基本信息，包括身份识别信息、配偶信息、职业信息和居住信息，反映报告主体身份情况、婚姻情况以及居住状况和职业状况。

2. 信贷交易信息，包括被追偿信息、非循环贷账户、循环额度下分账户、循环贷账户、贷记卡账户、准贷记卡账户、相关还款责任信息和授信协议信息等内容，反映报告主体在信贷领域的当前负债和近 5 年的历史还款记录、或有负债及获得的授信情况等。

3. 非信贷交易信息，包括报告主体使用电信及公共事业等后付费服务时的缴费信息以及最近 24 个月的缴费情况。

4. 公共信息，包括欠税记录、民事判决记录、强制执行记录、行政处罚和奖励记录、住房公积金参缴记录、低保救助记录、执业资格记录等信息，反映报告主体在公共部门记载的有助于反映其信用状况的信息。

5. 查询记录，包括近两年机构因贷款审批、信用卡审批、融资审批等原因的查询记录。

二、信用报告查询机构

（一）美国信用报告查询机构

美国作为信用服务业发展最为成熟的国家，企业信用报告和个人信用报告服务分别由不同的机构承担，其中邓白氏集团为最大的企业信用报告查询服务商，益博睿公司、艾可飞公司、环联公司为三大个人信用报告查询服务商。

（二）国内信用报告查询服务机构

我国提供信用报告查询服务的机构可分为三大类：第一类是政府背景的信用信息

服务机构。由政府或其所属部门设立征信机构，接收各类政务信息或采集其他信用信息，并向政府部门、企业和社会公众提供信用信息服务。第二类是社会征信机构。其业务范围扩展到信用登记、信用调查等。社会征信机构规模相对较小。征信机构主要以从事企业征信业务为主，从事个人征信业务的征信机构较少。近些年，百行征信、朴道征信相继获得个人征信牌照，前者已经开始提供个人信用报告查询服务。第三类是中国人民银行征信中心，运营全球数据量最大的金融信用信息基础数据库。

目前，我国最大的个人和企业信用报告查询服务机构为中国人民银行征信中心。其他两类信用报告查询服务机构仅在一定范围内提供非通用信用报告查询服务。

三、信用报告查询

信用报告查询包括企业信用报告查询和个人信用报告查询。信用报告查询主体（信息使用者）主要包括企业、个人、商业银行、金融监督管理机构以及司法部门等其他政府机构。其中，商业银行等金融机构是信用信息的主要提供者和使用者，也是查询个人信用报告最多的机构。

（一）个人信用报告查询

1. 美国个人信用报告查询服务情况。在美国，近 2 亿人拥有个人信用报告，信用报告是个人经济生活中不可或缺的重要资料，广泛应用于获得信贷、找工作、申请各种政府补贴等各方面。个人对信用报告查询有非常大的需求。为了节省运营成本，美国三大全国性征信机构并没有在各地设置提供现场查询服务的营业网点，而是为个人提供网上查询等多种途径。随着移动互联网的发展，征信机构还陆续推出了更为便捷的手机查询服务。此外，征信机构也支持个人通过电话、邮件等传统方式进行查询。

（1）互联网在线查询。互联网查询是美国消费者获得个人信用报告最便捷、最快速、最常用的方式，也是征信机构最推荐消费者使用的方式。无论是免费信用报告，还是付费信用报告，都可以通过互联网查询获取。其中，免费信用报告只能从政府指定的唯一网站获取。付费报告则通过登录三大征信机构的官网或其代理服务商的网站申请获取。付费报告一般让消费者可以选择享受征信机构捆绑提供的其他针对个人的服务，如信用评分、重大信息变更预警、个人信用管理咨询等，便于个人更好地跟踪个人信用记录，减少欺诈、身份盗用等风险，并得到有针对性的、改善个人信用状况的建议。

（2）第三方营销公司订购信用检测服务查询。消费者可以通过三家征信机构下属的市场营销公司或者与其签订合作协议的第三方市场营销机构查询自己的信用报告。这些机构的卖点主要是为消费者提供信用监测、个人身份盗用防护等增值产品与服务，这些服务中一般包括提供信用报告并与信用评分、预警等其他产品捆绑销售给个人。

（3）手机应用软件查询。随着移动互联网的发展，2013 年艾可飞和环联相继推出通过手机应用软件（App）订购个人信用监测的服务，为消费者提供了另一种查询渠道，而此前这类服务仅通过互联网提供。与网上查询类似，消费者下载软件后，通过提供个人身份信息、身份验证成为注册用户，然后选择订阅信用报告、信用评分、预警、信用管理建议等服务。

（4）电话申请查询。电话申请只支持免费信用报告查询，获取的是纸质信用报告，一般获得报告需要2～3周时间。无论查询三家机构哪一家的免费信用报告，消费者均可通过致电唯一的免费电话申请。电话申请为全程自动语音服务，消费者按照语音提示的流程操作即可。

（5）信函申请查询。消费者从网站（www. annualcreditreport. com）下载年度信用报告申请表，填写个人社保号、出生日期、姓名、当前邮寄地址、过去两年内的曾用邮寄地址，选择要查询的征信机构，选择信用报告是否只显示个人社保号后四位。填写完整后，申请人将申请表折叠后放进指定规格的信封，并附上回寄所需邮资，寄至指定信箱。工作人员收到邮件后，将申请表信息与征信数据库信息比对以进行身份验证。对通过身份验证的消费者，工作人员会在收到申请表15日内将个人信用报告寄出。

2. 国内个人信用报告查询服务概况。国内个人查询本人信用报告有多种方式，按中国人民银行征信中心官网指引，分线上和线下两种渠道。

（1）线下渠道。①柜台查询：中国人民银行分支机构2100多个查询点提供柜台查询。②自助查询机：人民银行通过分支机构查询点、部分商业银行网点提供7000多台自助查询机查询。③银行自助柜员机：可以通过工商银行、建设银行、招商银行试点分支机构部分网点的自助柜员机查询。

（2）线上渠道。①登录中国人民银行征信中心官网：www. pbccrc. org. cn，官网首页中间位置进入"互联网个人信用信息服务平台"进行操作。②银行网银：工商银行、建设银行、招商银行、中信银行、广发银行、浦发银行、民生银行、邮储银行。③手机银行App：工商银行、中国银行、建设银行、交通银行、中信银行、光大银行、招商银行、广发银行、平安银行、浦发银行、民生银行、农业银行、邮储银行以及中国银联云闪付App。

如本人去柜台查询信用报告，应提供本人有效身份证件原件供查验，同时填写"个人信用报告本人查询申请表"，并留有效身份证件复印件备查。有效身份证件包括身份证（第二代身份证须复印正反两面）、军官证、士兵证、护照、港澳居民来往内地通行证、台湾居民来往大陆通行证、外国人居留证等。

（二）企业查询自身信用报告

国内企业信用报告查询服务主要为中国人民银行征信中心企业信用信息基础数据库信用报告查询服务，传统查询途径为柜台查询。为方便企业查询自身信用报告，增加了自助查询机、银行自助柜员机的线下查询途径，并有部分银行网银和手机银行App可以提供线上查询途径。

根据《征信业管理条例》有关规定，企业法定代表人可以亲自或委托经办人代理前往中国人民银行征信中心、征信分中心及其辖内企业信用报告查询网点现场查询金融信用信息基础数据库企业的信用报告。企业法定代表人向查询点查询企业信用报告的，应提供本人有效身份证件原件、企业的有效注册登记证件（工商营业执照或事业单位法人登记证等）原件、其他证件（机构信用代码证、企业贷款卡或组织机构代码证）原件供查验，同时填写"企业信用报告查询申请表"，并留企业法定代表人有效身份证件复印件、有效注册登记证件复印件、其他证件复印件备查；企业法定代表人委托经办人代理查询企业信用报告的，还应提供经办人有效身份证件原件、《企业法定代表人授权委托证明书》原件，并留经办人有效身份证件复印件、有效注册登记证件复印件、其他证件复印件备查。

（三）本企业以外的其他单位或个人查询本企业信用报告

本企业以外的其他单位或个人查询本企业信用报告的，应取得企业书面授权，提供被查企业出具的《企业法定代表人授权委托证明书》原件、有效注册登记证件原件、其他证件原件、经办人有效身份证件原件供查验，并留《企业法定代表人授权委托证明书》原件、有效注册登记证件复印件、其他证件复印件及经办人有效身份证件复印件备查。

（四）司法部门等政府机构查询企业或个人信用报告

县级以上（含县级）司法机关和其他依据法律规定有查询权限的行政管理部门（以下合称司法部门）可到当地查询机构申请查询相关涉案人员的信用报告。申请司法查询时应提交司法部门签发的个人信用报告协查函或介绍信（包含情况说明和查询原因，被查询人的姓名、有效身份证件号码）；提交经办人员的工作证件原件及复印件；申请司法查询的经办人员应如实填写"个人信用报告司法查询申请表"。

（五）金融机构查询企业或个人信用报告

按照《征信业管理条例》及《个人信用信息基础数据库管理暂行办法》的规定，商业银行在办理信贷业务时，在取得信息主体书面同意用途的情况下，向金融信用信息基础数据库查询信息主体的信用报告。如《个人信用信息基础数据库管理暂行办法》规定，商业银行在办理以下业务时，可以向个人信用信息基础数据库查询个人信用报告。（1）审核个人贷款申请；（2）审核个人贷记卡、准贷记卡申请；（3）审核个人作为担保人；（4）对已发放的个人信贷进行贷后风险管理；（5）受理法人或其他组织的贷款申请或其作为担保人，需要查询其法定代表人及出资人信用状况。商业银行查询个人信用报告时应当取得被查询人的书面授权。书面授权可以通过在贷款、贷记卡、准贷记卡以及担保申请书中增加相应条款取得。商业银行应当制定贷后风险管理查询个人信用报告的内部授权制度和查询管理程序。

商业银行查询企业或个人信用报告必须遵守以下原则：（1）向征信机构查询个人信息的，应当取得信息主体本人的书面同意并约定用途。但是，法律规定可以不经同意查询的除外。（2）金融机构采用格式合同条款取得个人信息主体同意的，应当在合同中作出足以引起信息主体注意的提示，并按照信息主体的要求作出明确说明。

（3）金融机构应当按照与个人信息主体约定的用途使用个人信息，不得用作约定以外的用途，不得未经个人信息主体同意向第三方提供。

【知识链接5-2】

"个人信用报告数字解读"介绍

中国人民银行征信中心经过多年研究开发出的"个人信用报告数字解读"（以下简称"数字解读"）产品是对个人信用报告反映的借款人信用风险状况的数字化解读，是利用个人征信系统的信贷数据，使用统计建模技术开发出来的个人信用风险量化服务工具，用于预测授信机构个人客户在未来一段时间内发生信贷违约的可能性，并以"数字解读"值的形式展示。

"数字解读"值的范围为0~1000，每个值对应一定的违约率，其采用的"坏"的定义是"在任何一家授信机构、任何一种信贷产品上出现90天以上的逾期"。可以对个人信用报告进行"数字解读"的条件是借款人在个人征信系统中有信贷记录、信用历史长度不短于3个月且最近24个月内信贷记录有更新。

"数字解读"使用的样本数据来自目前个人征信系统的所有接入机构，覆盖了目前信贷市场上所有的信贷业务。"数字解读"的预测变量覆盖还款历史、当前负债、信贷申请、信贷组合以及信用历史长度五个主要范畴，没有考虑年龄、性别、收入等借款人基本信息，变量设计和计算仅使用借款人信贷行为数据。"数字解读"具有通用性、科学性和稳定性的特点。通用性是指"数字解读"基于借款人在所有授信机构的信贷交易数据进行计算，是对借款人个人信用风险的全面评估，可供所有授信机构在贷前、贷中和贷后管理的各个业务环节使用。科学性是指"数字解读"采用统计方法，对个人信用风险进行了量化。经多方验证，结果表明，"数字解读"在各种应用场景中均可以较为准确地根据信用风险水平的高低对借款人进行排序。稳定性是指随着时间的推移，"数字解读"可以稳定地发挥作用。

作为通用个人信用评分，"数字解读"与授信机构内部评分在数据来源、评估对象与应用范围方面明显不同。在实际应用中，"数字解读"与授信机构内部评分互为补充、互为参考。"数字解读"为授信机构提供了分析借款人信用风险状况的另一面镜子，可单独使用，也可与授信机构内部评分结合使用。

具体来说，"数字解读"的使用方式有以下三种：一是作为风险计量工具，单独用于评估借款人的信用风险水平；二是和授信机构内部评分结合使用，形成评分矩阵，从更多的角度对借款人的信用风险状况进行评估；三是作为授信机构内部评分模型的一个变量参与评分计算，提高内部评分模型的性能。

第三节　征信增值产品服务

征信增值产品服务是指征信机构在原始信息的基础上，通过数据处理、分析技术和经验，从便利客户使用、帮助客户更为客观地了解信息主体信用状况、为客户提供及时服务、降低客户使用成本的角度出发，提供的一系列经过加工的信息服务。按照征信产品技术层次，征信机构开发的征信产品具体分为数据类、工具类、解决方案类和外包服务类。其中，数据类征信产品只是对数据库的数据进行简单搜索和处理，工具类征信产品则会对征信数据库的数据进行较高层次的处理和分析，解决方案类征信产品是可以嫁接到客户内部流程的多个工具类产品和数据类产品的有机组合，外包服务类征信产品则是综合运用各种技术、经验和程序来为客户提供托管服务，它们在技术层面是由低到高的。下面具体介绍数据类、工具类和解决方案类产品，而外包服务类产品则主要是对它们的综合运用。①

一、数据类产品服务

数据类产品是指征信机构根据客户的需求，对征信数据进行简单搜索、归类、比较和处理，并将结果提供给授信机构，以满足其掌握借款人信用信息的基本需求。数据类产品开发难度小、用户需求大，是我国征信机构对外提供的一项基本增值产品。根据加工复杂程度由浅入深的顺序，数据类产品具体包括征信原始数据项产品、简单信息整合的小微企业信用报告、经过简单计算的信贷特征变量产品、通过比对实现的身份验证服务、加入判断的设定阈值触发条件的预警提示类产品，以及统计类的信贷统计服务等。

（一）征信原始数据项产品

征信原始数据项产品是征信机构根据授信机构用户特定需求，提供本行企业客户、本辖区借款人的历史类征信数据，包括历史信贷信息、借款人基本信息、企业财务报表信息、信用卡基本信息等。此类产品的作用主要是为商业银行进行信贷风险模型开发、模型验证、压力测试、数据自查、数据核对等提供数据支持。此类服务是将采集的所有原始信息整合后汇集在一起，根据客户的不同需求开放查询的信用信息组合，提供给客户使用。

1. 基本身份信息项服务。基本身份信息项服务主要是指基础信息，反映企业和个人的基本属性，解决"他（它）是谁"的问题。企业账户的相关资讯通常是由工商注册登记部门、财税部门定期更新其所记录的企业及企业主的基本信息，并提供给征信机构，征信机构在核实后，将这些信息关联至相关资讯产品以提供给会员查询。这类信息主要包括公司董事、监事及经理人名单，金融机构名称地址索引库，公司登记信

---

① 王晓明. 征信体系构建：制度选择与发展路径［M］. 北京：中国金融出版社，2015.

息，也包括自然人基本信息，用于核实当事人身份。个人基础信息则主要来自银行、公安部门、教育部门、民政部门等，包括个人身份信息、教育信息、婚姻信息等。

2. 信用信息项服务。信用信息项服务主要包括授信余额变动、授信逾期催收或呆账、授信主债务的授信余额、授信主债务和从债务的授信余额等，解决的是"他（它）采取什么信用行为"的问题。信用信息项服务一般可以分为两类：一是传统的信贷历史信息，包括构成未来还款义务的所有负债形式以及偿还情况。对企业而言，包括向银行等金融机构的各类借款、保理、贸易融资、信用证、保函、承兑汇票、担保、垫款等以及还款情况记录，普通企业间的贸易融资记录等；对个人而言，包括各类借款余额、担保、信用卡透支额、赊账等信息。如果是个人独资公司（无限责任），必须综合考虑个人负债及其所有企业的负债情况。二是可替代数据，包括水、电、煤气、电信、有线电视等后付费信息及其他公用事业费用缴纳信息，是授信机构向企业和个人首次授信的重要参考。

3. 财务信息项服务。财务信息项服务包括企业资产负债表、损益表、现金流量表及重要财务比率信息。这类信息可用于评估企业的经营状况，从而为授信业务提供参考。它提供同业的主要财务比率，从而便于分析企业在同行业中的产业地位及财务风险，观察企业财务的变化是否与所属行业的发展趋势一致。

（二）小微企业信用报告

小微企业信用报告将企业主与企业两者的信用结合起来展示。原因在于，小微企业规模小，资金往往通过个人经营性贷款来获取，使用企业信贷工具相对较少，所以企业主的信用状况对企业经营影响较大，授信机构很难从其企业身份的信用报告中形成对企业信用状况的全面评判。为了解决金融机构在对小微企业授信时的信息不对称问题，小微企业信用报告将小微企业及其关键人（包括法定代表人、实际控制人和股东等）信息进行整合，以全面反映小微企业的信用状况。其中关键人信息往往来自个人征信数据库，出于信息主体权益保护的原因，在一些国家，必须取得信息主体授权，方可进行这样的信用报告加工。小微企业信用报告的内容主要包括以下方面。

一是信息概要。它是对小微企业和业主获得的授信及负债情况、逾期及违约情况的概要展示，帮助使用者了解哪些信息还需要深入查看业务明细，从而提高解读小微企业信用报告的效率。

二是基本信息，主要包括小微企业的名称、登记注册代码、地址等身份信息，主要出资人的名称、证件标识、出资金额占比等信息，高管人员基本信息，有直接关联关系的其他企业信息。

三是信贷记录明细。信贷记录明细通过逐笔详细描述信息主体的信贷业务信息，反映信息主体借款和还款的历史，为金融机构防范信贷风险和合理制定授信原则提供重要参考。

四是可替代数据和贸易信用信息，即公共事业缴费记录和小微企业与上下游供应商的贸易支付明细等信息。由于很多小微企业压根就没有信贷信息，贸易信用信息是国外征信机构经常对外提供的信息。

五是公共信息。公共信息主要来自政府部门和司法部门，具体包括欠税记录、民事判决记录、法院强制执行的案件记录、行政处罚记录、社会保险参保缴费记录、住房公积金缴费记录等，记录小微企业的社会表现，通过展示小微企业在社会公共部门所形成的正面和负面信息，反映其还款能力和经营能力。

（三）信贷特征变量产品

信贷特征变量是征信机构为了提高信用报告的使用价值，对信息主体信用报告中的原始数据进行整合、加工和计算，得到能够反映其信用行为特征的系列标识型变量。授信机构可以根据这些特征变量，结合自身信贷数据和业务特点来开发各自的预测模型，或者直接将特征变量用于其信贷业务流程。这项服务有利于授信机构减少数据整理压力，提高风险管理效率。

从国际经验看，各家征信机构开发的信贷特征变量的总个数不同，但主要的内容是一致的，涵盖还款历史、债务情况、信贷历史、信贷需求、信贷组合等几个维度，反映了信息主体当前的信用状况和未来的信用风险。

还款历史类特征变量反映了信息主体拖欠还款的情况，通常从以下三个方面进行考量：一是还款行为至今的历史时间长度，如最高拖欠的状态距离观察点的月份数、最近一段时间内发生逾期几期以上的月份数；二是还款行为的严重程度，包括信息主体在借贷发生期间最高逾期的期数、最大逾期的金额、所有拖欠信贷产品的账户总余额等；三是不同类型的还款行为（如逾期一定时间以上）的账户的数目及比例，如出现30天以上逾期的账户的数目及比例、从未发生逾期的账户的数目及比例等。

债务情况类特征变量是信息主体所有账户的债务以及相关信贷产品使用情况的信息，通常从以下两个方面进行考量：一是信息主体的债务情况，主要是指债务的余额，如信贷产品的平均余额、某类信贷产品未偿余额占此类产品总信贷额度的比例等；二是信贷产品使用情况，主要是指信贷额度的使用率、信贷产品账户的平均额度使用率等。

信贷历史类特征变量是信息主体使用各种信贷产品的时间长度和信用历史长度等方面的信息，如信贷产品平均的开户时间长度、最长的账户历史等。

信贷需求类特征变量是信息主体在申请信贷时所反映的对于信贷需求的情况，通常包括信息主体的信用报告查询情况，如信息主体在最近3个月内信用报告的查询次数；信息主体新开信贷产品的情况，如信息主体最近3个月的新开账户数目、查询与开立账户的比例等。

信贷组合类特征变量是信息主体所有的各种类型的信贷产品组合方面的信息，包括信贷账户的数目、各种类型的信贷账户比例等。

一般地，信贷特征变量将每一个账户的具体细节进行加工，去除与客户隐私相关但与风险特征关系不大的细枝末节，保留分析特征，并将有关的特征加以放大，从而更细致地刻画信息主体的行为特征。

信贷特征变量的产品类型涵盖全部产品、信用卡、贷款（包括分期贷款类贷款、商业贷款、车贷、学生贷款）、住房抵押贷款以及个人经营性贷款产品等多种类型，时间跨度包括在观察点前的 3 个月、6 个月、12 个月、24 个月、所有历史等多个时间跨度。

（四）身份验证服务

严格地说，身份验证服务属于反欺诈范畴，但是，利用征信数据也可以帮助有效地实现反欺诈。首先，在贷前审批阶段，征信数据中的身份信息、电话信息甚至是授信信息，都可以发挥反欺诈作用，即通过信息的比对来核实第一方欺诈和第三方欺诈。这类认证服务主要是通过将借款人申请资料中的身份信息输入征信系统，与征信系统通过权威渠道采集的公众身份信息或禁入性"黑名单"进行比对，以识别借款人向授信机构提交的身份信息是否属实、该借款人是否属于禁入性客户；或通过交叉参照各种不同的数据文档来发现异常情况。

其次，很多机构在贷后管理中也大量运用征信数据，找寻"跑路"的借款人，进行追偿。例如，征信数据中包括个人最新信息变动情况，征信机构可以通过最新的信息变动，尤其是通过申请信息的共享来进行追踪。这类服务所采用的方法有两种：一是通过搜索征信机构数据库的数据来找出那些授信机构所不知道的客户信息（如电话号码或新地址等）；二是在客户信用档案上进行标记，一旦该客户在今后有贷款申请行为，征信机构就会立即通知他的前一家授信机构。

（五）预警提示类产品

预警提示类产品是指征信机构根据授信机构用户预设的监控对象和监控条件，对相关信息进行运算、筛选和比对，并定期向授信机构预警有预设行为发生（特别是在他行有预设行为发生）的本行客户名称等提示信息，以帮助授信机构提高贷后管理的效率。

1. 集团客户监控服务。

（1）集团客户合并财务报表预警。具体来说，可以通过集团客户财务报表中各报表项目之间的比率关系来预警其财务风险；通过分析集团客户的资产负债表、利润表及利润分配表、现金流量表等单个报表项目的变动来发现集团客户的高风险；通过综合分析集团客户的合并财务报表、各个成员企业的财务报表、集团客户的当期财务报表和历史财务报表，从整体上对集团客户的财务风险进行判断。

（2）集团客户违约预警。从我国金融体系的视角看，预警条件包括五级分类（后三类及其余额）、逾期（本金逾期 90 天以上及逾期金额）、欠息（表内欠息 90 天以上及欠息金额、表外欠息及欠息金额）、展期（发生展期的余额）、借新还旧（新债项的余额）等。

2. 单个客户的监控服务。

（1）个人严重逾期提示。指标项通常包括信息主体所有信贷业务中当前最严重的逾期期数、当前逾期总额、过去 24 个月曾经出现的逾期情况。

（2）个人信贷资产质量向下迁徙提示。可以按贷款和信用卡业务五级分类之间的迁徙变动记录统计，指标项通常包括五级分类迁徙跨度、迁徙金额，向授信机构提供借款人信贷资产质量向下迁徙的名单。

（3）个人负债规模风险提示。指标项通常包括贷款余额、对外担保金额、互保金额等。

（4）企业客户监控服务。监控类型包括逾期信贷资产、展期贷款、贷款借新还旧、欠息、垫款、不良贷款、担保、贷款规模和财务风险指标等。

（5）企业高管人员违约提示。监控关注企业法定代表人及高管人员不良贷款、违约次数情况等。

3. 反欺诈信息服务。

（1）基本信息欺诈风险提示。根据授信机构用户预设的关注借款人/企业名单，对不同授信机构报送的基本信息进行比较，差异较大的，生成客户群名单，向授信机构预警。

（2）信用卡欺诈信息提示。从授信机构收集发生欺诈的人群的特征，包括在申请信用卡时使用虚构申请资料的关注人群、身份资料被他人冒用办卡人群、信用卡套现人群、因违反规定被发卡机构开除的信用卡营销人员、私自代理发卡伪造客户信息的黑中介、被本行禁止交易的商户信息，当触发欺诈条件时，将信息汇总后打包返还给授信机构。

（3）企业财务信息欺诈风险提示。根据授信机构用户预设的关注客户群名单和关注指标，对不同授信机构报送的财务信息进行比较，针对同期同属性指标差异较大的情况，生成客户群名单，向授信机构提示。

（六）信贷统计服务

信贷统计服务是指征信机构利用征信统计信息，从宏观经济总体、行业/地区和企业/个人三个层次对展示的信贷资金分布和流动情况进行分析，从而对信贷业整体的信用风险敞口、信贷集中度风险、期限结构风险进行系统性的和结构性的风险分析，确定行业风险基准数据，帮助金融监管机构能够及时、准确和完整地掌握信贷市场的整体风险状况和单个金融机构风险状况相对于整体的比较位置，并为货币政策的制定和实施监测提供信息依据，以利于政府监管部门对辖内金融机构分行业、分区域信贷发放业务的监控，以及对信用借款行为特征的监测。

二、工具类产品服务

工具类产品服务是指征信机构根据金融机构的需求对数据库的数据进行较高层次的处理和分析，开发出关联查询服务、评分模型、资产管理工具等分析支持类应用程序，并将结果提供给金融机构，运用于营销、风险管理与控制。工具类产品是征信机构核心竞争力的集中体现，很多征信机构都在积极对外提供此类服务。

（一）关联查询服务

随着经济活动的日益复杂化，企业间通过联合和控制来加快资本集中、实现规模经济、降低运行成本、提升竞争力的行为已比较普遍，也为法律所认可，但关联企业往往借助复杂的关联关系逃避监管部门和授信机构的风险审查，给风险识别和管理带来更多信息不对称，导致多头授信和过度融资，使潜在的金融风险逐步积聚和蔓延。因此，通过征信机构系统功能实现集团关联企业的信息识别和风险预警，成为金融机构急需的技术信息支持。国内外征信机构均在开发关联企业服务，用于欺诈防范和整体信用状况分析。

各个国家目前对于关联企业尚无统一、具体、量化的界定标准，各国或用抽象的方法揭示关联企业的含义，或用列举的方法界定关联企业的范围。企业关联关系主要包括如下几种。

（1）投资关联关系：以企业资本构成信息为基础，通过对出资信息进行匹配形成的特定关联关系。根据企业间的投资关系，将其细分为对外投资、被投资和相互投资三种，并根据具体出资金额计算投资比例。

（2）担保关联关系：以借款人担保合同信息为基础，通过对担保信息进行匹配，在企业间形成的特定关联关系，并且根据合同中担保方与被担保方的关系细分为对外担保、被担保和相互担保三种关联关系。

（3）高管关联关系：对所查询企业的高管人员（包括法人代表、总经理、财务负责人、企业出资人）在其他企业担任法人代表、总经理、财务负责人职务或在其他企业进行投资或担保的情况进行关联，在这些企业间形成的特定关联关系。

（4）企业担保人关联关系：根据企业担保合同中自然人的担保信息，对该自然人在其他企业兼任法定代表人、财务负责人、总经理或对其他企业进行投资或担保的信息进行匹配，形成的企业间的特定关联关系。

（5）集团母子关联关系：以企业集团公司信息为基础，对上级公司信息进行匹配，在企业间形成的特定关联关系。

（6）家族关联关系：以家族企业成员信息为基础，将法人代表家族中自然人在其他企业的信息进行匹配，在其家族成员所在企业间形成的特定关联关系。

征信机构通常按照一定的规则绘制出企业关系的复杂大网，生成关联企业名单、关系结构图，挖掘出企业和企业之间直接或间接的关系，识别出其中的潜在风险和影响因素并给出预警提示，向查询机构展示并推送提示信息。

（二）信用评价类产品

信用评价类产品主要是指运用统计和数据挖掘方法，利用反映借款人资信状况的信息，建立预测其未来发生信用违约可能性的信用评分模型。按照评分所预测的未来表现结果，信用评分模型可以分为欺诈风险评分、破产评分、收益评分、债务催收评分等。

1. 欺诈风险评分。欺诈风险评分模型包括申请欺诈风险评分模型和交易欺诈风险评分模型。申请欺诈风险评分模型预测信用卡申请为欺诈的概率，为银行发现和拒绝欺诈性申请提供科学依据；交易欺诈风险评分模型运用先进的数据挖掘和模型技术来预测信用卡交易为欺诈的概率，为银行发现和拒绝欺诈性交易提供科学依据。

2. 破产评分。破产评分模型用于预测信息主体破产的概率，与通用信用评分有一定的互补性，因而在账户管理方面有广泛的应用，特别是对低端客户的管理发挥重要作用。

3. 收益评分。收益评分模型是利用消费者在征信机构的信用历史记录预测其未来给授信机构带来收益的潜力。其表现变量是信用卡账户开户后第一年的净收益，预测力最强的预测变量通常是衡量消费者以前和现在循环信贷倾向和额度利用率的变量。收益评分模型可应用于信用卡账户管理中，对收益评分高的账户可提高信用额度，鼓励信贷消费；对收益评分高的睡眠卡，可采取适当的优惠措施来激活睡眠卡以提高收益。

4. 债务催收评分。征信机构通过建立债务催收模型或评分的方式，向商业机构或收账公司提供更高效地进行收账工作的数量化分析产品。例如，债务催收评分模型通过从最早的违约信号到后期债务回收的全流程来有效地管理违约客户，债务回收评分通过评分来识别哪个账户最具有回收潜力，以提高资产组合和收账的管理水平。

（三）其他工具类产品

1. 监控和评估工具。一是批量筛选，通过批量使用客户现有的通用评分的方式来定期筛查客户的信贷情况，授信机构可以对其整个信贷资产组合的风险状况进行及时监控和跟踪；二是监控和报告，通过提供客户风险监控类服务来帮助授信机构有选择性地管理重点客户，甚至还定期提供对某个特定领域的监测报告。

2. 资产管理工具。征信机构通过提供风险分析模型和决策平台，帮助商业机构跟踪监测其投资组合的信用风险状况，提高对客户信用状况变动的响应速度和效率，以确保投资收益和利润。例如，国外一些征信机构开发的组合管理评分模型产品，基于通用信用评分和客户行为信息，能更好监测风险和提升风险预测能力。

3. 压力测试工具。压力测试工具可以帮助授信机构对违约率进行动态评估，并评估经济环境变化对资本金状况的影响。例如，韩国的一些征信机构开发了专门服务于商业银行的压力测试服务，帮助商业银行进行不同情景模拟，以测试商业银行在未来的系统性风险情况。

三、解决方案类产品服务

征信机构凭借其多年积累的在数据整合、数据分析、风险管理等方面的专业经验和分析技术，将自身提供的数据类产品、数据库信息、用户数据，以及自身开发的通用的或为用户量身定做的分析工具融入用户管理策略中，帮助其建立、优化或重整账户开立、贷款审批、交叉营销、账户管理、债务催收等业务流程，使用户更快、更方便、成本更低地作出风险管理或营销决策。通常，这类解决方案可以是一个应用软件——根据客户的特殊要求量身定做，并由客户自己的技术人员进行维护；或者是一个征信机构解决方案——具有常规性特质，并由征信机构主持。国外市场化征信机构立足于客户需求已经开发出了多种多样的解决方案类征信产品，而我国暂时还没有成熟的经验。

（一）营销解决方案

征信机构利用其拥有的信息主体的各类行为信息，包括购买习惯、生活方式，或者利用授信机构、制造商、零售商等所拥有的客户的信息，运用数据分析、模型开发以及营销管理方面的经验，为用户提供市场营销方面的解决方案。

首先，征信机构往往向提出这方面需求的机构提供商业策略顾问和营销顾问服务。征信机构通过对客户群体进行全面分析，提出系统性的商业策略，并将其应用于用户业务流程中，帮助用户确定最有价值的目标市场。

其次，征信机构往往也会利用数据，通过使用客户销售成本预测与分析、客户贡献度分类分析、客户账龄分类分析、呆坏账分析、客户账户活跃度等营销工具，帮助用户筛选出满足不同层次需求的产品，从而实现交叉销售。

最后，有些征信机构也会利用自己的数据优势和专业能力，为用户提供全套营销策略解决方案，对自身的客户群和潜在客户群进行全面分析，根据客户的风险偏好，帮助客户定制产品规划的策略，并通过模型分析等手段帮助客户建立潜在客户筛选、客户交叉销售、潜在流失客户挽留等营销策略，对整个营销管理流程进行优化，包括内容和流程确定、活动效果分析等。

（二）信贷审批解决方案

将获得新客户的成本降到最低的能力是授信机构提高利润率的一个主要驱动因素，许多授信机构都对放贷流程进行了整合，以便能够使用自动化的贷款申请程序。征信机构利用自己的经验和技术，帮助授信机构更好地实现这方面的系统设计。另外，在新客户获取环节，征信机构通过综合使用规则逻辑、欺诈评分建模等一系列解决方案来防止和发现欺诈行为。

（三）贷后管理解决方案

授信机构需要在整个信贷生命周期内对循环授信类信贷产品进行有效管理，主要包括额度管理、超额授权和重新发卡等应用场景。因此，针对这类产品需要更为严密的监控手段。

首先，一些征信机构设计出很多贷后管理解决方案来解决信贷产品管理面临的问题，并提供有关客户关系管理方面的战略决策。例如，一些征信机构通过将通用信用评分和用户的业务流程相结合，帮助零售银行以及信用卡、零售信贷和电信业务管理其整个信用风险控制和客户关系管理流程，实现全流程的自动化决策。

其次，征信机构除了帮助授信机构优化某一特定流程业务外，也为授信机构提供全流程解决方案，包括优化贷款审批、账户管理和债务催收的流程及制定管理策略等，该服务的主要对象为中小银行和信用社。例如，一些征信机构提供的账户管理策略服务主要内容包括信用状况变化提示、超过额度与逾期等情况的分析与建议、评估账户信用状况并及时调整信用额度、对高风险账户给出具体处置策略建议等。

（四）其他常见的解决方案类征信产品

1. 数据管理解决方案。数据管理解决方案的服务对象主要是一些大型的制造业或零售商等机构，征信机构帮助其重整散落于不同系统间的客户、供应商等主体的信息，将各系统间混乱而缺乏条理的数据转换成干净、准确的数据，并对这些数据进行分析，如成本预测与分析、客户贡献度分类分析等。这样，用户就可以任意进行目标设定，迅速获得相关客户或供应商的信息，从而提升其营销策略的有效性和客户关系管理能力。

2. 合规性解决方案。金融机构必须在日常经营管理中满足监管当局设定的指标要求。征信机构利用其拥有整个金融机构信用数据的优势和数据分析技术，利用其更为强大的分析能力，开发出了一些高级模型、软件解决方案和咨询服务，进行组合，形成完整的合规性解决方案，帮助金融机构满足监管机构要求。

3. 软件技术解决方案。一些征信机构建立技术服务平台，帮助用户电子化获取数据，在线利用其在数据管理和模型开发方面的软件和应用程序，为用户提供信息化技术解决方案，帮助用户更快、更便捷地开展业务。例如，益博睿为汇丰银行提供数据整合技术解决方案，利用益博睿的科耐克（Connect＋）数据整合软件，汇丰银行能够访问和整合来自多个数据源（包括信用机构和其他第三方数据提供商）的数据。

【本章要点】

1. 征信服务是指企业征信机构或个人征信机构向各类授信人提供的专业的资信调查或信用查询服务，包括向委托人提供的成套的信用管理咨询服务。广义而论，只要是在企业信用管理工作全程中提供的信用风险防范、控制和转移专业服务，都可以被称为征信服务。征信服务通常是通过向服务委托人提供经过专业方法生产的征信产品和软件来实现的。

2. 信用报告是基础的征信产品。信用报告查询包括企业信用报告查询和个人信用报告查询，信用报告查询服务由企业征信机构和个人征信机构提供。我国信用报告查询包括五种情形：个人信用报告查询、企业查询自身信用报告、本企业以外的其他单位或个人查询本企业信用报告、司法部门等政府机构查询企业或个人信用报告、金融机构查询企业或个人信用报告。每种情形对应着多种查询方式。

3. 征信增值产品服务是指征信机构在原始信息的基础上，通过数据处理、分析技术和经验，从便利客户使用、帮助客户更为客观地了解信息主体信用状况、为客户提供及时服务、降低客户使用成本的角度出发，提供的一系列经过加工的信息服务。按照征信产品技术层次，征信机构开发的征信产品具体分为数据类、工具类、解决方案类和外包服务类，满足客户不同产品在不同信用生命周期阶段的各种不同层次的需求。

【重要概念】

征信服务　信贷征信　商业征信　雇佣征信　信用报告　征信增值产品服务

数据类产品服务　　工具类产品服务　　解决方案类产品服务

【延伸阅读】

1. 有关我国征信服务相关内容，请参阅《征信业管理条例》《个人信用信息基础数据库管理暂行办法》《征信机构管理办法》《征信业务管理办法》。

2. 有关信贷市场信用评级相关内容，请参阅《中国人民银行信用评级管理指导意见》。

3. 了解美国消费者征信服务公司的运作模式与特点相关内容，请访问：http：//www.doc88.com/p-979313236149.html。

【思考题】

1. 什么是征信服务？

2. 个人信用报告包含哪些内容？

3. 信用报告的查询方式有哪些？

4. 请提出一些你认为可以满足授信企业市场营销和信用风险管理不同需求的具体的征信增值产品服务。

5. 你认为信用服务给你的生活带来了什么变化？

第六章

征信法律与征信监管

【学习目标】

1. 了解国外在征信领域的立法经验。

2. 掌握我国在征信领域的主要立法及政府有关规划情况，了解征信的相关法规。

3. 了解征信监管的概念、监管机构的运作规律，掌握征信监管的内容及措施。

4. 了解行业自律监管的必要性以及主要征信行业自律组织，掌握行业自律监管的主要方式及手段。

第一节　国外征信立法

一、主要经济发达国家征信立法的基本情况

尽管西方发达国家开展信用征信活动已有一个多世纪的历史，但世界各国对信用信息征集活动的立法普遍较晚，完整的立法大多始于 20 世纪 90 年代。意大利 1996 年颁布《数据保护法》，瑞典 1998 年通过《个人数据保护法》，英国 1998 年颁布《数据保护法》，西班牙 1999 年制定《个人数据保护法》。美国的征信立法与欧洲一些国家相比虽然较早，但作为信用报告活动的核心法规《公平信用报告法》1970 年才正式颁布。

多数国家的征信立法主要针对个人数据的保护，涉及企业征信的内容很少。美国《公平信用报告法》中的一些条款也涉及企业，但主体是关于个人权利保护的。在欧洲，目前还没有针对企业征信的立法文件。这一现象可能与欧美国家的法律体系有关，一些关于企业商业秘密的保护条款已经存在于相关的法律中；另一个原因可能是与企业相比，个人处于更为弱小的地位，需要提供更多的法律保护。

从征信法规的使用范围看，大部分国家没有为信用征集活动或机构单独立法。除美国以外，几乎所有其他经济发达国家都以个人数据保护为主要立法对象，信用征信只作为个人数据保护法的规范对象之一。从英国《数据保护法》到瑞典《个人数据保

护法》，再到加拿大《个人信息保护和电子文档法》，其法规的使用范围不仅包括个人信用信息征集活动，还包括医疗、市场营销等一系列可能涉及个人信息登记的活动。国际法方面，联合国、OECD 和欧洲委员会先后制定的有关公约，同样也是以广泛意义上的个人数据保护为立法对象。

由于征信系统的建立和运行必然涉及一部分属于个人隐私范畴的内容，在现代社会日益重视个人隐私保护的背景下，需要通过立法的方式调节隐私保护与征信活动之间的矛盾。从根本上讲，各国征信立法的基本目的就是调节这一矛盾，但各国的倾向性有很大差别。

二、征信的国际法律

随着经济全球化趋势的日益发展和个人权利保护国际共识的逐步形成，国际性的个人数据保护公约已成为国际法体系中不可缺少的重要组成部分。关于个人信息保护的国际性公约有 OECD 于 1980 年制定的《个人数据的隐私保护和跨国界流动的指导原则》，欧洲委员会 1981 年签署和发布的《个人自动文档保护公约》，联合国 1990 年签署的《个人数据自动化档案指导原则》。上述三个国际性公约的基本目的和基本内容大致相同，旨在保护个人隐私权利和人权自由。

欧洲委员会《个人自动文档保护公约》要求：（1）获取和录入数据必须公正、合法；（2）保存和使用必须在具体、正当的目的下进行，任何与目的不相符的、超过范围的保存和使用必须禁止；（3）保持数据信息的准确性，必要时更新数据；（4）数据保存不能超过必要的时间长度。

《个人自动文档保护公约》要求数据主体应当及时地并以合适的形式被告知关于他本人的数据情况。数据主体有权对数据正确性提出质疑、修订和消除的要求。

关于敏感数据问题，《个人自动文档保护公约》规定：种族、政治观点和派别、宗教信仰、健康状况、性生活及刑事起诉等信息禁止被征集，除非所在国家提供适当的法律保护。

有关敏感数据和个人知情权的规定在下列特殊情况下不再有效：（1）涉及国家安全、公众利益、军事利益和刑事起诉；（2）为对数据主体进行某种保护或涉及他人的自由和权利时。

对于跨国界数据传输，《个人自动文档保护公约》规定：不允许仅仅以保护隐私的理由禁止数据跨国界传输。但是，每个国家有权根据数据的性质作出具体的规定。

《个人自动文档保护公约》对数据库保护措施也做了相应规定，要求信息征集者采取适当的安全措施，避免数据的丢失、损坏及未经授权的使用、更改和传播。

OECD《个人数据的隐私保护和跨国界流动的指导原则》制定了个人数据征集应当遵循的七个一般性原则：（1）数据征集有限原则。要求个人数据征集行为遵守：①任何个人数据的征集必须合法和公正，并在数据主体同意的情况下进行；②只能征集与既定目的相关和必要的个人数据，数据要准确并及时更新。（2）目的声明原则。

对于征集数据的目的，必须在数据征集前予以说明。后期使用必须限制在该目的之下。如果超出既定的目的，必须在每次调整前予以说明。（3）有限使用原则。对于个人数据的使用，当使用意图超出了已经声明过的目的时，数据征集者不能提供，除非得到数据主体的同意或法律的授权。（4）安全性原则。数据库必须有适当的安全保护措施，避免数据丢失及在没有授权情况下的进入、使用、删改和破坏。（5）开放性原则。征信机构应当让公众了解系统的发展、操作、基本政策和数据征集的基本目的。（6）数据主体知情原则。数据主体有权知道有关自己的数据的收集情况，同时需在合理的时限内被告知；如果收费，不能过高。通知必须使用便于阅读的方式。（7）可信赖原则。数据征集者应当忠实地贯彻上述七项原则。

在数据的跨国界流动方面，《个人数据的隐私保护和跨国界流动的指导原则》要求成员国采取一定的措施和步骤，保证数据在成员国内部跨国界流动的正常进行，除非数据流入国没有执行《个人数据的隐私保护和跨国界流动的指导原则》所制定的基本原则，或数据的输出违反了国内的有关隐私保护法。成员国可以根据数据的具体性质和隐私保护方面的法规，在输入国没有同等程度保护措施的情况下，对某些特别类型的数据输出制定限制条款。

无论是 OECD 的《个人数据的隐私保护和跨国界流动的指导原则》，还是欧洲委员会所制定的《个人自动文档保护公约》，其主要原则基本一致。这些公约旨在建立一套各国共同遵守的国际性准则，使各国能够在此基础上制定自己相关的法律法规。从各国的立法情况看，大部分国家都遵守了相应的国际公约，但也有一些例外，比如美国在对个人数据征集限制方面并没有遵守上述公约。在美国，是否有权获取数据取决于是否出于"合理的目的"（Reasonable Purpose），而不是取决于是否得到本人的书面或其他形式的许可。这是因为，美国认为，在数据收集和使用过程中过多、过严的限制不利于征信行业的发展和与此相关的目标的实现。

三、各国征信法规的基本内容

每个国家涉及征信的法规内容和结构都不一样。美国没有全面的个人数据保护法，对个人隐私权的保护和个人数据收集与使用的法律基础是在多年的法庭判决中逐步发展完善的，已经收录在关于政府和私人机构数据库的法律中。美国的相关法规是《公平信用报告法》（*The Fair Credit Reporting Act*），它是规范征信活动的核心法律。尽管《公平信用报告法》的使用对象不仅仅是个人，也包括企业和机构法人，但是该法的重点是对个人数据的保护。加拿大的相关法规是《个人信息保护和电子文档法》（*Personal Information Protection and Electronic Documents Act*）；英国的相关法律是《数据保护法》（*Data Protection Act*）；瑞典的相关法律是《个人数据保护法》（*Personal Data Act*）。后三个法律都采用了综合法形式，美国的《公平信用报告法》属于单独法范畴。

从世界各国有关征信立法的情况看，有关法规主要涉及以下几个方面的内容。（1）立法目的。表明立法的宗旨，同时也表明所立法规的倾向性。（2）信息征集的目的和动机。明确信息征集的目的和动机，保证任何信息的征集行为处在合理的动机之下。(3) 信息的采集。明确界定信息征集范围及敏感信息的征集条件和方法。(4) 信息的保存。规定所征集信息的存储，包括存储方式、安全性措施以及有关信息的保存时间等。(5) 信息披露和使用。规定信息的披露方式、使用范围和使用方式。(6) 有争议信息的纠正。规定有争议的信息或错误信息纠正的程序、费用负担、纠正完成时间长度。(7) 特殊情况下个人信息的使用。规定各种特殊情况下个人信息的使用，比如涉及国家安全等若干方面。下面以美国、英国、加拿大、瑞典四个国家的有关法规为例，对征信法所涉及的几个关键环节问题进行比较分析。

（一）立法意义和目的

美国《公平信用报告法》明确指出，公正、准确的信用报告对银行系统具有十分重要的意义。不准确的信用报告直接制约着银行系统效率的提高；不合理的征信方法损害公众的信心；个人征信部门在有关信息征集、信用评级等活动中扮演着重要的角色。为保证信用报告机构在从事征信活动时做到公正、客观，充分保护个人隐私，特立《公平信用报告法》。

瑞典《个人数据保护法》指出，立法的目的在于对个人权利的保护，避免其在个人数据征集过程中受到侵犯。

从立法目的的对比看，两部法律存在显著的倾向性差别。美国《公平信用报告法》注重维护一个公正、有效的信用征集系统，而个人隐私保护从属于第二位；与此不同，瑞典《个人数据保护法》的重点是提供个人权利保护的法律依据。

（二）数据征集和使用的基本原则

美国《公平信用报告法》的第一条第四款明确指出，必须保证征信机构在信息征集和使用过程中保持公正、客观，并做到对个人隐私权的尊重。这是数据征集和使用的基本原则。

瑞典《个人数据保护法》规定：(1) 数据收集者必须保证数据收集和录入过程具有合法性。(2) 保证数据的征集和录入以正确的方式进行。(3) 一切数据征集活动都是在明确声明过的公正的目的下进行。禁止其他一切超出目标范围的数据收集。(4) 数据必须是准确的，必要时予以更新。(5) 删除错误或不完整的数据。

（三）信息征集的目的和范围

美国《公平信用报告法》规定，个人信息征集只能在下列三种目的下进行：(1) 有关个人和家庭的信贷、保险活动；(2) 有关就业的目的；(3) 其他被授权的目的。

《公平信用报告法》采用排除法对数据的征集范围进行了界定，下列性质的数据不包括在信用信息征集范围内：(1) 有关个人之间的交易活动信息；(2) 公司内部、分支机构之间的交易活动；(3) 信用卡发卡机构给予消费者直接或间接的授信额度；(4) 破产记录超过 10 年的信息不包括在信息收集范围内；(5) 7 年以上的民事诉讼、判决和逮捕记录不包括在信息收集的范围之内；(6) 拖欠税款记录，自缴纳该税款

7年以后不再作为信息收集范围；（7）任何其他负面信息，超过7年后不再作为收集的对象。

英国《数据保护法》要求，个人数据的征集必须遵循适度、相关的原则，不超出既定的、具体的和合法的目的范围。

作为个人数据的一般性保护法，英国《数据保护法》、瑞典《个人数据保护法》均没有对数据收集范围给出明确的界定，只是给出了两个基本原则：（1）不得超过已经声明的目的所要求的范围征集、保存、使用数据；（2）敏感数据不能作为征集范围。特殊情况例外。

（四）数据的采集程序

美国《公平信用报告法》规定，征信部门要用文件形式说明对有关个人信息收集的目的。在合理的动机和目的下，信用征信机构可以进行数据收集。

瑞典《个人数据保护法》规定，数据征集和录入必须在征得信息相关人的许可后方可进行，并且规定数据征集者应当采取数据主体要求的相应措施，保证：（1）数据征集者能够履行其法律义务；（2）数据主体的利益得到保护；（3）能够服务于公共利益。

美国《公平信用报告法》对个人数据的征集几乎没有规定任何实质性的限制条件，欧洲国家则要求个人数据的征集必须在获得数据主体同意的情况下方能进行。欧洲国家的这种做法给信用信息征集带来很大的不方便，同时必然增加信息征集成本。欧洲国家之所以这样规定，一方面与重视个人隐私、尊重个人权利的传统有关；另一方面，与综合立法的形式也不无关系。

（五）数据报送机构的责任

美国《公平信用报告法》规定：（1）任何向征信机构报送数据的机构不得报送已经知道是不准确、不完整的数据；（2）如果数据主体对数据准确性和完整性提出质疑，报送机构应当在报送的同时将质疑告知征信机构；（3）在已经报送的数据中发现不完整或不准确的，应当及时通知征信机构，并报送补充的数据或纠正后的数据；（4）对于规则性报送数据的金融机构，如果个人在其处开设有信用账户，关闭账户时，报送机构应将此事通知征信机构。

该项条款主要对信贷机构、保险部门等定期向信用信息征集机构提供数据加以约束。同时，《公平信用报告法》规定了对没有履行其义务的数据报送机构的处罚条款。这些条款对保证数据质量发挥着重要作用。

（六）数据主体的权利

英国《数据保护法》规定，在特定理由下，个人有权在任何时间用书面的形式要求数据征集者在合适的时候停止有关他本人数据的征集、录入，或停止某种方式和内容的数据的征集与录入。其中特定的理由是有关数据的征集或者在既定目的下收集的数据对他或另外的人产生或可能产生损害。但是这种权利在下列情况下不使用：（1）作为合同一方，为签署或履行合同的需要；（2）数据的征集和录入对保护数据主体的重要利益是必要的。

《数据保护法》要求，数据征集者在收到数据主体通知后的 21 天内对数据主体终止数据征集的要求给予回复，回答是否已经停止征集或准备停止征集；如果不能完全执行数据主体的要求，指出要求不合理的地方；如果只能部分执行，说明已经执行或打算执行的部分。

《数据保护法》还规定，被征集人有权知道有关他的数据信息是否被收集、录入数据库。如果被收集并录入，信息征集机构应当通知数据主体数据信息的内容、收集的目的和可能的使用者。同时，数据主体还应被告知数据信息的来源。

在涉及个人信用评估时，信息征集机构必须尽快通知数据主体根据征集数据所得出的结论。数据主体有权在收到通知后 21 天内要求数据征集者重新考虑其决定，数据征集者必须在 21 天内对有关重新考虑的结果给予答复。

瑞典《个人数据保护法》规定：（1）数据征集者有义务免费向被征集人提供他本人的信息；（2）如果信息不是直接来自当事人，信息征集人也应当向本人提供来源信息。如果向第三方提供数据，第一次必须把涉及的信息首先提供给本人。但在能够证明反馈给本人遇到了很大困难或者证明信息反馈需要付出与之不相符的努力才能实现时，可以放弃向本人的信息反馈。反馈的信息包括信息征集机构名称，信息征集的目的，征集人在咨询、核查本人信息时所必需的信息。

关于对不准确数据的修正，瑞典《个人数据保护法》规定，在被征集人提出要求的情况下，信息征集者有责任立即对有关数据进行核查或修改。如果错误可能导致对被征集人利益的损害，信息征集者需要通知第三方使用者有关信息的修正情况。除非证明客观上不可能通知到，或在遇到很大困难的条件下，信息征集者才能放弃通知第三方。

美国《公平信用报告法》规定，如果数据主体要求了解有关本人数据的情况，征信机构应当及时反馈有关信息，其中包括数据主体信用方面的一切信息以及信息的来源，但有关调查性消费者报告（Investigative Consumer Report）方面的信息来源除外。

美国《公平信用报告法》规定，对于发现的有错误的数据，数据主体有权要求更正：（1）对于不完整或准确性出现质疑的数据，征信机构在收到数据主体通知后 30 天内应对数据进行重新调查。调查所需的费用由征信机构承担。如果调查需要展期，最多不超过 15 天。（2）在收到数据主体通知后 5 个工作日内，征信机构应当通知所有信息的使用者有关信息的争议情况。（3）征信机构应在 5 个工作日以后的 30 天内通知数据提供方。（4）如果征信机构有充分理由证明数据主体提出的质疑没有说服力，征信机构可以终止调查并在作出此决定的 5 个工作日内通知提出质疑的数据主体。（5）调查结束后 5 个工作日内征信机构应将调查结果通知质疑提出人。（6）通过调查发现被质疑的数据不准确或不完整或无法证明是准确的和完整的，征信机构应当立即删除该项信息或根据调查的结果进行修改。（7）被修改后的数据应在被核实准确、完整后才能被使用，并在开始使用后 5 个工作日内通知数据主体。

在个人权利方面，英国《数据保护法》和瑞典《个人数据保护法》明显赋予数据主体更多的权利。尽管美国《公平信用报告法》也赋予数据主体拒绝被列入以非个人发起的信用、保险交易为目的的信用报告的名单中，但没有给予个人全部拒绝数据被征集的权利。美国《公平信用报告法》遵守了国际公约中当事人知情权的原则，但是只有在本人向信用信息征集机构提出要求时，征信机构才给予反馈，并且是作为一项有偿服务。

在对数据准确性和完整性提出质疑的权利方面，欧美国家之间没有太大区别，总体上贯彻了国际公约原则。

（七）数据质量控制

加拿大《个人信息保护和电子文档法》对保证数据质量进行了原则性的规定，要求采取措施保护个人信息的安全；建立接受和回答关于抱怨、咨询的程序；对员工进行有关组织政策和操作方面的培训，保证一切操作的正确性。

英国《数据保护法》在个人数据征集基本原则的细则中要求有关个人的数据必须保持精确，必要时及时更新。

美国《公平信用报告法》规定，征信机构应当采取适当的措施，以合理的程序最大限度地保证信息的准确性。

在这方面，各国规定基本相同，与国际公约保持相同的口径。

（八）不良记录的保留时间

美国《公平信用报告法》规定，关于破产并超过 10 年的信息，民事诉讼、裁决、被逮捕等超过 7 年的记录，拖欠税款自偿付 7 年以后的记录，以及其他超过 7 年的负面信息，不能包括在信息征集的范围。

瑞典《个人数据保护法》规定，数据的保留不能超过必要时间。同样，英国《数据保护法》也禁止超过必要时限保存个人数据信息。

欧洲其他大部分国家与英国、瑞典的情况相似，对个人数据的保留时间没有作出明确的规定，仅是设定了一般性原则。这可能与综合立法的形式有一定关系。由于不同用途的数据所需保存的时间不尽相同，因此很难确定一个具体的统一的时间标准。

（九）敏感数据的范围和征集限制

瑞典《个人数据保护法》对敏感数据的定义包括种族或民族、政治派别和观点、宗教信仰、工会组织成员、健康状况和性生活。瑞典《个人数据保护法》禁止征集敏感数据，只有下列特殊情况例外：（1）被征集人明确表示同意征集或对公众公布过的信息；（2）数据征集人在履行就业法所赋予的权利；（3）在被征集人丧失了表示同意的能力的情况下，敏感数据的征集必须确保被征集人和有关人的利益能够得到保护；（4）用于医疗、保健；（5）用于研究和统计。

英国《数据保护法》对敏感数据的定义包括：（1）种族、民族；（2）政治观点和党派；（3）宗教信仰；（4）是否工会成员；（5）身心健康状况；（6）性生活。对于敏感数据的征集和使用，英国《数据保护法》要求必须得到被征集人的明确同意；此外，《数据保护法》还列举了若干特殊情况，比如受内阁指令收集某些敏感数据，为保护被征集人重要利益或他人重要利益，出于司法的需要等，这些主要是为国家安全、司法、医疗服务等情况设定的特别条款。

美国《公平信用报告法》没有涉及敏感数据问题。该法既没有对敏感数据进行定义，也没有对敏感数据的收集和使用进行限制，可能的原因是这方面的问题已在《隐私保护法》中进行了具体规定。但总体来讲，与欧洲国家相比，美国对个人数据征集和使用的限制在内容上较少，在程度上较轻。

（十）数据库的安全措施

瑞典《个人数据保护法》规定，数据征集者必须采取适当的技术和安全措施对数据库进行保护。适当的安全措施涉及的方面包括：（1）技术手段的可行性；（2）安全措施的经济成本；（3）在个人数据输入过程中存在的特殊风险；（4）可能存在的风险对个人信息数据库潜在的危害。对具体的情况，政府主管机构有权决定数据征集机构应当采取的安全措施。

英国《数据保护法》要求信息征集机构采取适当的技术和组织措施防止数据未经授权或非法使用，防止数据丢失、破坏和损坏。

（十一）信息的披露和使用

英国《数据保护法》对个人数据披露的限制是，当个人数据向第三方披露时，必须经数据主体的同意，否则不能向第三方提供。在没有获得数据主体同意的情况下，数据征集机构只能在具有充分的原因和理由时，才能向第三方提供。其中所谓的充分的原因和理由可以是如下情况：（1）受信息保密的责任制约；（2）为得到数据主体的许可已经做了努力但没有回应；（3）数据主体没有能力给予同意的表示。

美国《公平信用报告法》规定只有在如下用途和条件下，征信机构才可以向第三方披露信息：（1）根据数据主体本人的指示向第三方披露有关他本人的信息；（2）信息需求方准备给予数据主体贷款；（3）信息需求方准备雇用数据主体；（4）信息需求方准备接受数据主体的投保；（5）对个人信息的需求与数据主体证件、执照的签发有关；（6）作为潜在的投资者、服务提供者或合同期内的保险方，需要对信用、偿付风险进行评价；（7）其他类型的有关数据主体发起的商业交易；（8）州、地方儿童抚养机构为了解数据主体经济能力、作为抚养人履行抚养义务的能力和资格。

以信贷、保险交易为目的的查询，如果这些交易不是由个人首先发起的，征信机构只有在数据主体授权的情况下才能提供这样的信息；或者征信机构采用如下方法：设立免费电话或其他方式，使个人能够便利地通知征信机构把自己的名字、地址等信息排除在提供的名单之外。没有通知的被视为同意征信机构提供其有关信息。通知的有效期为两年。

上述非个人发起的有关信贷、保险交易的查询，征信机构所提供的信息包括姓名、地址、其他相关信息；对于提供的资产、负债信息，不能包括能够被使用者识别、推断出与其他信贷者负债关系的信息。

美国《公平信用报告法》规定，征信机构不能向任何人提供有关查询信用、保险交易的记录信息。

从信息使用的限制条件看，欧洲国家的要求比美国的要求严格。英国要求第三方只有在获得数据主体同意的条件下才能使用信息，而美国允许在具有正当理由的情况可以不经数据主体的许可使用数据。这些限制的不同导致了信用信息在使用便利程度和使用成本上的差别，必然对信用信息征集行业的发展产生不同影响。

（十二）信息使用者的责任

美国《公平信用报告法》规定，如果信息使用者根据或部分根据信用报告的信息采取了不利于数据主体的决定，使用者应当将决定以口头、书面、或电子邮件等方式通知当事人，并告知当事人信用报告提供机构的名称、地址、电话号码。

（十三）有关收费的规定

美国《公平信用报告法》规定：（1）数据主体核查本人有关的数据，征信机构可以对信息反馈服务收费，事前应告知核查人收费标准。（2）有关对质疑数据调查的信息反馈服务，征信机构可以收费，但不超过其他查询的收费标准，并且事前要告知收费标准。（3）对负面信息的通知，征信机构不能收费。

（十四）关于数据跨国家传输

瑞典《个人数据保护法》规定，禁止个人数据向第三国传输，除非第三国具有对个人数据的适当保护。对个人数据保护的适度性评价包括数据传输的各个方面，尤其应当针对个人数据的特点、使用数据的目的、使用的时限、第三国的国别、数据使用的最终目的以及业已存在的对第三国数据保护的法规。在被征集人同意的情况下，不执行上述条款。

英国《数据保护法》禁止个人数据传输到欧盟以外的国家和地区，除非该国家或地区对与个人数据有关的个人权利和自由有适当的保护法规。

从欧美主要国家的立法看，各国在制定本国的征信法律时都充分考虑了相应的国际公约，特别是个人隐私权保护和数据跨国界流动方面，都满足了公约的基本原则。但是各国在平衡个人权利保护与信用征信行业发展两个方面具有不同的倾向性。总体看，欧洲国家在包括隐私权在内的个人权利保护方面规定更为严格，美国则更为注重征信行业运作的成本和行业发展。这可能是美国征信行业比欧洲国家更为发达的一个重要原因，单独为信用信息征集活动立法具有较高的立法效率。根据对美国与其他国家相关法律的对比分析可以看出，为信用征信单独立法，其立法对象明确，所规范行为具体，便于体现一种倾向性；相反，综合立法需要照顾的方面太多，容易出现限制不严而导致对个人权利的侵犯，限制过严又会对征信行业发展不利的局面。

第二节　中国征信立法

我国征信法规制度建设不断推进，逐步建立了以行政法规、部门规章、规范性文件和标准的多层次制度体系，保护了信息主体权益，有力地促进了征信业的发展。

一、中国征信立法基本情况

发布实施《征信业管理条例》。自 2002 年起，中国人民银行一直积极推动《征信业管理条例》的制定，2009 年和 2011 年国务院法制办两次向社会公众公开征求意见，此后，国务院法制办、人民银行认真吸收了地方政府、相关部委和机构、社会公众的反馈意见，再次对《征信业管理条例》进行了修改，并报国务院。

《征信业管理条例》

2012 年 12 月 26 日国务院第 228 次常务会议审议通过《征信业管理条例》，并于 2013 年 3 月 15 日起正式实施。《征信业管理条例》对征信机构的设立条件和程序、征信业务的基本规则、征信信息主体的权益、金融信用信息基础数据库的法律地位及运营规则、征信业的监管体制和法律责任等内容作出了规定，解决了征信业发展中无法可依的问题。

发布实施《征信机构管理办法》。为配合《征信业管理条例》的贯彻落实，中国人民银行于 2013 年底颁布实施了《征信机构管理办法》（以下简称《办法》）。该《办法》进一步细化了《征信业管理条例》涉及征信机构管理的条款，是《征信业管理条例》的重要配套制度，遵循了个人征信机构从严、企业征信机构从宽，征信机构市场化运作与监督管理并重，征信机构的行政监管和社会监督兼顾的监管思路。《办法》和《征信业管理条例》等法律

《征信机构管理办法》

法规共同构成征信机构管理的制度框架，在促进征信机构规范运行、保护信息主体合法权益等方面发挥重要作用。

发布实施《征信业务管理办法》。中国人民银行于 2021 年 9 月 27 日发布《征信业务管理办法》，自 2022 年 1 月 1 日起施行。《征信业务管理办法》是《征信业管理条例》的配套制度，与《征信机构管理办法》共同构成征信法治体系的重要组成部分，对依法从严加强征信监管，保障信息主体合法权益和信息安全，促进征信业市场化、法治化和科技化发展具有积极意义。

《征信业务管理办法》

建立金融信用信息基础数据库管理制度。一是建立了个人信用信息基础数据库管理制度。2005 年，人民银行发布了《个人信用信息基础数据库管理暂行办法》，并相继出台配套制度，保障了个人信用信息基础数据库的建设和运行，规范了商业银行报送、查询和使用个人信用信息的行为。二是明确了企业信用信息基础数据库管理制度。在《银行信贷登记咨询管理办法（试行）》管理框架中，对企业信用信息基础数据库的功能与管理、借款人信用信息报送、查询、使用以及异议处理等作出明确规定。三是对新型授信机构接入金融信用信息基础数据库进行了规范，规范了小额贷款公司、融资性担保公司等接入金融信用信息基础数据库的方式、条件、

程序以及业务流程。

完善信用评级管理制度。为规范评级机构在银行间债券市场和信贷市场中的信用评级执业行为，2006 年中国人民银行出台了《中国人民银行信用评级管理指导意见》，明确了信用评级机构的工作制度和内部管理制度、评级原则、评级内容及评级程序等内容，对评级机构从事金融产品信用评级、借款企业信用评级和担保机构信用评级业务进行管理和指导；2008 年发布了《中国人民银行关于加强银行间债券市场信用评级作业管理的通知》，对评级机构在银行间债券市场评级的现场访谈、作业时间进行了规范。信用评级管理制度的实施，规范了评级机构的执业行为，保护了投资人的合法权益，促进了信用评级业的健康发展。

推动征信标准建设。2005 年起，人民银行把征信标准化建设作为征信管理的重要手段之一，启动了征信标准化建设。一是发布征信信息系统开发建设的基本标准规范。制定和发布了《征信数据元 数据元设计与管理》等 5 项金融行业标准，促进了信息跨部门、跨行业共享和应用。二是制定信用等级评价相关标准规范。制定和发布了《征信数据元 信用评级数据元》和《征信数据交换格式 信用评级违约率数据采集格式》等 5 项金融行业标准，促进了评级机构的规范执业。

二、中国征信相关法规介绍

（一）《征信业管理条例》

1. 适用范围。《征信业管理条例》适用于在我国境内从事个人或企业信用信息的采集、整理、保存、加工，并向信息使用者提供征信业务及相关活动，规范的对象主要是征信机构的业务活动及对征信机构的监督管理。

国家机关以及法律、法规授权的具有管理公共事务职能的组织依照法律、行政法规和国务院的规定，为履行职责而进行的企业和个人信息的采集、整理、保存、加工和公布，如税务机关依照《中华人民共和国税收征收管理法》公布纳税人的欠税信息，有关政府部门依法公布对违法行为人给予行政处罚的信息，人民法院依照《中华人民共和国民事诉讼法》公布被执行人不执行生效法律文书的信息等，不适用《征信业管理条例》。

2. 征信机构的设立。《征信业管理条例》对从事个人征信业务的征信机构和从事企业征信业务的征信机构规定了不同的设立条件。

考虑到个人信用信息的高度敏感性，为既适应信用经济发展和社会信用体系建设对了解个人信用信息的合理需求，又切实加强对个人信息的保护，防止侵犯个人隐私，《征信业管理条例》对设立从事个人征信业务的征信机构的管理相对严格，除符合《公司法》规定的条件外，还需具备主要股东信誉良好，最近 3 年无重大违法违规记录，注册资本不少于 5000 万元，有符合规定的保障信息安全的设施、设备和制度、措施，董事、监事和高级管理人员取得任职资格等条件，并经国务院征信业监督管理部门批准，取得个人征信业务经营许可证后方可办理登记。

《征信业管理条例》对设立从事企业征信业务的征信机构的管理相对宽松。征信机构只需依照公司设立登记的法律法规向工商行政管理部门办理登记，自登记之日起30日内向所在地的国务院征信业监督管理部门的派出机构备案即可，不需要另行审批。

征信机构设立后，国务院征信业监督管理部门将定期向社会公告征信机构的名单。

3. 对保护个人信用信息主体权益的规定。一是严格规范个人征信业务规则，除依法公开的个人信息外，采集个人信息应当经信息主体本人同意，未经同意不得采集；向征信机构提供个人不良信息的，应当事先告知信息主体本人；征信机构对个人不良信息的保存期限不得超过5年，超过的应予删除；除法律另有规定外，他人向征信机构查询个人信息的，应当取得信息主体本人的书面同意并约定用途，征信机构不得违反规定提供个人信息。

二是明确规定禁止和限制征信机构采集的个人信息：禁止采集个人的宗教信仰、基因、指纹、血型、疾病和病史信息以及法律、行政法规规定禁止采集的其他个人信息；征信机构不得采集个人收入、存款、有价证券、不动产的信息和纳税数额信息，但征信机构明确告知信息主体提供该信息可能产生的不利后果并取得其书面同意采集的除外。

三是明确规定个人对本人信息享有查询、异议和投诉等权利：个人可以每年免费两次向征信机构查询自己的信用报告；个人认为信息错误、遗漏的，可以向征信机构或信息提供者提出异议，异议受理部门应当在规定时限内处理；个人认为合法权益受到侵害的，可以向征信业监督管理部门投诉，征信业监督管理部门应当及时核查处理并限期答复。个人对违反《征信业管理条例》规定，侵犯自己合法权利的行为，还可以依法直接向人民法院提起诉讼。

四是严格法律责任，对征信机构或信息提供者、信息使用者违反《征信业管理条例》规定，侵犯个人权益的，由监管部门依照《征信业管理条例》的规定给予行政处罚；造成损失的，依法追究民事责任；构成犯罪的，移送司法机关依法追究刑事责任。

4. 对个人不良信用信息保存期限的设定。《征信业管理条例》规定不良信用信息保存期限的目的在于促使个人改正并保持良好的信用记录。期限过长，信息主体信用重建的成本过高；期限太短，对信息主体的约束力不够。

国际上一般都对个人的不良信息设定了保存时限，但期限并不相同。如英国规定保留6年；韩国规定保留5年；美国规定个人破产信息保留10年，其他负面信息保留7年，15万美元以上的负面信息不受保存期限限制。我国香港地区的规定是，个人破产信息保留8年，败诉信息保留7年。

在《征信业管理条例》草案公开征求意见时，有不少公众和专家提出，应当对不良信息设定一定的保存期限，且期限不宜太长。在充分听取各方面意见的基础上，根据我国的实际情况并借鉴国际惯例，《征信业管理条例》将不良信息的保存时限设定为5年，超过5年的应当删除。

5. 对企业信息的采集和使用的规定。《征信业管理条例》鼓励企业信用信息公开透明，为企业征信业务的发展提供较为宽松的制度环境。征信机构可以通过信息主体、企业交易对方、行业协会取得信息，也可以获取政府有关部门依法已公开的信息和人民法院依法公布的判决、裁定等信用信息，采集和对外提供时都不需要取得企业的同意；企业的董事、监事、高级管理人员与其履行职务相关的信息，视为企业信息，采集和使用时也不需要取得信息主体的同意。

征信机构不得采集法律、行政法规禁止采集的企业信息，不得侵犯企业的商业秘密。

6. 金融信用信息基础数据库作为我国重要的金融基础设施，《征信业管理条例》对其有专门规定。《征信业管理条例》规定，金融信用信息基础数据库由国家设立，为防范金融风险、促进金融业发展提供相关信息服务。金融信用信息基础数据库由不以盈利为目的的专业机构建设、运行和维护，该专业机构由国务院征信业监督管理部门监督管理。

金融信用信息基础数据库的运行应遵守《征信业管理条例》中征信业务规则的有关规定。从事信贷业务的机构有义务向金融信用信息基础数据库提供个人和企业的信贷信息，提供时需要取得信息主体的书面同意，提供个人不良信息应提前通知信息主体。金融信用信息基础数据库为信息主体和取得信息主体书面同意的金融机构及其他使用者提供查询服务。国家机关可以依照有关法律、行政法规的规定查询金融信用信息基础数据库的信息。

7. 中国人民银行作为国务院征信业监督管理部门应当履行的管理职责。《征信业管理条例》明确中国人民银行及其派出机构是征信业监督管理部门，依法履行对征信业和金融信用信息基础数据库运行机构的监督管理职责：一是制定征信业管理的规章制度；二是管理征信机构的市场准入与退出，审批从事个人征信业务的机构，接受从事企业征信业务的征信机构的备案，定期向社会公告征信机构名单；三是对征信业务活动进行常规管理；四是对征信机构、金融信用信息基础数据库运行机构以及向金融信用信息基础数据库报送或者查询信息的机构遵守《征信业管理条例》及有关规章制度的情况进行检查，对违法行为进行处罚；五是处理信息主体提出的投诉。

（二）《征信机构管理办法》

1. 征信机构的设立。设立个人征信机构应当经中国人民银行批准，应该具备以下条件：有健全的组织机构；有完善的业务操作、信息安全管理、合规性管理等内控制度；个人信用信息系统符合国家信息安全保护等级二级或二级以上标准。应当向中国人民银行提交下列材料：个人征信机构设立申请表；征信业务可行性研究报告，包括发展规划、经营策略等；公司章程；股东关联关系和实际控制人说明；主要股东最近3年无重大违法违规行为的声明以及主要股东的信用报告；拟任董事、监事和高级管理人员任职资格证明；组织机构设置以及人员基本构成说明；已经建立的内控制度，包括业务操作、安全管理、合规性管理等；具有国家信息安全等级保护测评资质的机构出具的个人信用信息系统安全测评报告，关于信息安全保障措施的说明和相关安全保障制度；营业场所所有权或者使用权证明文件；工商行政管理部门出具的企业名称预先核准通知书复印件。

设立企业征信机构，应当符合《中华人民共和国公司法》规定的公司设立条件，自公司登记机关准予登记之日起30日内向所在地的中国人民银行省会（首府）城市中心支行以上分支机构办理备案，并提交下列材料：企业征信机构备案表；营业执照复印件；股权结构说明，包括资本、股东名单及其出资额或者所持股份；组织机构设置以及人员基本构成说明；业务范围和业务规则基本情况报告；业务系统的基本情况，包括企业信用信息系统建设情况报告和具有国家信息安全等级保护测评资质的机构出具的企业信用信息系统安全测评报告；信息安全和风险防范措施，包括已经建立的内控制度和安全管理制度。

2. 征信机构的变更。个人征信机构拟合并或者分立的，应当向中国人民银行提出申请，说明申请和理由，并提交相关证明材料。个人征信机构拟变更资本、主要股东的，应当向中国人民银行提出申请，说明变更事项和变更理由，并提交相关证明材料。个人征信机构拟设立分支机构的，应当符合以下条件：对拟设立分支机构的可行性已经进行充分论证；最近3年无受到重大行政处罚的记录。个人征信机构申请设立分支机构，应当向中国人民银行提交下列材料：个人征信机构分支机构设立申请表；个人征信机构上一年度经审计的财务会计报告；设立分支机构的可行性论证报告，包括拟设立分支机构的3年业务发展规划、市场分析和经营方针等；针对设立分支机构所作出的内控制度安排和风险防范措施；个人征信机构最近3年未受重大行政处罚的声明；拟任职的分支机构高级管理人员履历材料。个人征信机构变更机构名称、营业场所、法定代表人的，应当向中国人民银行申请变更个人征信业务经营许可证记载事项。个人征信机构应当在个人征信业务经营许可证记载事项变更后，向公司登记机关申办变更登记，并自公司登记机关准予变更之日起20日内，向中国人民银行备案。

企业征信机构备案事项发生变更的，应当自变更之日起30日内向备案机构办理变更备案。

3. 征信机构的终止。个人征信机构因解散或者被依法宣告破产等原因拟终止征信业务的，应当在拟终止之日前60日向中国人民银行报告退出方案，并依照《征信业管理条例》第十二条第一款规定处理信息数据库。个人征信机构终止征信业务的，应当自终止之日起20日内，在中国人民银行指定的媒体上公告，并办理个人征信业务经营许可证注销手续，将许可证缴回中国人民银行；逾期不缴回的，中国人民银行应当依法收缴。

企业征信机构因解散或者被依法宣告破产等原因拟终止征信业务的，应当在拟终止之日前60日向中国人民银行报告退出方案，并依照《征信业管理条例》第十二条第一款规定处理信息数据库。

4. 高级任职人员管理。个人征信机构的董事、监事、高级管理人员，应当在任职前取得中国人民银行核准的任职资格。应当具备以下条件：正直诚实，品行良好；具有大专以上学历；从事征信工作3年以上或者从事金融、法律、会计、经济工作5年以上；具有履行职责所需的管理能力；熟悉与征信业务相关的法律法规和专业知识。提交下列材料：董事、监事和高级管理人员任职资格申请表；拟任职的董事、监事和高级管理人员的个人履历材料；拟任职的董事、监事和高级管理人员的学历证书复印件；拟任职的董事、监事和高级管理人员最近3年无重大违法违规记录的声明；拟任职的董事、监事和高级管理人员的个人信用报告。

企业征信机构的董事、监事、高级管理人员，应当由任职的征信机构自任命之日起20日内向所在地的中国人民银行省会（首府）城市中心支行以上分支机构备案，并提交下列材料：董事、监事、高级管理人员备案表；董事、监事、高级管理人员的个人履历材料；董事、监事、高级管理人员的学历证书复印件；董事、监事、高级管理人员的备案材料真实性声明。

企业征信机构的董事、监事、高级管理人员发生变更的，应当自变更之日起20日内向备案机构办理变更备案。

（三）《征信业务管理办法》

1. 信用信息采集。采集个人信用信息，应当采取合法、正当的方式，遵循最小、必要的原则，不得过度采集。不得以下列方式采集信用信息：欺骗、胁迫、诱导；向信息主体收费；从非法渠道采集；以其他侵害信息主体合法权益的方式。征信机构应当制定相关制度，对信息提供者的信息来源、信息质量、信息安全、信息主体授权等进行必要的审查。

征信机构经营个人征信业务，应当制订采集个人信用信息的方案，并就采集的数据项、信息来源、采集方式、信息主体合法权益保护制度等事项及其变化向中国人民银行报告。应当经信息主体本人同意，并且明确告知信息主体采集信用信息的目的。采集企业信用信息，应当基于合法的目的，不得侵犯商业秘密。

2. 信用信息整理、保存、加工。征信机构整理、保存、加工信用信息，应当遵循客观性原则，不得篡改原始信息。征信机构应当采取措施，提高征信系统信息的准确性，保障信息质量。征信机构在整理、保存、加工信用信息过程中发现信息错误的，如属于信息提供者报送错误的，应当及时通知信息提供者更正；如属于内部处理错误的，应当及时更正，并优化信用信息内部处理流程。征信机构应当对来自不同信息提供者的信息进行比对，发现信息不一致的，及时进行核查和处理。

征信机构采集的个人不良信息的保存期限，自不良行为或者事件终止之日起为5年。个人不良信息保存期限届满，征信机构应当将个人不良信息在对外服务和应用中删除；作为样本数据的，应当进行匿名化处理。

3. 信用信息提供、使用。征信机构对外提供征信产品和服务，应当遵循公平性原则，不得设置不合理的商业条件限制不同的信息使用者使用，不得利用优势地位提供歧视性或者排他性的产品和服务。征信机构应当采取适当的措施，对信息使用者的身份、业务资质、使用目的等进行必要的审查。

征信机构应当对信息使用者接入征信系统的网络和系统安全、合规性管理措施进行评估，对查询行为进行监测。发现安全隐患或者异常行为的，及时核查；发现违法违规行为的，停止提供服务。

信息使用者应当采取必要的措施，保障查询个人信用信息时取得信息主体的同意，并且按照约定用途使用个人信用信息。信息使用者使用征信机构提供的信用信息，应当基于合法、正当的目的，不得滥用信用信息。个人信息主体有权每年两次免费获取本人的信用报告，征信机构可以通过互联网查询、营业场所查询等多种方式为个人信息主体提供信用报告查询服务。征信机构不得以删除不良信息或者不采集不良信息为由，向信息主体收取费用。

4. 信用信息安全。征信机构应当落实网络安全等级保护制度，制定涉及业务活动和设备设施的安全管理制度，采取有效保护措施，保障征信系统的安全。征信机构应当保障征信系统运行设施设备、安全控制设施设备以及互联网应用程序的安全，做好征信系统日常运维管理，保障系统物理安全、通信网络安全、区域边界安全、计算环境安全、管理中心安全等，防范征信系统受到非法入侵和破坏。征信机构应当在人员录用、离岗、考核、安全教育、培训和外部人员访问管理等方面做好人员安全管理工作。征信机构应当严格限定公司内部查询和获取信用信息的工作人员的权限和范围。征信机构应当建立应急处置制度，在发生或者有可能发生信用信息泄露等事件时，立即采取必要措施降低危害，并及时向中国人民银行及其省会（首府）城市中心支行以上分支机构报告。

征信机构在中华人民共和国境内开展征信业务及其相关活动，采集的企业信用信息和个人信用信息应当存储在中华人民共和国境内。征信机构向境外信息使用者提供企业信用信息查询产品和服务，应当对信息使用者的身份、信用信息用途进行必要的审查，确保信用信息用于跨境贸易、投融资等合理用途，不得危害国家安全。

（四）其他法律制度中与征信有关的规定

我国与征信业有或多或少联系的相关法律规定非常多。关于信息主体权益保护的法律规范主要体现在《宪法》和《民法典》等相关法律的原则性规定中，有关征信业务的法律规范主要以地方性规章和部门规章为主。

1. 宪法中的相关规定。《中华人民共和国宪法》第三十八条规定："中华人民共和国公民的人格尊严不受侵犯。禁止用任何方法对公民进行侮辱、诽谤和诬告陷害。"本条的规定可以说是个人信息权利的直接来源，它虽然没有明确出现"隐私保护"的字眼，但是在实际意义上，通过对上述权利的保护，公民个人的隐私也间接得到保护。同理，《宪法》第三十九条、第四十条有关公民住宅权、通信自由和秘密权的规定也可以当作我国个人信息权利的直接宪法依据。

2. 其他法律中的相关规定。《中华人民共和国刑法修正案（七）》在个人信息保护方面具有重要意义。其第 7 条对泄露个人信息罪规定："国家机关或者金融、电信、交通、教育、医疗等单位的工作人员，违反国家规定，将本单位在履行职责或者提供服务过程中获得的公民个人信息，出售或者非法提供给他人，情节严重的，处三年以下有期徒刑或者拘役，并处或单处罚金。窃取或者以其他方法非法获取上述信息，情节严重的，依照前款的规定处罚。"

《商业银行法》第五条、第二十九条、第三十条、第五十三条等规定了商业银行对客户信息的保密义务。其中第五条规定："商业银行与客户的业务往来，应当遵循平等、自愿、公平和诚实信用的原则。"第二十九条规定："商业银行办理个人储蓄存款业务，应当遵循存款自愿、取款自由、存款有息、为存款人保密的原则。对个人储蓄存款，商业银行有权拒绝任何单位或者个人查询、冻结、扣划，但法律另有规定的除外。"第三十条规定："对单位存款，商业银行有权拒绝任何单位或者个人查询，但法律、行政法规另有规定的除外；有权拒绝任何单位或者个人冻结、扣划，但法律另有规定的除外。"第五十三条规定："商业银行的工作人员不得泄露其在任职期间知悉的国家秘密、商业秘密。"

除上述法律规定外，《公司法》《档案法》《统计法》《保守国家秘密法》《国家安全法》《消费者权益保护法》《产品质量法》《电信条例》等法律中也有部分条文涉及相关信息的披露、保密和安全等问题。

3. 行政法规的相关规定。涉及隐私保护、信息保密、查询、使用等规定在相应的行政法规中均有体现，不再赘述。值得一提的是，《政府信息公开条例》对政府信息公开和披露做了禁止性规定。行政机关公开政府信息，不得危及国家安全、公共安全、经济安全和社会稳定，不得公开涉及国家秘密、商业秘密、个人隐私的政府信息。

4. 国务院专项规划。2014 年 6 月，国务院印发《社会信用体系建设规划纲要（2014—2020 年）》（以下简称《纲要》），部署加快建设社会信用体系，构筑诚实守信的经济社会环境。

《纲要》提出了建设的目标：到 2020 年，社会信用基础性法律法规和标准体系基本建立，以信用信息资源共享为基础的覆盖全社会的征信系统基本建成，信用监管体制基本健全，信用服务市场体系比较完善，守信激励和失信惩戒机制全面发挥作用。

《纲要》提出加快推进信用信息系统建设和应用，建立自然人、法人和其他组织统一社会信用代码制度，推进行业间信用信息互联互通和地区内信用信息整合应用，形成全国范围内的信用信息交换共享机制。完善以奖惩制度为重点的社会信用体系运行机制，健全守信激励和失信惩戒机制，对守信主体实行优先办理、简化程序等"绿色通道"的激励政策，对失信主体采取行政监管性、市场性、行业性、社会性约束和惩戒，建立健全信用法律法规和标准体系，培育和规范信用服务市场，保护信用信息主体权益，强化信用信息安全管理。《纲要》的出台及贯彻实施为我国征信行业的发展注入了强大的推动力。

5. 部门规章的相关规定。《贷款通则》规定，贷款人受理借款人申请后，应对借款人的信用等级以及借款的流动性、安全性、盈利性等情况进行调查，核实抵押、质物、保证人情况，测定贷款人风险度。第二十六条对借款人的信用等级评估提出了要求，规定对借款人的信用等级评估可由贷款人独立进行，也可由有权部门批准的评估机构进行。

国家工商行政管理局制定并出台的《关于禁止侵犯商业秘密行为的若干规定（修正)》第2条、第3条、第4条、第7条对企业商业秘密的界定、范围、认定处理机构和惩罚措施等进行了规范。

除以上内容外，还有大量的行政法规及部门规章涉及征信行业，但主要是规范信用评级机构及业务活动。

【知识链接6-1】

我国社会信用制度建设面临的法规制度问题

1. 缺乏社会信用建设基本法。2013年出台的《征信业管理条例》主要规范包括金融信贷征信在内的征信方面相关内容，对信用体系建设其他方面，包括诚信建设总体要求、政务诚信、商务诚信、社会诚信和司法公信等四大领域诚信建设，以及信用奖惩机制建设等核心内容没有涉及。

2. 缺乏对公共信用信息统一管理的法规。目前各省对公共信用信息管理进行了有益探索，出台了《广东省企业信用信息公开条例》《陕西省公共信用信息管理条例》等地方性法规，辽宁、浙江、江苏、上海等地都出台了政府规章或规范性文件，各地对公共信用信息的定义及管理规则各不相同，出台的文件层级也有区别，而且缺乏公共信用信息的统一标准。国家已出台企业信用信息的标准，但只是推荐性标准。

3. 缺乏规范信用奖惩的规章制度，信用联合奖惩机制是社会信用体系运行机制的核心，只有形成了运行良好的守信激励与失信惩戒机制，整合社会信用体系，才能有效运转。由于各种原因，目前在各行业部门的管理规章制度中，缺乏信用约束方面的内容。

4. 缺乏对信用服务业进行统一管理的法规制度。除征信业外，还包括信用评级、资信调查等行业，缺乏全国统一的法规制度进行管理。

第三节　征信监管

一、征信监管概念

征信监管是指征信监督管理部门对征信机构实施监督管理，规范征信机构经营行为，保障征信活动各方的合法权益，是征信体系建设中一个重要组成部分。

征信监管体系包括相关法律法规行政监管以及行业自律等内容，主要是通过体系内各要素共同发挥作用，保证征信机构正常运营，规范发展，有效发挥征信市场主体作用。

二、监管机构

（一）国外监管机构

各个国家在不同法律体系、监管模式下形成了不同的监管主体架构。

1. 设立专门监管机构。一般由专门的信用信息保护监管当局作为征信业监管机构，如英国设立的信息委员会、泰国设立的信用信息保护委员会，也有部分国家是由中央银行履行监管职责。在我国，征信业监管机构是中国人民银行。

2. 多部门共同监管。如美国，其征信立法着重于保护信用消费者权益、明确政府管理部门职能并建立失信惩戒机制，这些内容分散在不同的法案中，因此美国政府并未设立专门的征信监管机构，而是多部门共同监管。根据法案授权，其信用法案的执行和监管机构可以分作银行系统和非银行系统两类。银行系统的执法机构包括财政部货币监理署、联邦储备系统和联邦储蓄保险公司，主要监管商业银行的信贷业务；非银行系统的执法机构包括联邦贸易委员会、国家信用联盟管理办公室、储蓄监督局等，主要监管征信和追账行为。

此外，美国《多德—弗兰克法案》加强了证券交易委员会对信用评级机构的监管，准许证券交易委员会在内部成立信用评级办公室，对全国认定的评级组织进行监管，赋予证券交易委员会规则制定权。同时，美国在联邦储备委员会内设立一个全新的、独立的联邦监管机构——消费者金融保护局，管理并执行针对消费者金融监管的联邦管理制度。

3. 建立行业自律组织。行业协会等行业自律组织更了解和熟悉本行业的技术情况及市场情况。发挥行业协会的作用，建立更具体更明细的行业运作规范，强化本行业自律，成为征信国家加强信用管理的普遍措施之一。美国征信机构行业组织主要有美国消费者数据产业协会（CDIA）、美国国家信用管理协会（NACM）、美国联合信用局（ACB）；欧洲征信机构行业组织有欧洲消费者信用信息提供商协会（ACCIS）；我国征信行业协会起步虽晚，但也出现了中国信用管理协会、上海市信用服务行业协会等组织。总体来看，行业协会在促进行业内部信息交流、建立行业自律机制、承担信用教育、开展从业人员资格认定等方面发挥了重要作用。

（二）我国监管机构

国务院规定我国征信业监督管理部门是中国人民银行。中国人民银行为履行征信监管职责，设置了征信管理局，职能主要包括：组织拟订征信业和信用评级业发展规划、法律法规制度及行业标准，推进社会信用体系建设；推动建立覆盖全社会的征信体系，承担征信市场准入及对外开放管理工作；监督管理征信系统及其接入机构相关征信行为，维护征信信息主体合法权益并加强个人征信信息保护。

三、监管内容

征信监管的内容主要包括征信机构管理、征信业务管理和从业人员管理。

（一）征信机构管理

征信业数据比较敏感，直接关乎企业商业、个人权益、金融机构的经营风险和金融体系安全，也容易侵犯企业商业秘密、个人隐私甚至国家机密，因此各国加强了对征信机构的准入监管。英国、俄罗斯、韩国、印度等国家的征信机构必须依法申请许可证或者登记注册。对经营个人征信业务的征信机构从严管理，对经营企业征信业务的机构相对宽松管理，是国际上的普遍趋势。如英国公平贸易办公室对征信机构许可证的发放设定了十条具体的行政许可审查条件。韩国金融监督委员会负责审核信用信息业的许可，并规定了获得经营许可的四个必要条件。

我国顺应国际监管趋势，对从事个人征信业务的机构实行严格的准入管理，即从事个人征信业务的机构需经过监管部门审批成立后方能从事征信活动；对从事企业征信业务的机构设立，不设置前置审批，只需要符合一般公司法条件即可成立，但应在规定期限内向监管部门备案。

《征信机构管理办法》规定，个人征信机构应当在每年第一季度末，向中国人民银行报告上一年度征信业务开展情况。企业征信机构应当在每年第一季度末，向备案机构报告上一年度征信业务开展情况。报告内容应当包括信用信息采集、征信产品开发、信用信息服务、异议处理、信用信息系统建设情况以及信息安全保障情况等。个人征信机构应当按规定向中国人民银行报送征信业务统计报表、财务会计报告、审计报告等资料。企业征信机构应当按规定向备案机构报送征信业务统计报表、财务会计报告、审计报告等资料。

征信机构有下列情形之一的，中国人民银行及其分支机构可以将其列为重点监管对象：（1）上一年度发生严重违法违规行为的；（2）出现可能发生信息泄露征兆的；（3）出现财务状况异常或者严重亏损的；（4）被大量投诉的；（5）未按规定报送相关材料的；（6）中国人民银行认为需要重点监管的其他情形。征信机构被列为重点监管对象的，中国人民银行及其分支机构可以酌情缩短征信机构报告征信业务开展情况、进行信用信息系统安全情况测评的周期，并采取相应的监管措施，督促征信机构整改。

中国人民银行及其分支机构可以根据监管需要，约谈征信机构董事、监事和高级管理人员，要求其就征信业务经营、风险控制、内部管理等有关重大事项作出说明。

（二）征信业务管理

征信业务的活动主要包含信用信息采集、整理、保存、加工，信用信息提供，信用信息披露和信用产品的使用以及信用信息安全等。《征信机构管理办法》对征信机构的监督管理表现在以下几个方面。

征信机构应当将下列事项向社会公开，接受社会监督：（1）采集的信用信息类别；（2）信用报告的基本格式内容；（3）异议处理流程；（4）中国人民银行认为需要公开的其他事项。个人征信机构应当每年对自身个人征信业务遵守《中华人民共和国个人信息保护法》《征信业管理条例》的情况进行合规审计，并将合规审计报告及时报告中国人民银行。

中国人民银行及其省会（首府）城市中心支行以上分支机构对征信机构的下列事项进行监督检查：（1）征信内控制度建设，包括各项制度和相关规程的齐备性、合规性和可操作性等；（2）征信业务合规经营情况，包括采集信用信息、对外提供和使用信用信息、与投诉处理、用户管理、其他事项合规性等；（3）征信系统安全情况，包括信息技术制度、安全管理、系统开发等；（4）与征信业务活动相关的其他事项。

信息提供者和信息使用者违反《征信业管理条例》规定，侵犯信息主体合法权益的，由中国人民银行及其省会（首府）城市中心支行以上分支机构依法对其检查和处理。

（三）从业人员管理

征信机构的从业人员应具备充分开展征信业所需的专业技能。我国《征信业管理条例》第八条规定："经营个人征信业务的征信机构的董事、监事和高级管理人员，应当熟悉与征信业务相关的法律法规，具有履行职责所需的征信业从业经验和管理能力，最近3年无重大违法违规记录，并取得国务院征信业监督管理部门核准的任职资格。"

四、监管措施

（一）违法行为的界定

美国在20世纪60~80年代逐步形成了完善的信用管理法律体系，《公平信用报告法》规定了消费者个人对资信报告的权利并规范了资信调查机构对信用报告的传播；《平等信用机会法》规定不得因种族、宗教信仰、年龄、性别等因素作出歧视性授信决定；《公平债务催收作业法》规范追账机构对非工商企业的自然债务人的追账实践；《诚实租借法》规定一切信用交易条款都必须向消费者公开，使其充分了解内容和效果，并可与其他信用条款比较；《公平结账法》保护消费者，反对信用卡公司和其他任何开放终端信用交易的授信方在事前向消费者提供不精确的解释和不公平的信用条款；《信用卡发行法》禁止信用卡机构不经本人许可即发卡以及规定了信用卡盗失所产生损失的最多负担额等；《电子资金转账法》规定对通过电子转账的收据、通知、定期对账、公开信息等的要求，给予收款人以安全保障，并包括惩罚条例。

我国《征信业管理条例》、《征信机构管理办法》和《征信业务管理办法》主要对征信机构、信息提供者、信息使用者、征信业监督管理部门等主体违法应承担的法律责任进行了界定，以约束其行为，提高其违法成本。

征信机构的违法行为主要包括：擅自设立经营个人征信业务的征信机构或者从事个人征信业务活动；经营企业征信业务的征信机构未按照要求办理备案；征信机构出现窃取或者以其他方式非法获取信息；采集法律法规禁止采集的个人信息或者未经同意采集个人信息；非法提供或者出售信息；因严重过失泄露信息；逾期不删除个人不良信息；未按规定对异议信息进行核查和处理；拒绝、阻碍征信业监督管理部门检查或者不如实提供有关文件、资料；违反法律法规规定的征信业务规则，侵害信息主体合法权益的其他行为；未按规定报送上一年度开展征信业务情况或在发生变更情形后未按规定报监管部门核准。

信息报送或查询机构的违法行为包括：违法提供或出售信息；因过失泄露信息；未经授权查询个人或者企业的信贷信息；未按照规定处理异议或者对确有错误、遗漏的信息不予更正；拒绝、阻碍征信业监督管理部门检查或者不如实提供有关文件、资料；提供非依法公开的个人不良信息，未事先告知信息主体本人；未按照与个人信息主体约定的用途使用个人信息或者未经个人信息主体同意向第三方提供个人信息的行为。

监管部门及派出机构工作人员的违法行为包括：滥用职权；玩忽职守；徇私舞弊；不依法履行监督管理职责；泄露国家秘密、信息主体信息。

（二）征信监管的处罚、惩戒措施

在美国，最重要的执法机关是联邦贸易委员会、联邦储备委员会、财政部。执法在形式上不同于对法院判决的执行，除罚款和勒令停业以外，惩罚一般先体现为政府行为，随后转为民间行为。政府执行机构的作用是向某一行业的全体成员公告被判定有不良信用记录的责任人及其处罚决定，让他们根据处罚通知一致拒绝同被处罚者进行交易。无论是企业还是纯粹个人的不讲信用行为，处罚基本上都是针对个人的。不良信用记录将在较长时间内不能被消除（如美国《公平信用报告法》规定消费者个人的不良信用记录允许保留 7 年）。这些不良信用记录对应地载入不讲信用责任人在信用局的消费者个人信用档案之中。信用档案是用这些人的个人社会安全卡号码、护照号码、指纹等主要个人身份证明进行检验的。有不良信用记录者在一定的时间内不能取得工商注册、银行贷款、个人信用卡等，如果构成商业欺诈，还要受到更严厉的处罚直至刑事制裁。

我国的《征信业管理条例》根据违法行为情节的轻重设置了行政责任、民事责任、刑事责任等三种追究方式，除了对单位的处罚有明细的规定外，对直接负责的主管人员和直接责任人也设定了处罚措施。

1. 《征信业管理条例》相关罚则。《征信业管理条例》对征信机构的罚则规定如下。第三十六条规定："未经国务院征信业监督管理部门批准，擅自设立经营个人征信业务的征信机构或者从事个人征信业务活动的，由国务院征信业监督管理部门予以取缔，没收违法所得，并处 5 万元以上 50 万元以下的罚款；构成犯罪的，依法追究刑事责任。"第三十七条规定："经营个人征信业务的征信机构违反本条例第九条规定的，由国务院征信业监督管理部门责令限期改正，对单位处 2 万元以上 20 万元以下的罚款；对直接负责的主管人员和其他直接责任人员给予警告，处 1 万元以下的罚款。经营企业征信业务的征信机构未按照本条例第十条规定办理备案的，由其所在地的国务院征信业监督管理部门派出机构责令限期改正；逾期不改正的，依照前款规定处罚。"第三十八条规定："征信机构、金融信用信息基础数据库运行机构违反本条例规定，有下列行为之一的，由国务院征信业监督管理部门或者其派出机构责令限期改正，对单位处 5 万元以上 50 万元以下的罚款；对直接负责的主管人员和其他直接责任人员处 1 万元以上 10 万元以下的罚款；有违法所得的，没收违法所得。给信息主体造成损失的，依法承担民事责任；构成犯罪的，依法追究刑事责任：（一）窃取或者以其他方式非法获取信息；（二）采集禁止采集的个人信息或者未经同意采集个人信息；（三）违法提供或者出售信息；（四）因过失泄露信息；（五）逾期不删除个人不良信息；（六）未按规定对异议信息进行核查和处理；（七）拒绝、阻碍国务院征信业监督管理部门或者其派出机构检查、调查或者不如实提供有关文件、资料；（八）违反本条例规定的征信业务规则，侵害信息主体合法权益的其他行为。"第三十九条规定："征信机构违反本条例规定，未按照规定报告其上一年度开展征信业务情况的，由国务院征信业监督管理部门或者其派出机构责令限期改正；逾期不改正的，对单位处 2 万元以上 10 万元以下的罚款；对直接负责的主管人员和其他直接责任人员给予警告，处 1 万元以下的罚款。"

《征信业管理条例》对向金融信用信息基础数据库提供或者查询信息的机构的罚则规定如下。第四十条规定："向金融信用信息基础数据库提供或者查询信息的机构违反本条例规定，有下列行为之一的，由国务院征信业监督管理部门或者其派出机构责令限期改正，对单位处 5 万元以上 50 万元以下的罚款；对直接负责的主管人员和其他直接责任人员处 1 万元以上 10 万元以下的罚款；有违法所得的，没收违法所得。给信息主体造成损失的，依法承担民事责任；构成犯罪的，依法追究刑事责任：（一）违法提供或者出售信息；（二）因过失泄露信息；（三）未经同意查询个人或者企业的信贷信息；（四）未按照规定处理异议或者对确有错误、遗漏的信息不予更正；（五）拒绝、阻碍国务院征信业监督管理部门或者派出机构检查、调查或者不如实提供有关文件、资料。"

《征信业管理条例》对信息提供者和信息使用者的罚则规定如下。第四十一条规定："信息提供者违反本条例规定，向征信机构、金融信用信息基础数据库提供非依法公开的个人不良信息，未事先告知信息主体本人，情节严重或者造成严重后果的，由国务院征信业监督管理部门或者其派出机构对单位处 2 万元以上 20 万元以下的罚款；对个人处 1 万元以上 5 万元以下的罚款。"第四十二条规定："信息使用者违反本条例规定，未按照与个人信息主体约定的用途使用个人信息或者未经个人信息主体同意向第三方提供个人信息，情节严重或者造成严重后果的，由国务院征信业监督管理部门或者其派出机构对单位处 2 万元以上 20 万元以下的罚款；对个人处 1 万元以上 5 万元以下的罚款；有违法所得的，没收违法所得。给信息主体造成损失的，依法承担民事责任；构成犯罪的，依法追究刑事责任。"

《征信业管理条例》对监管部门及其工作人员的罚则规定如下。第四十三条规定："国务院征信业监督管理部门及其派出机构的工作人员滥用职权、玩忽职守、徇私舞弊，不依法履行监督管理职责，或者泄露国家秘密、信息主体信息的，依法给予处分。给信息主体造成损失的，依法承担民事责任；构成犯罪的，依法追究刑事责任"。监管部门在行使职权的同时，也应承担相应的职责，通过法律制度约束行政机关行为，使其真正为公共利益服务，体现了依法行政的基本原则。

2. 《征信机构管理办法》相关罚则。《征信机构管理办法》对征信机构的罚则规定：第三十三条"申请设立个人征信机构的申请人隐瞒有关情况或者提供虚假材料的，中国人民银行依照《中华人民共和国行政许可法》的相关规定进行处罚"。第三十四条"个人征信机构的个人信用信息系统未达到国家信息安全保护等级二级或者二级以上要求的，中国人民银行可以责令整顿；情节严重或者拒不整顿的，中国人民银行依照《征信业管理条例》第三十八条的规定，吊销其个人征信业务经营许可证"。第三十五条"申请个人征信机构的董事、监事、高级管理人员任职资格的申请人隐瞒有关情况或者提供虚假材料的，中国人民银行不予受理或者不予核准其任职资格，并给予警告；已经核准的，取消其任职资格，禁止上述申请人 3 年内再次申请任职资格"。第三十六条"个人征信机构任命未取得任职资格董事、监事、高级管理人员的，由中国人民银行责令改正并给予警告；情节严重的，处 1 万元以上 3 万元以下罚款。企业征信机构任命董事、监事、高级管理人员未及时备案或者变更备案，以及在备案中提供虚假材料的，由中国人民银行分支机构责令改正并给予警告；情节严重的，处 1 万元以上 3 万元以下罚款"。第三十七条"征信机构违反本办法第二十九条、第三十条规定的，由中国人民银行及其分支机构责令改正；情节严重的，处 1 万元以上 3 万元以下罚款；涉嫌犯罪的，依法移交司法机关追究其刑事责任"。

3.《征信业务管理办法》相关罚则。第四十六条规定："违反本办法第四条规定，擅自从事个人征信业务的，由中国人民银行按照《征信业管理条例》第三十六条进行处罚；擅自从事企业征信业务的，由中国人民银行省会（首府）城市中心支行以上分支机构按照《征信业管理条例》第三十七条进行处罚。金融机构违反本办法第五条规定，与未取得合法征信业务资质的市场机构开展商业合作获取征信服务的，由中国人民银行及其分支机构责令改正，对单位处 3 万元以下罚款，对直接负责的主管人员处 1000 元以下罚款。"

第四十七条规定："征信机构违反本办法第八条、第十六条、第二十条、第二十七条、第三十二条规定的，由中国人民银行及其省会（首府）城市中心支行以上分支机构按照《征信业管理条例》第三十八条进行处罚。"

第四十八条规定："征信机构违反本办法第十四条、第二十一条、第三十一条、第三十四条、第三十九条、第四十二条规定的，由中国人民银行及其省会（首府）城市中心支行以上分支机构责令改正，没收违法所得，对单位处 3 万元以下罚款，对直接负责的主管人员处 1000 元以下罚款。法律、行政法规另有规定的，依照其规定。"

4.《个人信用信息基础数据库管理暂行办法》相关罚则。《个人信用信息基础数据库管理暂行办法》对商业银行（信息报送或查询机构）的罚则规定如下。第三十八条规定："商业银行未按照本办法规定建立相应管理制度及操作规程的，由中国人民银行责令改正，逾期不改正的，给予警告，并处以三万元罚款。"第三十九条规定："商业银行有下列情形之一的，由中国人民银行责令改正，并处一万元以上三万元以下罚款；涉嫌犯罪的，依法移交司法机关处理：（一）违反本办法规定，未准确、完整、及时地报送个人信用信息的；（二）违反本办法第七条规定的；（三）越权查询个人信用数据库的；

（四）将查询结果用于本办法规定之外的其他目的的；（五）违反异议处理规定的；（六）违反本办法安全管理要求的。"第四十条规定："商业银行有本办法第三十八条至第三十九条规定情形的，中国人民银行可以建议商业银行对直接负责的董事、高级管理人员和其他直接责任人员给予纪律处分；涉嫌犯罪的，依法移交司法机关处理。"

【知识链接 6-2】
国内征信处罚案例

一、基本情况

2018 年，人民银行资阳市中心支行对××银行资阳分行征信业务合规情况实施执法检查。综合执法检查中发现该行存在未经同意查询个人信息的违规事实：（1）查询在前，授权在后。查询用户×××分别于 2017 年 2 月 16 日查询唐某、3月 2 日和 3 月 3 日查询江某、4 月 1 日查询邱某、7 月 18 日查询卓某的个人信用报告，均是先于授权日期查询个人信用报告。（2）书面授权无效。查询用户×××2018 年 1 月 30 日查询李某（军字第 05271085）的个人信用报告、查询用户×××2017 年 12 月 15 日查询孟某（成字第 06-60570 号）的个人信用报告，授权书无对应证件号码。（3）身份证件失效。查询用户×××分别于 2017 年 5 月 31 日查询谢某、8 月 17 日查询张某、11 月 6 日查询曾某的个人信用报告，身份证件过期失效。

二、问题原因分析

本案例违规行为存在特殊性：现象（1）发生在信用卡申办审核环节，信用卡营销人员在指导客户填写办卡申请表时，不太重视客户签署时间这一项，信用报告查询人员在办理信用报告查询时，也只是审查了申请表要素的完整性，对客户签署的具体时间未作仔细审核，从而导致查询在前授权在后；现象（2）涉及军官证使用和留存的问题；现象（3）属于客户授权时点上，身份证处于过期失效状态。

本案例反映出该行对征信工作重视不够，有关业务操作监督不严，操作人员对查询授权申请资料审核不够仔细，责任心欠缺。

三、处罚情况

××银行资阳分行违规事实违反《征信业管理条例》第十八条的规定。针对此次执法检查中发现的问题，检查组责令该行加强对《征信业管理条例》等法规制度的学习并立即进行整改。依据《征信业管理条例》第四十条第（三）项的有关规定，人民银行资阳市中心支行对该行"未经同意查询个人信息"的行为，处以人民币 5 万元罚款。

资料来源：资阳市发展改革委。

第四节　行业自律管理

一、行业自律管理的必要性

我国征信行业在党的领导下、在国家的支持下有了长足的进步，通过人民银行备案的征信机构和评级机构总和已超过 200 家。为了能更好地顺应市场需求，满足用户需要，同时也是为了规范行业秩序，加强行业监管，客观上亟须行业自律监管组织的出现。

行业自律与政府监管是进行市场治理的两种制度安排，二者互为补充，可以分别从法治化的公序与组织化的私序两个层面规制市场微观主体的行为。具体地讲，政府主要依靠法律及依法执行的强制行政手段对市场作出约束，这个是法治的公序，行业自律主要依靠如行业协会等行业自律组织以及非强制性的引导对行业秩序进行维护，这也可以看成是组织化的私序。二者共同作用于市场，则可以有效弥补对方的不足，有助于实现更加良好的市场治理。

行业自律组织是由某一行业的交易主体（会员单位）组成、不以盈利为目的、服务于会员的中介组织，属于团体组织的一种，具有互益性、同类相聚性、民间性和非营利性等特点。行业协会是实现行业自律管理的重要载体，也可以成为治理市场的其他手段。

二、行业自律管理的主要手段

行业自律的权利一部分来源于外部的法律授权与政府的委托，而另一部分则来源于组织内各个会员间对自身权利的让渡。作为组织的私序，行业内的稳定、统一是十分重要的。行业自律的具体手段包括但不限于制定行业规范、制定行业标准与技术标准、行业准入、行业内争议的协调与解决、行业惩戒等。

（一）制定行业规范

对于绝大多数行业而言，制定行业规范来管理行业事务、约束成员行为、协调成员间的竞争关系，并借此维护行业秩序是行业自律发挥作用的最核心方式。行业自律被称为组织的私序也正是在于此，行业协会制定行业内的规则并通过各种方法加以落实的行为，事实上是在建立行业内的秩序。行业规则的表现形式不一而足，或为会员共同制定的章程协议，或为会员间的道德规范、行为素养，也可以表现为行业内公认的隐性条款、行规等。但核心的点是它们都是被会员所认可并自觉遵守的行为规范，在这之中协会章程和自律公约是较为重要的两种。

协会章程是一个行业自律组织的基本规范，也是所有会员行为的一个准则，同时也是行业规范的最高表现形式，一般只能通过全体会员大会或是会员代表大会制定。协会章程会对行业大致行为进行较为全面的统筹，一般用于规定行业协会的名称、性质、宗旨等基本事项，同时还有行业自律组织的职责范围、会员的权利与义务、会员的入退会程序、经费的管理与使用、经费来源的披露与公开等问题。

自律公约则是行业自律组织促进行业自律的重要依据，是行业成员道德规范与职业准则的一种，一般会针对成员的营业行为或执业资格作出规定。自律公约主要规范的是成员间的不正当竞争，强调成员间的信誉与社会责任。自律公约的作用更多体现在对社会成员的约束，但这并不是每个行业都会设立的，然而对于征信行业，自律公约的重要性不言而喻。

（二）制定行业标准与技术标准

制定行业标准与技术标准是行业自律组织的主要功能之一，同时也是促进行业自律的有效手段。行业标准主要规定了产品质量的标准内容，对行业内会员的生产与服务设置一定的门槛，其意并非是限制成员的发展扩大，而是对成员生产行为的一种变相规范。通过统一的标准对行业进行管理可以使得行业整体更具有专业性、科学性，并为消费者评判产品和服务提供了可靠的依据。同时行业标准、技术标准的制定与实施也可以使得成员主动地进步，对自身产品更新迭代，有利于保障产品质量、提升行业服务水平、提高整体竞争力、维护行业信誉，促进行业内规范发展、培育内生动力以及保障消费者权益。

各国对行业标准的制定往往十分谨慎，多数国家会选择将其上升为国家标准，并将其作为规制行业的重要手段。在英国，通过国家标准来管制行业已是最基本的手段。英国安防行业协会的重要工作便是保证各行业的高标准，严格要求其成员，其起草的行业标准和技术标准往往也被视作国家标准。

我国绝大多数行业只有国家标准，尽管法律为行业参与制定标准提供了渠道，但只有少数行业成员有资格参与其中。相对于行业自身决定的标准，国家标准更多地关注到了社会公共利益和不同行业间的协调合作。这有利于维护社会秩序，促进各行业间的交流发展，但也留下了行业成员被动遵守、相对积极性不高的问题。

（三）行业准入

行业准入，或称市场准入，是在法理上对市场主体进入市场作出的约束，指明了生产经营活动的条件和程序规则，宣布了对市场主体资格的态度，明确了禁止什么、限制什么、打击什么和鼓励什么，它是市场监督主体和参与主体对市场进行干预的起点。其严格程度直接影响市场主体进入市场的难易程度，影响经济效率活跃程度，甚至影响市场规模。因此，这其中的限制主体通常是国家，还包括行业协会等社会中介组织，少数时候包括部分行业的龙头企业等隐性主体。区别在于国家对市场的限定是法定的，行业协会的市场准入限制能从法理上寻得一定依据，而大企业的市场限制则是纯粹的反竞争、反改革的工具。

对于行业自律组织，也就是行业协会而言，市场准入制度是可以采取的一种行业管理手段，主要是从行业实际情况及维护行业整体利益出发，以行业标准和技术标准为主要依据，设置本行业市场进入门槛，规定入行标准，进而达到控制市场结构和市场份额、管理行业的目的。行业准入事实上是一种行业自律组织权利上的审批，行业协会可以拥有准入权限的原因在于其是行业内成员利益的集体代表，体现了公法人的主体资格。行业自律组织之所以有此权利，是因为消费者与执业者间的信息不对等，消费者对于管理者的信赖关系使得二者间出现代理关系。消费者一方面在先天上对执业者有着信任关系，另一方面管理者要防止交易过程中信息不对等造成的信用风险，两相比较下，实行一定的许可制度便是自然的要求。

（四）行业内争议的协调与解决

行业协调是指行业协会作为中介组织协调会员之间、会员与消费者之间以及会员与政府之间关系的一种职能。对行业内的争议进行协调与解决是行业自律组织对有关与组织内部事务或行业事务进行仲裁决定或调解的一种方式，同时也是促进行业自律的一种常用方式。争端解决规则是指行业协会对于行业事务或者内部事务进行调解和仲裁的权力。

通常来讲需要协调与解决的事项包括：成员企业间在经营活动中产生的争议、行业成员与外部人在从业经营中产生的纠纷、不同行业的组织就利益相关的部分产生的争议等。这些问题有些需要依靠法律进行裁定，而有些则不至于，行业组织正是通过对后者的协调、仲裁行为来达到维护行业自律的目的的。同时，因为行业组织更加清楚本行业的规则与状况，同时行业内裁决是在内部决定的，也有利于保护双方的商业秘密与隐私，因此在某些时候，行业内部协调解决比起直接动用法律更加有利于行业发展。

（五）行业惩戒

行业惩戒是指为维护行业秩序，保障协会运作，对违规成员施以一定的惩罚手段以及惩罚程序。行业协会想要协会成员服从管理，遵守行业规章制度，就必须构建相应的惩戒机制作为补充手段。惩戒机制对于行业协会的有效运作是至关重要的。行业协会的自律惩戒机制应包含惩戒机制和救助机制这两个相互联系的组成部分。其中惩戒机制是关于违规会员的惩罚种类、惩罚手段以及惩罚程序的规则，救济机制是关于救济途径、救济方式以及救济程序的规则。

三、主要征信行业自律组织介绍

（一）国外征信行业自律组织

1. 美国征信机构的行业自律组织。美国征信局协会（CDIA）：美国征信局协会的前身为美国信用局协会。作为全球性的征信行业组织，CDIA 的主要身份是为征信公司提供代理。被代理的公司包括提供防欺诈、风险管理、信用和抵押报告、租赁和雇员筛选、欺诈调查以及账务催收等服务的各类征信机构。该协会承担着为征信业确立标准、为会员提供商业和职业培训的职能，同时也为消费者普及有关信用权益保护的知识，发挥征信机构和消费者征信需求的桥梁作用。CDIA 的会员包括美国的征信机构、按揭报告公司、账款催收服务公司、资信调查公司、租赁人筛选和雇员报告公司在内的约 300 家公司。CDIA 的使命是及时反馈消费者对征信行业的需求，从而帮助其会员提供更高品质的征信服务。

美国国家信用管理协会（NACM）：美国国家信用管理协会成立于 1896 年，是美国规模最大、历史最悠久的信用管理行业的民间组织，采用会员制的运作方式，拥有美国和海外会员 2800 家。协会致力于游说政府，在国会为从业者争取权益，参与修改影响信用和金融的法律。NACM 旨在为促进稳健的信贷、保护授信人免受欺诈、便利信贷信息的交换、建立良好的职业操守等方面提供优质的法律服务，主要会员有信贷提供商、金融机构和其他各类金融服务公司。同时，NACM 也是主要的征信知识、培训课程和信息的提供商，通过与其会员间的交流和合作，共同推动信用管理行业的全面、快速发展。

美国联合信用局（ACB）：ACB 的前身是全国零售商信用行业协会，于 1906 年建立，初期只有 6 家小型征信公司参加，如今 ACB 已成为美国唯一的消费者信用报告行业协会，它提供培训和颁发行业从业执照。美国金融行业协会在征信业中非常活跃。美国银行公会、美国金融服务业协会等组织设立了信用研究机构，提高从业人员的信用管理水平，为银行从业人员提供培训机会，举办全国性的消费者信用管理会议等。

2. 欧洲征信机构的行业自律组织。欧洲征信机构的行业组织是欧洲征信协会（ACCIS），该协会于 1990 年 10 月在爱尔兰首都都柏林成立，总部位于比利时。2012 年 4 月 17 日，中国人民银行征信中心以准会员身份加入 ACCIS。ACCIS 的宗旨是为其会员在欧洲和该地区之外的发展，建立行业健康发展的法律环境，其主要职能包括：代表、改进和保护其会员的共同利益；在同国会和政府的交往中为本行业会员争取利益；加强行业间的沟通和交流，服务于行业整体利益；及时通知会员所关注的信息；协调各会员间的关系和利益；代表会员参加世界范围内的其他行业活动。

3. 亚洲征信机构的行业自律组织。亚洲征信机构的行业组织是亚太—中东商业信息协会（BIIA）。BIIA 于 2005 年 6 月成立于中国香港。作为亚洲地区一个重要的信息业协会，BIIA 致力于为其会员提供一个团结协作的平台，共同面对本地区商业信息行业发展中的挑战。BIIA 也作为一个中立、开放的对话平台，专供用户、政府、监管层共同讨论商业决策制定和商业信息使用等，讨论和解决有关最佳实践的共同议题，展示信息对用户和一国经济的价值。BIIA 引导其会员单位严格遵守行业准则。商业信息公司作为 BIIA 的成员，必须中立地提供商业信息。它们提供的有关公司和商业的信息，可协助行业、保险公司、贸易公司和信贷部门进行财务、经济和商业活动的决策。在处理商业信息的过程中，BIIA 的会员必须高度重视保护信息主体的合法权益，所有信息的收集和使用必须严格遵守相关的数据保护和隐私权益的法律，尤其是必须采取合适的措施，确保这些数据信息准确、及时。鉴于最新和及时的商业信息有助于为信息使用者展现信息主体真实和准确的整体情况，BIIA 也要求其会员尊重信息来源的机密性，必须采取切实有效的措施保护个人信息，使其免受未授权的肆意更改、披露和非法使用。BIIA 要求其会员严格遵守该行业的透明化原则，更正、压缩或删除错误或不相关的信息，必须是在信息主体完成所有必要的双核实后，在能确保信息准确的情况下作出的。所有能遵守该协会要求的会员单位名称后面都有 BIIA 的标志。

（二）我国的征信业自律组织

中国信息协会信用信息服务专业委员会，简称专委会，是 2005 年 9 月经民政部批准设立并登记备案的中国信息协会所属专业化市场中介分支机构。专委会在国家发展和改革委员会与中国信息协会的管理与监督下开展工作。专委会由从事信用信息和信用管理咨询服务的机构、相关企事业单位、相关专业人士及研究人员自愿组成。

专委会的宗旨是遵循国家的法律和政策，发挥中介、沟通、咨询、服务职能，团结业界机构和有关人士，推动信用信息服务业规范健康发展，促进信用体系建设和全社会信用环境的形成，促进社会主义市场经济体制的完善。其主要的工作职能是：围绕信用体系建设发挥中介、服务功能，搭建政府与企业联系的平台，反映企业诉求，组织专业培训，研讨行业发展规划和战略策略，提出有关的立法建议，开展咨询服务与国内外交流，加强行业自律，促进信用服务业健康发展。组织结构上，专委会内最高权力机构为会员代表大会。会员代表大会每 5 年召开一次，选举产生理事，组成理事会。会员代表大会须有 2/3 以上的代表出席方能召开，其决议须经到会全体代表半数以上通过方能生效。因特殊情况需提前或延期召开的，须由常务理事会通过，并报中国信息协会批准。此外，会员代表大会下设理事会、常务理事会、会长办公会和秘书处，确保在两次大会召开期间的组织日常事务的处理。

【知识链接 6 - 3】

国际征信行业自律组织发展模式

一、美国：自我管理为主、行政监管为辅

美国无专门征信市场监管机构，美联储、联邦贸易委员会、金融消费者权益保护局等在各自部门行使管理职能。上百年的征信业发展历程使得其在数据收集、信用报告制作和信息使用等方面都建立了相应的自律组织，并构建了成熟的行业标准和行业准则，形成了以完善的法律法规为基础、自我管理为主、行政监管为辅的监管模式。自律组织积极发挥协调作用，有效地促进了征信行业健康快速发展。

二、日本：会员制模式的自律体系

日本实行行业协会会员制模式，将行业准则上升到法律层面，以行业协会为平台发挥自律管理职能。会员向协会信息中心义务提供自身掌握的信用信息，协会中心也仅限于向会员提供信用信息查询服务。政府在监管中定位为咨询，提供客观、公正、有序的市场环境，而行业协会则被定位为行业主要监督者、协调者，维持征信市场正常运转。日本形成会员制征信体系监管模式，主要是因为其行业协会在国民经济中具有较大影响力，自律管理程度高。

三、欧洲：民营征信行业协会实现行业自律

欧洲多数国家（这里以德国为例）采用混合型模式，即公共模式、市场模式及会员模式并存，其中会员模式在征信市场管理中发挥重要作用。这一方面有利于会员之间实现信用信息共享与互换，另一方面也可以监督管理各成员单位在信息平台的信息提供、披露等行为。最具代表性的是通信信用保险保护协会，即德国规模最大的民营征信机构夏华（Schufa），也是唯一一家信用评鉴及保护机构，几乎吸纳了该国所有的金融机构。其95%的数据来自各会员，5%的数据来自法院、邮局等公共机构。协会建立了面向会员的信息共享平台，同时负责监督管理各会员在信息平台的信息提供、披露等行为。作为会员，同时也是信息提供方，金融机构将消费者负面信用信息数据传送至协会信用信息数据库，该数据库为会员提供个人和企业信用信息，实现信用信息征集、使用及共享。

【本章要点】

1. 征信法律法规体系是由若干部与征信相关的法律法规组成的整体。我国征信业起步较晚，尚未形成完善的征信法律制度体系。因此，加快征信法制建设，构建我国征信业发展的制度基础，是当前我国征信业发展面临的主要任务。

2. 《征信业管理条例》的出台，解决了征信业发展中无法可依的问题，有利于加强对征信市场的管理，规范征信机构、信息提供者和信息使用者的行为，保护信息主体权益；有利于发挥市场机制的作用，推进社会信用体系建设。

3. 《征信机构管理办法》以规范征信机构设立、变更和终止为主线，以征信机构公司治理、风险防控和信息安全为管理重点，对征信机构管理进行了具体的制度设计。在促进征信机构规范运行、保护信息主体合法权益等方面发挥重要作用。《征信业务管理办法》以信用信息的采集、整理、保存、加工、提供、信息安全等全流程合规管理为主线，明确了信用信息的定义及征信管理的边界，将原先游离于监管之外的新兴征信活动纳入法治监管的轨道。

4. 征信监管对规范征信机构经营行为，保障征信活动各方的合法利益，维护征信市场的正常秩序，促进征信市场健康稳定发展具有重要的现实意义。征信监管的内容主要包括征信机构管理、征信业务管理、从业人员管理。

5. 行业自律有助于实现更加良好的市场治理。行业协会是实现行业自律管理的重要载体。行业自律主要通过行业规范、行业协调、行业惩戒等方式进行，具体的手段包括但不限于制定行业规范、制定行业标准与技术准入、行业准入、行业内争议的协调与解决、行业惩戒等。

【重要概念】

征信法律　征信立法　个人数据　数据保护　公平信用　信息主体　征信监管

征信机构管理 征信业务管理 从业人员管理 行业自律

【延伸阅读】

1. 有关征信业的具体管理规范，请阅读学习《征信业管理条例》。
2. 孙志伟. 国际信用体系比较［M］. 北京：中国金融出版社，2014.
3. 中国人民银行征信管理局. 现代征信学［M］. 北京：中国金融出版社，2015.

【思考题】

1. 简述主要经济发达国家征信立法的基本情况。
2. 世界各国征信法规主要涉及哪些方面的内容？
3. 简述我国征信立法的基本情况。
4. 为什么说《征信业管理条例》的出台具有重要的现实意义？
5. 概括《征信业管理条例》的主要内容。
6. 概括《征信机构管理办法》的主要内容。
7. 概括《征信业务管理办法》的主要内容。
8. 征信监管机构有哪些类型？
9. 征信监管的内容和措施有哪些？
10. 行业自律的方式和手段有哪些？

第七章

信息主体权益保护

【学习目标】

1. 理解征信信息主体合法权益所包含的内容。
2. 掌握征信侵权的种类、特点及法律保护。
3. 了解征信投诉的相关知识及征信投诉处理流程。
4. 了解征信异议的相关知识及征信异议处理流程。
5. 掌握对征信信息主体侵权救济的途径。

第一节 信息主体的合法权益与法律保护

一、信息主体的合法权益

在征信活动中，信息主体的合法权益包括隐私权、知情权、异议权以及救济权。

（一）隐私权

隐私权是指信息主体享有的私人信息秘密依法受到保护，不被他人非法侵扰、知悉、收集、利用和公开的一种人格权。在征信活动中，信息主体的私人信息包括个人基本信息、个人信贷交易信息以及反映个人信用状况的其他信息。个人基本信息是指自然人身份识别信息、职业和居住地址等信息；个人信贷交易信息是指自然人在个人贷款、贷记卡、准贷记卡、担保等信用活动中形成的交易记录；反映个人信用状况的其他信息是指除信贷交易信息之外的反映个人信用状况的相关信息。

（二）知情权

知情权是指信息主体了解和知晓征集、储存、使用自己信用信息的征信机构，信用信息的内容、性质、使用目的和征信产品使用者情况的权利，以及在自己办理信贷申请被拒绝时，知悉被拒绝的理由以及相关机构的名称、地址、联系方式和救济方式的权利。征信中的知情权有两层含义：一是向征信机构报送个人客户信用信息的金融机构应当有告知信息主体的义务；二是信息主体应当有权向征信机构查询本人的信用报告，征信机构不得以不合时宜的理由拒绝。我国《征信业管理条例》第十七条规定："信息主体可以向征信机构查询自身信息。个人信息主体有权每年两次免费获取本人的信用报告。"信息主体对信用报告的知情权非常重要：一是增强对信用报告体系的信心；二是可以发现信用报告中的错误；三是发现信用报告的不当使用；四是有助于在出现征信侵权时及时维护自己的合法权益。

（三）异议权

异议权是知情权的延伸。信息主体认为自己的信用信息过时、错误或者不完整时，有权向征信机构提出异议，并要求征信机构重新进行调查，将其信用信息补充完整，对错误的信息进行更正，删除过时的信用信息。信息的准确性对于信息主体来说至关重要，因此，《征信业管理条例》第二十五条对信息主体的异议权作出了明确的规定："信息主体认为征信机构采集、保存、提供的信息存在错误、遗漏的，有权向征信机构或者信息提供者提出异议，要求更正。征信机构或者信息提供者收到异议，应当按照国务院征信业监督管理部门的规定对相关信息作出存在异议的标注，自收到异议之日起20日内进行核查和处理，并将结果书面答复异议人。经核查，确认相关信息确有错误、遗漏的，信息提供者、征信机构应当予以更正；确认不存在错误、遗漏的，应当取消异议标注；经核查仍不能确认的，对核查情况和异议内容应当予以记载。"

（四）救济权

救济权包括行政救济和司法救济两种方式。行政救济是指信息主体认为征信机构或金融机构侵犯了其合法权益时，可以在提起诉讼之前向征信监管部门投诉，获得行政救济。例如，美国的《隐私权法》对信息主体的更正权作出明确规定，信息主体认为自己的记录不正确、不完全或者不及时，可以请求制作记录的机关予以修改或者完全删除。当征信机构拒绝修改时，必须说明理由，并指明接受投诉的监管机关；如果监管机关也作出拒绝修改的决定，应该通知请求人可以向行政机关提交一个关于为什么不同意行政机关记录的书面说明，同时通知请求人可以申请司法审查。我国《征信业管理条例》第二十六条规定："信息主体认为征信机构或者信息提供者、信息使用者侵害其合法权益的，可以向所在地的国务院征信业监督管理部门派出机构投诉。受理投诉的机构应当及时进行核查和处理，自受理之日起30日内书面答复投诉人。信息主体认为征信机构或者信息提供者、信息使用者侵害其合法权益的，可以直接向人民法院起诉。"

二、征信侵权的种类与特点

征信侵权是指征信活动涉及的参与者以及相关者，因其主动故意或疏忽过失导致个人征信记录错误、遗漏等一系列侵害信息主体信用权益的行为。

（一）征信侵权的种类

我国现阶段征信活动中存在的征信侵权行为大致可分为以下五种类型。

1. 信用报告记录的信息与实际情况不符。信用报告记录的信息与实际情况不符的情况是常见的征信侵权行为之一。根据征信业监督管理部门的反映，信用信息不对称引发的征信投诉是最容易产生的征信投诉之一。引发此类投诉的主要原因是信息提供者或者有关机构在信息录入环节存在问题，录入数据不准确，最终导致信用报告中记载的信息与实际信息不符。具体可分为两种情况：一是数据报送机构、征信机构错报和漏报及技术原因导致信用信息不准确；二是数据报送机构、征信机构数据处理不及时导致信用信息更新迟滞。

【侵权案例 7-1】

信用报告记录的信息与实际情况不符

2018 年 10 月，王某到人民银行某县支行查询个人信用报告时发现上面出现了三笔"从天而降"的贷款。这三笔贷款中两笔是商业贷款并已有 15 个月逾期，另一笔是某网商银行股份有限公司发放的贷款，处于长期逾期状态。王某对这三笔贷款均不知情。

在发现问题后，王某立刻向当地人民银行申请异议处理。接到申请后，当地人民银行按照业务办理程序向征信中心提交异议，由征信中心联系贷款机构核查事实。据人民银行某县支行调查，这三笔贷款系王某因合伙创业需要，向合伙人 A 提供了个人信息，A 利用这些信息在王某不知情的情况下冒名办理了贷款所致。

经核查，三笔贷款确非王某本人办理，王某征信报告上三笔贷款记录包括逾期记录得以删除。按照相关规定要求，人民银行某县支行于王某提出异议申请 20 个自然日内，将核查结果反馈至王某，并通知其及时领取异议回复函。

资料来源：腾讯新闻. 天降 1200 万元贷款，起底浦发银行违规放贷事件 [EB/OL].（2020-07-29）[2022-05-23]. https://new.qq.com/rain/a/20200729A03M3H00.html.

通过上述例子，我们不难看出，由于他人的"冒名"，信息主体的信用报告中出现了不应该出现的"逾期"记录。由此可见，在数字化时代，要谨慎保护个人隐私，不要随意将个人信息提供给其他人。个人要定期查询征信报告，当发现信息错误或者与实际情况不符时，要及时到当地人民银行或相关金融机构提出异议申请，争取早日修复信用记录，避免造成不良影响。

2. 非法采集信息主体的信用信息。非法采集信息主体的信用信息是指征信机构或信息提供者在未取得信息主体本人同意的情况下，擅自采集信息主体相关信息或采集《征信业管理条例》明令禁止采集的信息的行为。《征信业管理条例》第十三条规定："采集个人信息应当经信息主体本人同意，未经本人同意不得采集。但是，依照法律、行政法规规定公开的信息除外。企业的董事、监事、高级管理人员与其履行职务相关的信息，不作为个人信息。"第十四条规定："禁止征信机构采集个人的宗教信仰、基因、指纹、血型、疾病和病史信息以及法律、行政法规规定禁止采集的其他个人信息。征信机构不得采集个人的收入、存款、有价证券、商业保险、不动产的信息和纳税数额信息。但是，征信机构明确告知信息主体提供该信息可能产生的不利后果，并取得其书面同意的除外。"第十五条规定："信息提供者向征信机构提供个人不良信息，应当事先告知信息主体本人。但是，依照法律、行政法规规定公开的不良信息除外。"根据上述规定，任何在未经信息主体本人同意的情况下采集信息主体相关信息以及采集法律法规明令禁止的信息均可认定为违法行为，除非是法律法规规定应当公开的信息。

此类侵权行为具体可细分为以下三种情况：一是数据报送机构、征信机构未取得信息主体的授权，采集其个人信息；二是数据报送机构、征信机构采集法律法规明确规定禁止采集的信息，或者采集的信息不属于合同约定范围之内；三是数据报送机构、征信机构采集个人不良信息时，未事先告知信息主体。

> **【侵权案例 7 - 2】**
> ### 非法采集信息主体的信用信息
>
> 在长沙市公安局通报的湖南强赍信用管理有限公司（以下简称强赍信用）案件中，强赍信用累计非法获取公民信息达 200 余万条，用于催收金融机构债务。在业内人士看来，个人隐私泄露危害重重，除了用户自身提高警惕外，收集信息的机构主体也应合规使用用户信息。
>
> 经查，强赍信用主要承接银行、信贷等金融机构不良资产管理及信用卡催收业务服务。为提高催收成功率、提升业绩而获利，在银行提供的个人信息无法联系或者催收对象还款意愿不强的情况下，强赍信用通过网络黑灰产业渠道大量购买公民个人信息。
>
> 据统计，强赍信用月均购买公民信息达 10 万余条，累计获取公民信息达 200 余万条，购买的信息里含有大量公民个人信息，如户籍、家庭成员、个人公积金、家庭住址等。公安机关对涉嫌侵犯公民个人信息罪的 161 名犯罪嫌疑人采取刑事强制措施。
>
> 资料来源：岳品瑜，廖蒙．非法获取公民资讯达 200 余万条："强赍信用"公司 177 人被捕 [EB/OL]．（2021 - 12 - 10）[2022 - 05 - 23]．http：//big5.china.com.cn/gate/big5/tech.china.com.cn/pa/20211210/383323.shtml.

3. 非法向第三方提供信用信息、信用报告。非法向第三方提供信用信息、信用报告是指信息使用者在未取得信息主体本人同意的情况下，擅自将其相关信息或信用报告提供给第三方的行为。

《征信业管理条例》第二十条规定："信息使用者应当按照与个人信息主体约定的用途使用个人信息，不得用作约定以外的用途，不得未经个人信息主体同意向第三方提供。"近年来，随着我国征信行业的日趋成熟，个人信用信息的价值不断提高，人们对于个人信用信息的保护也越来越重视。尽管如此，买卖个人信息的现象仍时有发生。一些不法分子在利益的驱动下，通过互联网、银行、证券等渠道非法向他人提供个人信息。

【侵权案例7-3】

非法向第三方提供信用信息、信用报告

在本溪市平山区人民法院的一份刑事判决书中，本溪银行一职工李某因犯侵犯公民个人信息罪，被判处有期徒刑3年，缓刑3年，并处罚金人民币10万元。

判决书显示，被告人李某于2019年9月至2020年12月期间，通过网络认识"妮子"，"妮子"提供他人的身份信息，由李某在本溪银行普惠金融部，利用职务便利，伪造袁某、林某等人在本溪银行办理业务的事实，查询公民个人征信报告，并将查询后的征信报告以每份300元至350元的价格出售给"妮子"，累计出售个人征信报告915份，非法获利人民币232250元。

公诉机关认为，李某违反国家有关规定，利用职务便利，向他人出售公民个人信息，情节特别严重，应当以侵犯公民个人信息罪追究刑事责任。

资料来源：市场资讯. 本溪银行一员工卖征信报告915份，获刑3年！［EB/OL］.（2022-03-23）［2022-05-23］. https：//finance. sina. cn/app/article/？d = mcwipii0076483&finpagefr = p_ 104_ s.

4. 非法查询信息主体的信用报告。非法查询信息主体的信用报告是指从事征信业务的企业或个人在未取得信息主体书面授权的情况，擅自查询信息主体信用报告的行为。《征信业管理条例》第十八条规定："向征信机构查询个人信息的，应当取得信息主体本人的书面同意并约定用途。"根据上述规定，在未经信息主体许可的情况下，擅自查询信息主体信用报告的行为也属于征信侵权行为。

上述征信侵权行为多发于银行业金融机构和征信机构。虽然我国金融监管部门和从业者在个人信息保护方面制定了相关规定和制度，但依然存在内控制度和管理办法不完善的情况。在此情况下，一些机构在查询信息主体的信用报告时倾向于"钻漏洞"，或者根本不按照内控制度或管理办法进行信用报告的查询，从而导致在未取得信息主体书面授权的前提下就查询其信用报告的情况发生。

【侵权案例7-4】

非法查询信息主体的信用报告

湖南省永州市冷水滩区人民法院经审理查明，2015年12月至2016年3月期间，崔某利用在中国建设银行股份有限公司永州市分行担任外包人员的职务之便，私自利用管理人员陈某的征信查询用户和密码，查询他人信用报告3678笔，并将查到的客户信息以10元/份的价格通过吕某卖给广东一名经营小额贷款公司的男子，然后再将非法查询的个人征信信息以Word文档的形式通过QQ邮箱发给该男子，崔某由此非法获利36780元。

吕某在本案中，帮助经营小额贷款公司的男子联系到崔某，协助该男子与崔某商谈公民信息的交易价格。每次崔某出售公民信息给该男子后，该男子都是将款项转给吕某，吕某再通过微信转账给崔某，吕某从中收取一定佣金。

法院认为，崔某、吕某非法向他人出售公民个人信息，情节特别严重，已构成侵犯公民个人信息罪。最终，法院判处崔某有期徒刑3年，缓刑3年，并处罚金人民币37000元；吕某犯侵犯公民个人信息罪，判处有期徒刑2年，缓刑2年，并处罚金人民币3600元。

资料来源：周宇翔. 10元一条，卖了3600多条！银行外包人员倒卖用户征信报告给小贷公司，法院判决来了［EB/OL］.（2020－10－06）［2022－05－23］. https：//www. sohu. com/a/422847391＿115362.

5. 非法使用信息主体的信用信息。非法使用信息主体的信用信息是指信息使用者在未取得信息主体本人同意或未按照约定用途使用其信用信息的行为。针对上述行为，我国法律法规也进行了规定，并明令禁止。如《征信业管理条例》第二十条规定："信息使用者应当按照与个人信息主体约定的用途使用个人信息，不得用作约定以外的用途。"

此类征信侵权行为最为典型的一种就是部分银行员工利用手中掌握的大量客户信息，在客户不知情的情况下为其办理信用卡开卡业务，严重侵犯了客户的隐私，并对客户造成了一定的经济损失。

【侵权案例7－5】

非法使用信息主体的信用信息

2012年7月12日，北京市西城公安分局接到一家银行信用卡部的报警，有人在该行ATM大量取现，行为可疑。警方侦查发现，犯罪嫌疑人余某以前曾在银行从事过办理信用卡的工作，私自存留了大量办卡人的信息。2010年以来，他以每条50元的价格，向该银行多名急于完成发卡任务的员工兜售个人信息。这些银行员工在获取办卡信息后，在客户不知情的情况下私自办理了900余张信用卡。余某将这些卡出售或者转送朋友，使这些信用卡流向社会，其中96张信用卡已产生恶意透支，涉案金额达210余万元。有关部门已经对恶意透支的款项进行了追缴。警方介绍，另外一部分卡虽未产生恶意透支，但冒用人每月都在使用这些信用卡。

资料来源：侯莎莎. 北京11名银行职员收买个人信息涉罪［EB. OL］.（2012－09－28）［2022－05－23］. http：//news. cntv. cn/law/20120928/100449. shtml.

（二）征信侵权的特点

现阶段，我国征信侵权行为主要包含以下五个特点。一是侵权行为最主要的表现形式是披露的信用信息不准确，包括错误和迟延。二是侵权行为可能发生在数据收集、保存、加工、披露以及使用的各个环节。三是侵权主体包括数据报送机构、征信机构和数据使用机构以及其他社会组织和个人。商业银行具有最主要的数据报送机构和使用机构的双重角色，其侵权问题在当前最为突出。四是征信活动中的侵权行为不仅会损害信息主体的人格利益，更重要的是会损害信息主体可以预期的社会经济利益，主要是获取信贷和商业交易的机会利益，后者往往是引起矛盾激化的最主要的原因。五是征信机构的异议处理效能不高，对于维护信息主体正当权益的作用有限。

三、信息主体合法权益的保护

（一）国外征信权益保护基本情况

征信维权对于信息主体来说，不仅仅是保护自身合法权益不受侵害，更是反映出一个国家征信体系的不断完善与进步。目前，发达国家征信领域金融消费者权益保护主要呈现以下三个特点。

1. 征信法制健全。2007年美国次贷危机后，发达国家不断完善金融消费者保护法律体系，加强对于金融消费者权益的保护。各国均在银行法、保险法等金融监管法律之外，制定了专门的金融消费者保护法，如英国的《消费信贷法》和《金融服务与市场法》、加拿大的《金融消费者保护局法》、日本的《消费者合同法》和《金融商品交易法》等。在美国，与金融消费者保护制度相关的法律有25部之多，如《多德—弗兰克华尔街改革与消费者保护法》、规范征信业务活动的《公平信用报告法》等。

【知识链接7-1】

各国征信领域金融消费者权益保护立法形式

世界各国征信领域金融消费者权益保护的立法形式主要包括专门立法和分散立法（见表7-1）。

表7-1　　　　　各国征信金融消费者权益保护立法情况对比

国家	立法形式	法律法规	监管模式	监管机构	准入监管
美国	专门立法	《公平信用报告法》	多部门	美联储、金融消费者保护局、联邦贸易委员会	无
英国	分散式立法	《消费信贷法》《数据保护法》	多部门	信息专员署、公平交易署	有
德国	分散式立法	《德国联邦数据保护法》《银行法》	多部门	德意志联邦银行、联邦数据保护管理局、地方性数据保护局	无
日本	分散式立法	《个人信息保护法》	多部门	各领域主管部门、地方公共部门	无
韩国	专门立法	《信用信息使用及保护法》	单一部门	金融监督委员会	有
印度	专门立法	《信用信息公司法》	单一部门	印度储备银行	有

一、专门立法

专门立法是指制定专门的征信法律规范征信活动，保障信息主体权益。例如，美国以及新兴市场国家大多采用专门立法的形式，专门立法主要包括征信业务规则、征信机构的设立和管理、信息主体权益保护等内容。有的国家专门立法也包括企业征信业务的规范，如俄罗斯、韩国等。在美国，除了《公平信用报告法》外，联邦贸易委员会、美联储等部门制定了针对某些条款的实施条例以及与条例配套的操作指引，规范征信机构、报数机构、查询用户的行为，使得法律要求易于操作和落实。美联储制定并于2010年7月1日生效的《最终规定：提高征信信息报送机构信息准确性和完整性的有关措施》和《个人征信信息报送方指引》，要求报告机构制定保障报告信息准确性和完整性的合理政策和程序。2008年国际金融危机以后，《多德—弗兰克华尔街改革与消费者保护法》将全国性消费者信用报告机构纳入该法管理，并对全国性消费者信用报告机构进行牌照管理的研究。在消费者信息披露方面，《2009信用卡业务相关责任和信息披露法案》强调信用卡业务的经营机构应提前20天以上将还款信息告知持卡人，对延迟还款的最后期限和相关的惩罚性费用支出作出了有利于保护消费者权益的规定。

二、分散立法

分散立法是指征信法律内容分散于民法、银行法、数据保护法等法律中，通过这些相关法律来规范征信活动和维护信息主体权益。分散立法以欧盟国家为主，征信活动多受个人数据保护法规范，公共征信系统的有关规则在银行法中明确。以英国为例，《数据保护法》规范了征信机构个人数据的取得和使用等行为。2006年修订的《消费信用法（1974年）》明确规定个人征信业务是消费信用行业的业务之一，从事个人征信业务的机构在工商管理部门注册登记后，必须获取消费信用许可证；将消费信用许可证的许可业务分为消费信贷业务、消费租赁业务、信用经纪人业务、债务催收业务、征信机构业务等9类，征信机构业务是第9类需要获得许可的业务类型。

资料来源：我国征信领域消费者权益保护存在的问题及国外借鉴[EB/OL]．[2022-05-23]．https：//www.docin.com/p-2091286280.html．

2.征信监管部门职能明确。发达国家在不断完善金融消费者权益保护法律体系的同时，陆续建立了专门的金融消费者权益保护机构。如美国成立了独立的消费者保护机构金融消费者保护局（CFPB），作为一个负责的、专职的、统一的消费者机构来补充现有的金融监管机构，履行散布于不同联邦机构的金融消费者保护职能。又如加拿大金融消费者保护基本上由加拿大金融消费者保护局独立承担。再如英国设立金融服务局（FSA），统一行使金融监管和金融消费者保护两方面职责，由其下属的金融调查服务部负责处理金融产品的消费者投诉，次贷危机后发布《消费者投诉处理办法》，明确金融机构和FSA等机构在公平处理消费者投诉方面的责任，强调建立各方合作机制。

【知识链接7-2】

美国消费者金融保护局

2009年12月，美国众议院通过《多德—弗兰克华尔街改革与消费者权益保护法》，成立消费者金融保护局（CFPB），将分散在美联储、证券交易委员会、联邦贸易委员会等机构的监管职权集中到CFPB，确保消费者在购买抵押贷款、信用卡和其他金融产品时获得清晰准确的信息，并保护其免遭欺诈行为、隐性收费和滥用条款的损害。CFPB成立以来，开展了大量的行为监管与金融消费者保护方面的工作。

一、强化金融消费者教育

CFPB成立后，金融消费者教育成为其主要职能之一。一是设立专门内设机构。设立金融教育与消费者参与部，具体负责向消费者提供有关金融产品和服务的教育知识，向传统上受到较少服务的消费者与社区提供金融产品和服务的信息、指导和技术支持。二是设立消费者咨询免费电话，由专人负责为美国公民提供金融消费资讯和服务，该电话还具备接受投诉的功能。三是通过网站提供基础金融知识，提供金融消费课程，为公民一生中重要的人生阶段提供金融策划知识。四是增强与消费者的互动，金融消费者可通过网站提交金融服务的心得和教训，供其他人分享或借鉴，也可通过网站提出问题、建议，增强金融教育的互动性。

二、检查金融机构消费者保护合规情况

CFPB负责对总资产超过100亿美元的银行、储蓄协会和信贷协会及其附属机构执行法规的情况进行检查。一是资产规模较大的银行。资产规模较大的存款类机构将同时受到审慎监管机构以及CFPB的检查。二是资产不足100亿美元的银行与资产不足15亿美元的信用社，由其他联邦审慎监管者负责，CFPB对于小银行和小信用社消费者保护主要扮演协助角色。三是非银行金融机构。所有向消费者提供金融产品和服务的非银行金融机构应接受CFPB的监管与审查，监管力度应当符合该机构过去所暴露的风险。

三、构建并负责运作消费投诉及处理体系

一是投诉渠道。消费者可以通过网站、电子邮件、传真或电话就金融机构侵权问题向CFPB投诉，CFPB还专门针对一系列问题收集金融消费者意见。二是投诉处理。对于消费者的投诉，CFPB要求金融机构在15日内对消费者的投诉作出回应，并要求其在60天内处理完所有投诉。三是投诉反馈。CFPB在投诉处理完毕后，需对投诉信息进行汇总，向局长以及其他相关监管机构进行汇报。四是投诉信息共享和分析。CFPB建立了投诉数据库，与其他监管机构和联邦、州贸易委员会等相关机构共享，通过数据分析对市场进行实时监控。五是消费者救济。CFPB将司法或行政处罚所得的罚款，存入美联储设立的"消费者金融民事处罚基金"，用于救济无法获得赔偿的金融产品或服务受害者。

四、进行金融消费者保护监测和研究

CPFB 内设研究部门，研究、分析并报告金融市场上有关金融消费者产品和服务的现状及未来发展趋势。研究重点分为两类。一是金融机构在执行金融消费者权益保护法规方面的情况。与检查情况公告不同，此类报告涉猎范围更广，包括其他联邦机构、法院、投诉等涉及的同类问题。二是金融消费者保护问题的分析。此类报告向消费者披露金融产品和服务的特征、成本、收益和风险，保障消费者的充分知情权。

资料来源：孙天琦. 金融秩序与行为监管：构建金融业行为监管与消费者保护体系 ［M］. 北京：中国金融出版社，2019.

3. 良性竞争的征信市场化格局。征信业市场发展较为成熟的国家大多都会选择走上市场化的道路。以美国为例，该国征信行业经过 100 多年的发展，已进入了高度市场化的阶段，并且形成了以邓白氏和益博睿等著名公司为主体、以盈利为目的、按市场化方式运作的信用管理系统。各大征信机构对于自身的公司名誉非常重视，因为一旦出现泄露客户隐私、非法使用个人信用信息等侵权行为的情况，将直接影响客户对于公司的信心，从而给征信机构造成巨大的损失。征信机构之间的良性竞争在无形之中引导征信机构不断去规范自身征信业务行为，这间接减少了各类征信侵权行为的发生。

【知识链接 7－3】

美国征信市场运作模式

美国现有的征信运作模式是纯市场化的私营征信模式。这种模式是指所有征信企业和公司可以依法自由地进行信用调查和信用管理业务，各征信服务机构都是独立于政府之外的私营征信机构。这种纯市场的征信模式已渐渐成为世界各国征信市场上的主流。美国的商业性征信企业、追账公司等是其典型代表形式之一，它们都是从盈利目的出发，按市场化方式运作。这些公司的分支机构遍布全国甚至全世界，全方位向社会提供各种以信用为主的有偿服务。其信用覆盖面大、效率高、成本低，全球竞争力也最强。在这种运作模式中，政府仅负责提供立法支持和依法监管，通过立法的形式规范征信活动各方的行为，强制有关部门及社会有关方面将征信数据以商业化或义务的形式贡献出来，向社会开放，使征信活动的各方参与者均能按照经营规则，遵循市场规律的基本原则，自由地展开竞争，有偿提供信用服务。

市场化运作的优点是：（1）数据来源广泛，消费者信用调查机构的信息不仅来自银行和相关金融机构，还来自信贷协会和其他各类协会、财务公司或租赁公司、信用卡发行公司和商业零售机构等；（2）能顺应市场发展的规律，通过开展有效的竞争提高征信企业的服务水平，进而提高全社会的信用水平，使国家信用体系有序、有效地运转；（3）征信市场化竞争格局中，信息主体对征信机构具有可选择性，这在无形之中迫使征信机构不断注重自身服务水平和业务规范。

资料来源：美国消费者征信服务公司的运作模式与特点［EB/OL］.［2022－05－23］. https：//www. docin. com/p－2158954159. html.

（二）我国征信权益保护基本情况

1. 征信法律法规不断健全。中国人民银行于 2005 年发布的《个人信用信息基础数据库管理暂行办法》对个人信用数据的报送、整理、查询和异议处理等作出了规定；2011 年颁布的《关于银行业金融机构做好个人金融信息保护工作的通知》指出，要依法收集、使用和对外提供个人金融信息；2014 年针对个人征信信息保护发布了《征信机构信息安全规范》行业标准。国务院于 2013 年印发《征信业管理条例》，对征信机构、征信业务规则、异议和投诉、监督管理和法律责任等作出了详细规定，标志着征信行业进入法治化、规范化、系统化阶段。此外，2017 年颁布的《民法总则》也涉及个人信息权益的保护，如第一百一十一条明确规定个人信息受法律保护，也对非法收集、使用、加工、传输以及非法买卖、提供或者公开他人个人信息的行为作出了禁止性规定。同年实施的《网络安全法》第四章"网络信息安全"也明确规定，非法收集、使用个人信息等行为应承担相应的法律责任，被侵权主体也可以采用相应的救济手段。

2. 征信权益保护措施不断完善。随着相关法律法规的不断出台，我国针对个人信用信息保护的措施也呈现出针对性、多元化等特点。一方面，从针对性角度看，我国推行的信息保护措施对征集的信息内容、信用信息的报送、信用信息的用途、信息主体的基本权利等都作出了规定，如《征信业管理条例》针对征信活动涉及的信息采集、数据库建立、信息查询、信息使用、征信异议和投诉等均作出了具体规定。另一方面，从多元化角度看，我国既颁布了适用范围非常广的综合性法律，也针对具体细分行业制定了相应的制度和规则。例如，2021 年 11 月 1 日施行的《中华人民共和国个人信息保护法》是一部综合性法律，涉及个人信息处理的基本原则、与政府信息公开条例的关系、对政府机关与其他个人信息处理者的不同规制方式及其效果、协调个人信息保护与促进信息自由流动的关系、个人信息保护法在特定行业的适用问题、关于敏感个人信息问题、法律的执行机构、行业自律机制、信息主体权利、跨境信息交流问题、刑事责任问题等多个方面。针对细分行业，《民法典》《网络安全法》《征信业管理条例》《征信业务管理办法》等法律法规分别作出了规定。

第二节 征信投诉处理

随着我国征信业的不断发展，金融信用信息基础数据库发挥的社会效应不断显现。但同时，信用信息收集未经信息主体授权、信用信息数据不完全准确、信息纠错渠道不畅通等也造成信息主体合法权益受到损害。随着社会大众对自身信用信息关注度的不断提升，维护自身良好信用记录、合法保护自身权益的社会意识不断增强，个人征信维权的需求逐渐扩大。

一、征信投诉的概念

征信投诉，是指在征信过程中，信息主体认为征信机构或者信息提供者、信息使用者侵害了自身合法权益时，可以向征信业监管部门提出申诉的行为。

二、金融消费者征信维权法律保障

征信权益保护作为金融消费者权益保护的重要组成部分，是提高个人征信系统运行效率和社会公信力的重要保障，也是维护金融稳定、构建和谐金融的客观需要，同时也是征信制度的重要组成部分。

2009 年出台的《刑法修正案（七）》，明确将有关机构及其工作人员倒卖个人信息的行为界定为犯罪。2012 年出台的《全国人大常委会关于加强网络信息保护的决定》也对个人信息的保护提出了新的要求，标志着国家将信息保护尤其是个人信息保护提升到新的高度。但征信视角下个人信息权益保护并没有明确的规定。随着 2013 年《征信业管理条例》的实施，征信行业无法可依的问题得到了解决，主要体现在加强了对征信市场的管理，较好地规范了信息提供者和使用者的行为，保护了信息主体的权益。

随着我国征信事业的发展和社会公众对自身信用记录关注度的提高，征信领域的消费者权益保护问题变得更为突出，需要认真对待。金融机构作为我国信贷征信系统最主要的信用信息提供者和使用者，更需要高度重视征信权益的保护问题。

三、征信投诉处理流程

（一）投诉受理

1. 所需资料。人民银行分支机构接到投诉后，如实填写征信投诉受理单，记载投诉人或代理人基本情况、投诉事项、投诉要求，以及投诉人或代理人提交的证据材料名称、内容等信息，并请投诉人或代理人在征信投诉受理单上签字确认。

投诉人为自然人的，人民银行分支机构应当登记其有效身份证件；投诉人为法人或其他组织的，登记有效的机构设立文件、经办人身份证件，留存介绍信。

投诉人委托代理人进行投诉的，人民银行分支机构还应当登记代理人的有效身份证件（或有效机构设立文件），留存授权委托书。

2. 投诉方式。投诉方式包括现场与非现场投诉。投诉人可携带材料到国务院征信业监督管理部门派出机构（即中国人民银行分支机构）进行现场投诉；如投诉人因客观原因无法到现场提交材料并签字确认的，也可以通过传真、书信、电子邮件等形式提出投诉并提交附带本人签名的相关材料。人民银行分支机构收到投诉后，应当采取有效方式确认投诉人身份。

3. 受理情况。中国人民银行分支机构收到投诉后，能够当场答复是否予以受理的，将当场答复；不能当场答复的，应当于接到投诉之日起 5 日内，作出是否受理的决定，并告知投诉人或代理人。对于决定不予受理的投诉申请，中国人民银行分支机构还应当明确告知不予受理的理由。投诉有以下情形之一的，中国人民银行分支机构不予受理：

（1）无明确的投诉对象；

（2）无具体的投诉事项和理由；

（3）人民银行相关分支机构已经就投诉事项进行过核实处理，无新情况、新理由；

（4）投诉事项已通过司法等途径受理或处理。

投诉人所在地与被投诉机构所在地不一致的，投诉人可以向任一中国人民银行分支机构投诉。接到投诉的中国人民银行分支机构应当与相关人民银行分支机构协商处理该投诉。

（二）投诉取证与核查

中国人民银行分支机构收到投诉后将启动行政调查程序，进行走访、调查核实或检查，查明基本事实。中国人民银行分支机构应当在作出投诉受理决定之日起 5 日内，将征信投诉受理单及相关材料副本转送被投诉机构。被投诉机构应当在收到征信投诉受理单之日起 10 日内就投诉事项的实际情况和发生原因向人民银行分支机构作出书面说明，并提供相关证明材料。情况一：人民银行分支机构认为被投诉机构提交的相关材料不能充分证明投诉事项是否存在以及理由、原因不清的，可以要求被投诉机构在 3 日内补充材料。被投诉机构拒不提供相关材料或提供虚假材料的，人民银行分支机构可以依法进入被投诉机构进行调查。情况二：人民银行分支机构认为投诉人和被投诉机构双方提交的证据材料不一致、需要进一步查明具体情况的，可以组织人员向投诉人、被投诉机构调查情况，听取意见。调查情况时，调查人员不少于两人，并向投诉人、被投诉机构出示工作证件，制作调查笔录。

（三）投诉处理决定

1. 处理结果。人民银行分支机构应在受理投诉之日起 30 日内作出处理决定，并及时送达投诉人和被投诉机构。处理决定会清晰载明投诉人信息、投诉事项、投诉要求和处理意见等内容。被投诉机构对投诉处理结果无异议的，在收到处理决定之日起 10 日内按照处理意见进行整改，并将整改情况向人民银行分支机构报告。被投诉机构未按照要求整改的，人民银行分支机构可以依据《征信业管理条例》给予处罚。

2. 复议情形。投诉人、被投诉机构对投诉处理结果持有异议的，可以向作出投诉处理决定的人民银行分支机构上一级机构申请复议。

3. 和解情形。被投诉机构与投诉人达成和解协议，投诉人撤销投诉的，人民银行分支机构可以终止投诉处理。

人民银行分支机构在投诉处理过程中发现被投诉机构有违反有关法律、法规和规章等情形的，将依法予以处理。

四、推动征信信息主体权益保护宣传

随着市场经济的快速发展，信用问题已经成为制约我国经济发展的一大障碍。如何保护在征信活动中处于弱势地位的被征信人的合法权益，规范征信活动中处于强势地位的征信者对征信信息的合理利用，已经成为我国征信体系建设必须面对和解决的问题。

一方面，国务院征信业监督管理部门应引导金融消费者树立信用信息主体权益自我保护意识，提高自我维权能力。国务院征信业监督管理部门应加大征信社会宣传力度，引导公众关心自身的信用记录，帮助其掌握维护良好信用记录的征信知识；引导消费者通过投诉等手段维护自身权益，减少负面信息对个人经济活动带来的影响；同时，培养公众提高风险意识，妥善保管好各种有效身份证件及复印件，防止个人信息被盗用而损害自己的信用权益，提高自我防范能力。

另一方面，国务院征信业监督管理部门应引导商业银行合理使用个人信用报告，完善负面信息解决机制。一是征信管理部门应出台信用报告解读使用的指导意见，对信用报告的效力作出明确解释，引导商业银行合理使用个人信用报告。二是引导商业银行正确认识和对待负面信息，完善解决机制。对冒名办理信用卡或贷款、信用卡欠缴年费、因抢险救灾等特殊公务延误还款等非消费者主观原因产生的负面信息的认定及异议解决，以及商业银行操作失误形成的负面信息的异议解决，各商业银行应统一制订处理流程或解决方案，明确负面信息发生银行应在异议申请人要求的第一时间内承担为其出具相关信用状况证明的责任义务，最大限度地保障消费者的信用权益。三是国务院征信业监督管理部门应加强对金融机构、征信机构的宣传教育和业务培训，提高其对征信信息主体权益保护工作的认识，增强其业务能力和守法规范经营的意识；开展面向征信信息主体的权益保护教育，引导其通过合法手段维护自身权益。

【知识链接 7-4】

典型案例透析信用信息主体权益保护不容忽视

案例 1：商业银行不受理当事人异议

2016 年 7 月，王某投诉某商业银行不受理其异议申请。据王某所说，其名下有一笔 10 年期 20 万元的购房贷款，2016 年 10 月 15 日到期，其已于 2016 年 4 月 7 日提前还清，而个人信用报告上依然显示尚未还清，影响其办理其他贷款。王某在该行申请异议处理。该行经办人予以推诿，随后王某向人民银行投诉。

问题剖析：《征信业管理条例》第二十五条、第二十六条规定，信息主体有权对信息提供者提供的信贷信息提出异议，信息提供者应按照规定予以核查处理，并书面答复异议人。对于不予受理的，信息主体有权向人民银行分支机构进行投诉，人民银行在受理投诉后进行核查处理，并书面答复投诉人。人民银行受理之后，立刻与该商业银行进行了联系，具体情况是：该行由于人员调整，工作交接不到位，经办人员具体征信业务不熟悉，对王某的异议没有及时处理。依据《征信业管理条例》第四十条第（三）款的规定，人民银行责令该行7天内改正。后人民银行电话回访，王某的异议已于2016年7月15日被该行受理，并得到圆满解决。

商业银行在办理业务、进行岗位调整时，应提前进行岗位工作培训以确保工作交接顺畅，保障后续工作的顺利开展。即便存在业务盲点，也应做好解释工作，确保客户正常权益得到维护。

案例2：冒名申办信用卡

2016年11月，李某投诉海南某商业银行。李某声称，自己从未在该行申请过信用卡，但个人信用报告上显示自己在该行有一张2013年7月办理的额度为2万元的信用卡，且存在欠款和逾期记录，造成自己在其他银行申请贷款失败。同时，李某声称自己身份证曾经丢失补办过。

问题剖析：《征信投诉办理规程》第十一条规定，投诉人所在地与被投诉机构所在地不一致的，投诉人可以向任一人民银行分支机构投诉。接到投诉的人民银行分支机构应当与相关人民银行分支机构协商处理该投诉。为方便当事人尽快处理异议和投诉，在受理之后，建议当事人以异议方式进行处理。经异议核查，该信用卡审批资料齐全，人民银行征信中心不予更正。

在该案件中，当事人声称自己从未在该行申请过信用卡，那么就极有可能是不法人员在拾获李某身份证后，伙同该行信用卡办理人员冒名申办信用卡，造成当事人信用报告产生不良记录。从人民银行的职能来说，无法通过法定职权界定该申请信用卡资料是否为当事人本人填写，也就无法有效解决当事人的异议。在此情况下，当事人只能通过两种方式处理不良记录：一种是民事诉讼，通过对簿公堂、司法鉴定字迹等方式以获得胜诉，用法院判决书更正不良记录；另一种是自己还清欠款，等5年后自动删除不良记录。

目前，在征信实务中，冒名申请信用卡、贷款的情况时有发生，一方面是商业银行自身风险防控做得不到位；另一方面是当事人对身份信息的重要性认识不够，警惕性不强，自身信息被不法分子利用，造成个人信用记录逾期。这就需要商业银行加强自身管理，当事人注意保护个人信息。

案例3：金融诈骗背后的"假冒盗用"

2011年6月的一天，某商业银行接待了前来办理贷款申请业务的李某夫妇。在查询个人信用报告后，该行发现李某于2006年在另外一家银行借款50万元，并且存在负面信息，累计逾期高达60余次。面对这样的信用记录，李某夫妇都显得无所适从，他们一再强调自己从未到银行贷过款。经调查，李某的信用报告显示的不良贷款涉及本市的一起金融诈骗案，罪犯假借李某的身份信息在某银行获得50万元贷款后携款潜逃，现在案件已经告破。作为受害人，李某全然不知。

　　问题剖析：该案例消费者的负面信息是由一起被人假冒身份信息的金融诈骗案造成的，贷款合同不是消费者本人签署，消费者本人不承担法律责任。李某应带着本人身份证明材料和检察机关出具的证明材料到人民银行征信管理部门，通过异议申请消除其负面信息。据调查了解，由于法律纠纷暴露出负面信息从而影响到当事人信用状况的现象时有发生，但占比较少。该案例揭示个人信用信息资料涉及主体人的隐私权，信息主体本人和使用各方应妥善保护好信息资料，严防不法分子有机可乘。

　　资料来源：杨勇，史玉琼．对五种征信维权典型案例的分析与处理［J］．吉林金融研究，2017（2）：63－65．

第三节　征信异议处理

一、征信异议的概念

　　征信异议是指信息主体认为征信机构采集、保存、提供的信息存在错误、遗漏的，有权向征信机构或者信息提供者提出异议，要求更正。异议对象是指征信机构、信息提供者或金融机构。

二、信息主体有提出异议的权利

　　《征信业管理条例》赋予信息主体提出异议的权利，是维护信息主体合法权益的体现。实践证明，错误或不完整的信息可能误导信息使用者作出对信息主体不利的决定，使信息主体的利益受损。信息主体依法行使异议权，使征信机构或信息提供者及时更正错误、遗漏的信息，避免信息使用者作出对其不利的决定，从而维护自身的合法利益。信息主体的异议申请还有利于帮助征信机构及早发现数据质量问题并进行改善，提高征信服务质量。《征信业管理条例》第二十五条规定，征信机构或者信息提供者收到异议，应当按照国务院征信业监督管理部门的规定对相关信息作出存在异议的标注，自收到异议之日起20日内进行核查和处理，并将结果书面答复异议人。国外的征信相关法律制度也赋予了信息主体提出异议、更正错误的权利。美国的《公平信用报告法》规定，消费者可要求征信机构更正其认为不准确和不完整的信息，征信机构在接收异议后，应在30日内对其进行核查，并在核查完毕后的5日内将结果告知消费者。英国的《数据保护法》赋予了信息主体纠正、阻止、删除和销毁不准确信息的权利，征信机构对异议信息进行核查后，有义务删除或修改不准确的信息。泰国的《信用信息业务法》也赋予了信息主体提出异议的权利，征信机构有义务核查和更正错误信息，并在 30 日内告知信息主体异议信息的核查、更正结果及原因。

【知识链接 7-5】

常见的非个人主观原因造成的"异议"

非个人主观原因造成的"异议"事件被记录在个人信用报告中，作为个人信用报告主体的当事人可能觉得很委屈，但一般来说，这类事件经核查后，都是确确实实发生过的事件，只能记录在当事人的个人信用报告中。常见的案例有以下几种：第一，个人办理类似个人汽车贷款等消费信贷业务，以及由房地产开发商代为办理的按揭业务，按约定由汽车经销商、房地产开发商、代理方等第三方代理还款，而第三方没有每月按时还款，甚至还将款项挪作他用，致使个人信用报告中存在逾期记录。第二，个人购房办理按揭贷款后又因各种原因退房，开发商退还了个人首付款，但并未将银行按揭贷款办理结清，而是继续将款项挪用并且不按时还款，造成个人信用报告中存在逾期记录。第三，个人办理按揭贷款购房后将房屋出售，没有到银行办理转按揭贷款，后来房主不按时还款，造成个人信用报告中显示逾期记录。第四，个人办理的住房公积金贷款，每月从住房公积金中扣还款的，因单位缴存不及时，或公积金中心和银行之间划账存在时间差造成逾期记录。第五，因为个人不了解银行还款日的规定或银行工作人员没有明确告知还款日，或者贷款利率调整、还款日变更时银行没有告知个人等造成个人没有按合同约定及时还款，结果个人信用报告中出现逾期记录。第六，个人信用报告中涉及个人没有收到的信用卡因扣收年费造成逾期记录。第七，与出售物品的商家或银行产生争议而没有按期还款造成逾期记录。第八，个人信用报告涉及的住址、工作单位等发生变动后没有让银行及时更新，造成基本信息展示与实际不符。第九，个人近期才办理的贷款或信用卡结清业务信息，因征信系统信息更新周期原因暂时没有反映。

资料来源：征信圈．常见的非主观原因造成的个人信用报告"异议"有哪些［EB/OL］．（2018-06-29）［2022-05-23］．http：//www.allwincredit.com.cn/fontPage/queryDetail/commonIframe.jsp？id=13032.

三、异议主体类型

异议信息依主体类型可分为个人异议信息与企业异议信息。

（一）个人异议信息

1. 个人异议信息的概念。个人异议信息是指个人对自身信用报告中反映的信息持否定或者不同意见的信息。通常情况下，产生个人异议的主要原因包括以下几种：一是个人的基本信息发生了变化，但个人没有及时将变化后的信息提供给商业银行等数据报送机构，影响了信息的更新；二是数据报送机构数据信息录入错误或信息更新不及时，使个人信用报告所反映的内容有误；三是技术原因造成数据处理出错；四是他人盗用或冒用个人身份获取贷款或信用卡，由此产生的信用记录不为被盗用者（被冒用者）所知；五是个人忘记曾经与数据报送机构有过经济交易（如已办信用卡、贷款），因而误以为个人信用报告中的信息有错。

2. 个人异议种类。在异议处理工作中常常遇到的异议申请主要有以下几种类型。第一类是认为某一笔贷款或信用卡本人根本就没申请过。典型的有以下几种情况：他人冒用或盗用个人身份获取信贷或信用卡；信用卡为单位或朋友替个人办的，但信用卡没有送到个人手上；自己忘记是否办理过贷款或信用卡。第二类是认为贷款或信用卡的逾期记录与实际不符，有以下几种典型情况：个人的贷款按约定由单位或担保公司或其他机构代个人偿还，但单位或担保公司或其他机构没有及时到银行还款而造成逾期；个人办理的信用卡从来没有使用过，因欠年费而造成逾期；个人不清楚银行确认逾期的规则，无意识中产生了逾期。第三类是身份、居住、职业等个人基本信息与实际情况不符。异议申请人当初在申请资料上填的是正确信息，而后来基本信息发生了变化却没有及时到银行去更新；个人信用数据库每月更新一次信息，系统未到正常更新时间。第四类是对担保信息有异议。一般存在以下几种情况：个人的亲戚或朋友以个人的名义办理了担保手续，个人忘记或根本不知道；个人自己保管证件不善，导致被他人冒用。

（二）企业异议信息

1. 企业异议信息概念。企业异议信息是指由金融机构或其他机构报送，经人民银行确认后加载入库，与企业真实情况不符的信息。通常情况下，产生异议的主要原因包括以下几种：一是金融机构（或其他机构）报送错误数据，指金融机构（或其他机构）由于各种主客观原因将与借款人真实情况不符的信息报送至金融信用信息基础数据库；二是系统处理产生错误，指金融机构报送的真实信息由于系统运行的错误处理，产生异议；三是在途数据，是指金融机构报送的真实数据尚未入库，导致信息与当前时点情况不符。

2. 企业异议种类。企业信用信息基础数据库的信用信息主要包括三大类：基本信息、信贷信息和非银行信息。其中，基本信息主要包括企业的概况信息、高管人员信息、财务信息等。信贷信息反映企业与金融机构发生的信贷往来，主要包括信贷余额信息、历史发生额信息、担保信息等9类。非银行信息也称为公共信息，主要包括参保、公积金、法院等7类。三大类信息由于包含的信息项不同，其信息的来源渠道也有所不同。其中，企业的基本信息主要由企业办理年审贷款卡时自行填报。信贷信息则由金融机构根据实际信贷业务发生情况归总汇集而来。非银行信息的数据来源则更加广泛，由各部门根据企业的经营活动采集而来。由于信用具有涉及面广、影响范围大的特点，一旦信用信息失真，也将会从各方面影响甚至阻碍企业的日常经营。企业信用信息基础数据库中的信贷信息由各金融机构上报数据汇总而来，因此，当对征信系统的信贷信息产生质疑时，企业首先应与发生信贷业务的金融机构联系，开展双方的核实和确认。确认有误的信息，企业可直接向产生错误信息的金融机构提交异议处理申请，更新信息。金融机构在异地，企业无法及时取得联系和沟通的，企业可通过人民银行征信部门提交企业异议申请，异地完成异议处理。非银行信息作为征信系统信用信息的有效补充，其信息源来自政府的多个部门，解决非银行信息异议问题，企业应先与人民银行征信部门联系，找出数据发生源，再与报送数据的相关部门核实并进行相应的处理。

四、异议信息的受理主体

（一）征信机构

《征信业务管理办法》第十六条规定："征信机构整理、保存、加工信用信息，应当遵循客观性原则，不得篡改原始信息。"征信机构作为信息的采集、整理、加工、保存、对外提供机构，有保护信息主体权益的责任和义务。信息主体发现信息存在问题有异议时，无论是否知晓异议信息来源，都可以直接向征信机构提出书面的异议申请。对信息主体提出的异议，征信机构应及时开展核查。信息主体对异议处理流程存在疑问的，可以向征信机构咨询。

（二）信息提供者

《征信业管理条例》规定，信息提供者也有接收异议申请，对异议信息进行调查的责任。当信息主体发现信息存在异议且可以确定异议信息的提供者时，也可以直接向该信息提供者提出异议申请。经核实，信息主体提出的异议信息确实出自某信息提供者的，该信息提供者不得拒绝信息主体的异议申请。信息提供者接收异议后，直接从信息采集源头开始核查，这也提供了另一种有效的异议信息核查方式。《征信业管理条例》将异议信息接收、核查、处理的责任人从征信机构扩大到信息提供者，有利于方便信息主体提起异议、及时有效地解决异议，有利于提高所提供信息的真实性。

五、征信异议处理流程

（一）个人征信异议处理流程

1. 申请资料。个人认为信用报告中的信息存在错误、遗漏的，可以亲自或委托代理人向所在地的中国人民银行分支机构或直接向中国人民银行征信中心提出异议申请。个人提出异议申请时应提供以下材料：一是本人向中国人民银行分支行征信管理部门或征信中心提出异议申请的，应提供本人有效身份证件的原件及复印件，并留存有效身份证件复印件备查；同时如实填写个人信用报告异议申请表，并留存个人信用报告本人查询申请表原件备查。个人有效身份证件包括身份证、临时身份证、军官证、士兵证、护照、港澳居民来往内地通行证、台湾居民来往大陆通行证、外国人居留证、香港身份证、澳门身份证、台湾身份证等。二是委托他人代理提出异议申请的，代理人应提供委托人和代理人的有效身份证件原件、授权委托公证证明原件、授权委托书原件供查验，同时填写个人信用报告异议申请表，并留委托人和代理人的有效身份证件复印件、授权委托公证证明原件、授权委托书原件备查。个人客户也可持本人身份证向与其发生信贷融资的商业银行经办机构反映。

2. 资料审查。中国人民银行分支机构或征信中心将对接收的异议申请相关材料进行齐备性审查。如个人或代理人无法提供有效身份证件或相关申请材料不全的，将不予接收，需提交完整材料。所在地的中国人民银行分支机构或征信中心接收异议申请后，会向个人或代理人说明异议处理的程序、时限、对处理结果有争议时可以采取的救济手段。

金融机构受理涉及本行的异议申请后，认为需要征信中心核查的，应及时在个人征信查询及异议处理子系统登记异议内容，发送至征信中心。

3. 受理及核查。中国人民银行分支机构在收到个人异议申请的 2 个工作日内将异议申请转交征信中心。征信中心在接到异议申请的 2 个工作日内进行内部核查。征信中心如发现异议信息是由个人信用数据库信息处理过程造成的，将立即进行更正，并检查个人信用数据库处理程序和操作规程存在的问题。征信中心内部核查未发现个人信用数据库处理过程存在问题的，将立即书面通知提供相关信息的商业银行进行核查。商业银行应当在接到核查通知的 10 个工作日内向征信中心作出核查情况的书面答复。异议信息确实有误的，商业银行应当采取以下措施：应当向征信中心报送更正信息；检查个人信用信息报送的程序；对后续报送的其他个人信用信息进行检查，发现错误的，应当重新报送。征信中心收到商业银行重新报送的更正信息后，应在 2 个工作日内对异议信息进行更正。《征信业管理条例》第二十五条规定，经核查，确认相关信息确有错误、遗漏的，信息提供者、征信机构应当予以更正；确认不存在错误、遗漏的，应当取消异议标注；经核查仍不能确认的，对核查情况和异议内容应当予以记载。经过核查，无法确认异议信息存在错误的，征信中心不得按照异议申请人要求更改相关个人信息。

4. 异议答复。征信中心应当在接收异议申请后 15 个工作日内向异议申请人或转交异议申请的中国人民银行分支机构提供的书面答复：异议信息得到更正的，征信中心同时提供更正后的信用报告。异议信息确实有误，但因技术原因暂时无法更正异议信息的，征信中心应当在书面答复中予以说明，待异议信息更正后，提供更正后的信用报告。

转交异议申请的中国人民银行分支机构应当自接到征信中心书面答复和更正后的信用报告之日起 2 个工作日内，向异议申请人转交。对于无法核实的异议信息，征信中心应当允许异议申请人对有关异议信息辅助个人声明。征信中心将妥善保存个人声明原始档案，并将个人声明载入异议人信用报告。

（二）企业征信异议处理流程

1. 申请资料。企业认为企业信用报告中的信息存在错误、遗漏的，可由企业法定代表人或委托代理人向所在地的中国人民银行分支机构或直接向征信中心提出异议申请。企业法定代表人提出异议申请的，应提供本人有效身份证件原件、企业的其他证件（机构信用代码证、企业贷款卡或组织机构代码证）原件供查验，同时填写企业信用报告异议申请表，并留有效身份证件复印件、其他证件复印件备查。委托经办人代理提出异议申请的，应提供经办人身份证件、企业的其他证件原件及企业法定代表人授权委托证明书原件供查验，同时填写企业信用报告异议申请表，并留有效身份证件复印件、其他证件复印件、企业法定代表人授权委托证明书原件备查。有效身份证件包括身份证（第二代身份证须复印正反两面）、军官证、士兵证、护照、港澳居民来往内地通行证、台湾同胞来往大陆通行证、外国人居留证等。

2. 资料审核。中国人民银行分支机构或征信中心对接收的异议申请相关材料进行齐备性审查。企业法定代表人或经办人无法提供有效身份证件或相关申请材料不全的，中国人民银行分支机构或征信中心将不予接收，并告知不予接收的原因。

3. 异议争议。中国人民银行分支机构或征信中心受理异议申请后，会向企业法定代表人或代理人说明异议处理的程序、时限，以及对处理结果有争议时可以采取的救济手段。

4. 异议标注。中国人民银行分支机构或征信中心接收异议申请后，将在企业征信异议处理子系统中登记和确认异议信息。异议信息确实存在的，中国人民银行分支机构或征信中心应在企业信用报告中对异议信息添加标注，同时启动征信中心核查程序。异议信息不存在的，中国人民银行分支机构或征信中心将回复企业法定代表人或经办人。异议处理结束后，企业仍需要对异议信息进行说明的，可以提出添加信息主体声明的申请。

5. 异议受理。中国人民银行分支机构或征信中心在企业法定代表人或经办人提出异议申请2日内完成异议登记和确认。中国人民银行分支机构或征信中心设专人负责异议处理业务及相关活动，不得无故拒绝企业提交异议申请。

6. 核查环节。一是征信中心核查。经征信中心核查后确认异议信息是由金融信用信息基础数据库的数据处理过程造成的，征信中心应负责予以更正。征信中心核查未发现问题的，应通过企业征信异议处理子系统向报送异议信息的金融机构发送核查通知，启动金融机构核查。征信中心应在异议登记和确认后6日内完成征信中心核查。二是金融机构核查。金融机构接到异议信息核查通知后应立即启动核查程序。金融机构应将核查结果通过企业征信异议处理子系统发送至征信中心。经金融机构核查后确认异议信息存在错误、遗漏的，应在回复核查结果的同时向征信中心报送更正信息。经金融机构核查后确认异议信息不存在错误、遗漏的，应明确回复核查结果。经金融机构核查后不能确认核查结果的，应如实回复核查情况。金融机构应确保核查回复内容清楚、明确。征信中心接到金融机构核查回复结果后应予以核实。对符合回复要求的，予以接受；对不符合回复要求的，不予接受，且视同金融机构未作回复。金融机构应对不符合回复要求的异议信息重新核查和回复。金融机构应在接到征信中心异议信息核查通知起10日内完成对异议信息的核查和回复。金融机构受理涉及本行的异议申请后，认为需要征信中心核查的，应及时告知征信中心。

7. 异议信息更正。异议信息得到更正的，中国人民银行分支机构或征信中心应告知企业法定代表人或经办人更正结果。异议信息确实有误但因技术原因暂时无法更正的，中国人民银行分支机构或征信中心应在异议核查结果中予以说明。异议信息核查及更正处理结束后，中国人民银行分支机构或征信中心应取消对异议信息的标注。

8. 处理结果反馈。中国人民银行分支机构或征信中心应当在自接收异议信息之日起20日内，向企业法定代表人或经办人提供企业征信异议回复函。

9. 信息主体声明。异议处理结束后，企业仍需要对异议信息进行说明的，可以向中国人民银行分支机构或征信中心提出添加信息主体声明的申请。企业法定代表人申请添加信息主体声明，应填写信息主体声明申请表，并提供企业法定代表人身份证件原件、其他证件原件、企业征信异议回复函供查验，并留企业法定代表人身份证件复印件、其他证件复印件和企业征信异议回复函复印件备查。企业法定代表人委托经办人提出信息主体声明的，应提供经办人身份证件原件、企业法定代表人授权委托证明书原件、其他证件原件、企业征信异议回复函供查验，并留经办人身份证件复印件、企业法定代表人授权委托证明书原件、其他证件复印件和企业征信异议回复函复印件备查。

中国人民银行分支机构或征信中心对接收的信息主体声明申请相关材料进行齐备性审查。企业法定代表人或经办人无法提供有效身份证件或相关申请材料不全的，不予接收，并告知不予接收的原因。接收信息主体声明申请的中国人民银行分支机构或征信中心在收到申请材料的5日内通过企业征信异议处理子系统登记信息主体声明内容。征信中心应在接到信息主体声明申请之日起5日内核实信息主体声明。对于符合要求的，予以添加；对于不符合要求的，予以退回。

六、信息主体权益行政救济和司法救济

（一）对信息主体提供行政救济的规定

信息主体对异议处理结果不满或认为其合法权益受到侵害的，可以通过行政救济的方式，向所在地的中国人民银行分支机构投诉。人民银行分支行作为征信业监督管理部门的派出机构，依法对侵害信息主体合法权益的行为进行调查。经调查发现确实存在侵权行为或危险因素的，应当立即采取相关措施纠正违规行为。行政救济可以起到排除不法侵害，恢复和弥补受损合法权益；监督制约行政行为的运行，促进和保护行政权力的实现；调整公私利益，实现社会公正，维护社会稳定的作用。

（二）对信息主体提供司法救济的规定

信息主体的权利需要完善的法律救济制度作为保障。除行政救济以外，当信息主体的合法权益受到侵害时，信息主体也可以直接向人民法院起诉。行政救济并非司法救济的前提条件。已接受行政救济措施且对行政救济的处理结果不满的信息主体，也可通过司法救济的方式，向人民法院起诉。司法救济是指当宪法和法律赋予人们的基本权利遭受侵害时，人民法院应当对这种侵害行为作有效的补救，对受害人给予必要

和适当的补偿，以最大限度地救济他们的生活困境和保护他们的正当权益，从而在最大程度上维护基于利益平衡的司法和谐。司法救济的方式也可以使信息主体的权利得到实现或者使不当行为造成的伤害、危害以及损失得到补救。

【侵权案例 7－6】

征信异议处理不及时引发诉讼

　　李某 2001 年在本县农信社申领贷款 2 万元，于 2003 年到期前偿还。2011 年，李某在申领住房贷款时，信用报告显示该贷款尚未偿还，于是提出异议申请。信用社回复，该贷款历时已久，无法查清是否归还，该异议信息无法更正。李某继续向人民银行投诉，并准备起诉该农信社和中国人民银行征信中心。

　　资料来源：杨夏. 商业银行个人征信异议处理机制问题简析［J］. 时代金融，2019（11）：39－40＋42.

【本章要点】

　　1. 在征信活动中，信息主体的合法权益包括隐私权、知情权、异议权以及救济权。

　　2. 征信侵权是指在征信活动中，侵害信息主体合法权益的一种不法行为。我国现阶段存在的征信侵权行为大致有五种类型：（1）信用报告记录的信息与实际情况不符；（2）非法采集信息主体的信用信息；（3）非法向第三方提供信用信息、信用报告；（4）非法查询信息主体的信用报告；（5）非法使用信息主体的信用信息。

　　3. 征信投诉，是指在征信过程中，信息主体认为征信机构或者信息提供者、信息使用者侵害了自身合法权益，可以向征信业监管部门提出申诉的行为。

　　4. 征信异议，是指信息主体认为征信机构采集、保存、提供的信息存在错误、遗漏，有权向征信机构或者信息提供者提出异议，要求更正。异议对象是指征信机构、信息提供者或金融机构。异议信息依主体类型可分为个人异议信息及企业异议信息。异议信息的受理主体可以是征信机构，也可以是信息提供者。

　　5. 我国对征信信息主体提供行政救济和司法救济。

【重要概念】

　　征信维权　信息主体合法权益　征信侵权　投诉处理　异议处理　个人异议
企业异议

【延伸阅读】

　　1. 请访问中国人民银行征信中心及各分行网站了解企业和个人征信维权的相关知识。

　　2. 请查询《个人信息保护法》《征信业管理条例》《征信业务管理办法》等法律

法规，了解我国在征信投诉处理和征信异议处理方面的相关规定。

【思考题】

1. 信息主体在征信活动中享有哪些权利？

2. 在征信活动中，常见的侵权行为有哪些？

3. 国外征信领域金融消费者权益保护主要有什么特点？

4. 对个人基本信息有异议时该怎么办？

5. 个人对信用卡未激活欠年费被记入个人信用报告不服，可以通过提出异议解决吗？

6. 朋友用我的身份证向银行贷款却不还款，相关的信息记在我的信用报告中，可以提出异议吗？

7. 如果个人信用报告漏记了个人的信用交易信息，该怎么办？

第八章

征信未来发展趋势与模式

【学习目标】

1. 了解个人数据产业：MyData 模式。

2. 了解 MyData 模式的国际应用案例。

3. 重点了解卡马信用（Credit Karma）的互联网征信服务、商业模式以及竞争对手。

4. 掌握跨境征信的模式，了解国际征信体系建设跨境合作的经验。

第一节　从个人征信到个人数据产业：MyData 模式

随着数字经济时代的到来，社会公众将越来越关注个人数据的价值。从全球来看，个人征信业务也将逐渐发展成为个人数据产业。本人数据库管理（MyData）作为有利于解决个人信息保护的全新个人数据管理和商业实现理念的模式，也正在全球兴起。MyData 的概念来自欧美的开放数据（Open Data）运动。MyData 兴起于总部位于欧洲（芬兰）的非营利行业组织，近几年亚太地区（韩国、日本、中国台湾等）发展飞快，特别是韩国已经落地生根形成了行业，并进行牌照管理。MyData 已在韩国的金融、征信、公共事业等领域得到广泛应用。

本节将介绍 MyData 的概念及其在金融领域的应用，希望对国内个人数据的相关问题有所启示和参考。

一、MyData 的定义及原则

（一）MyData 的定义

MyData 是指信息主体个人管控自己的信息，并将该信息积极能动地应用于信用管理、资产管理、健康管理等个人生活的一系列流程。我们将对这一流程形成支撑的一系列产业称为 MyData 产业。

MyData 是基于信息主体的权利访问有关信息主体自己的数据，它的核心思想在于个人应该并且能够完全控制自己的数据。它的目的是，个人可以自己管理及控制自己的信息，可以根据自己的个人意愿来使用自己的数据，最终保障个人的信息主权，与此同时为企业创造新的机会：开发建立在相互信任基础上的个人数据创新服务。通过MyData，信息主体可以一次性地核查分散在各机构和各企业中的自己的信息，并通过向企业提供自己的信息来获取商品或服务的推荐。

（二）MyData 的原则

1. 以人为本的数据和隐私控制。MyData 模式中数据体系的使用主体是个人，即个人应该是 MyData 模式中的主体，而不是被动地成为被采集的对象。因此，无论是在什么时候，个人都应该应用权利和手段来管理自己的数据及隐私。

2. 数据的可用性和安全性。对于 MyData 模式而言，提供一种易于个人访问和使用自己数据的接口以及保障数据在交换过程中的安全性非常重要。只有保障 MyData 模式中数据的可用性和安全性，才能使得个人真正地掌握自己的数据，也可以通过向企业提供自己的数据来为社会创造新的商业模式和经济增长。

3. 开放的商业环境。MyData 模式基础结构实现对个人数据去中心化管理，这样能提高相互操作性，让公司更容易遵守日益严格的数据保护法律法规，同时也让个人可以方便地选择和更换服务提供商的服务。

二、MyData 的实践模式

以韩国为典型代表的 MyData 模式由政府主导，它的基本思想是政府通过牌照准入的方式，审核、批准 MyData 运营商建立服务平台。当用户请求访问个人信息数据时，信息提供者需要将个人信息传输给 MyData 平台，再统一由 MyData 平台传输给个人，相当于 MyData 平台整合了各公司的个人信息数据，方便个人访问和携带个人信息。当个人需要执行可携带权[①]时，只要授权信息接收者从 MyData 平台处获取即可。韩国MyData 模式如图 8 - 1 所示。

韩国的 MyData 模式落地以后，所覆盖的个人信息类型远不如规划中丰富。MyData平台上暂时只能允许韩国消费者查看个人信息，个人信息携带的操作暂不能实现，并且用户可查看的个人信息类型也并没有达到规划中的上百项，服务的用户数量也不多，相关工作还需要未来进一步完善。

与韩国 MyData 服务思路非常相似，印度政府和新加坡政府分别在 2021 年 9 月和2020 年 12 月上线了财务账户聚合网络（AAN）和新加坡财务数据交换平台（SGFinDex）。这两个平台允许用户通过平台整合查看个人信息，但是依然无法实现大

---

① 可携带权最早由欧盟《通用数据保护条例》（GDPR）正式确定，包括个人数据副本获取权以及个人数据移转权。具体是指数据主体有权获取其提供给数据控制者的个人数据，所获取的个人数据应当是结构化的、通用的和机器可读的，且能够不受障碍地将这些数据传输给其他数据控制者。韩国则先是在 2020 年 1 月修订的《信用信息法》中规定了在 MyData 等政府服务中可以应个人要求传输个人信息到服务运营商，后又在 2021 年 1 月公开征求意见的《个人信息保护法（修正案草案）》中添加了个人信息可携带权的相关条款。

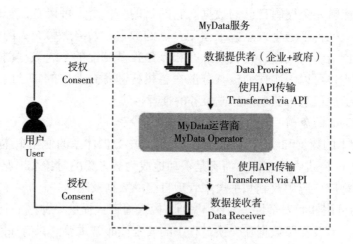

图 8 - 1　韩国 MyData 模式示意图

［资料来源：高玉翔．个人信息可携带权的全球实践和中国路径倡议［J］．金融电子化，2022（12）］

范围的个人信息携带。

　　MyData 模式加入了政府的作用，通过牌照准入的方式，以政府信用代替企业信用，提高了用户的信任度和企业的参与度，整合了更多类型的数据，如表 8 - 1 所示。

表 8 - 1　　　　　　　　　　　　MyData 模式的优缺点比较

项目	优点	局限性
安全存储	牌照准入，技术安全性高	多方存储增加了风险
		用户不可选择存储位置
可信传输	基于同一应用程序编程接口（Application Programming Interface，API），可查看行业内结构化数据	
	机构持牌参与，可行性强	
协同生产	可覆盖本行业内主要机构	按场景切分，难以形成跨行业协作
		数据运营商不中立，存在潜在利益冲突，容易形成新的垄断

资料来源：高玉翔．个人信息可携带权的全球实践和中国路径倡议［J］．金融电子化，2022（12）.

　　MyData 模式作为一种中心化的模式，它高度受限于垂直行业，难以有效激励数据提供者积极参与，存在跨场景、跨行业协作困难等问题。同时一些参与 MyData 的平台运营商并不中立，既是服务平台又是个人信息处理者，存在潜在利益冲突，也会带来新的垄断问题，因此在此基础上，探索创新服务模式是未来 MyData 成功在各国应用的关键问题。

三、MyData 模式的国际应用案例

（一）英国的 Midata

2011 年 4 月 13 日，英国商业、创新与技能部（Department for Business，Innovation and Skills，BIS）发布了名为《更好的选择，更好的交易：消费者驱动增长》（*Better Choices，Better Deals：Consumer Powering Growth*）的白皮书，提出了 Midata 的项目，以使用户能够将自己的个人数据传输至第三方。2012 年 7 月，BIS 进一步发布了 Midata 的简介，介绍了 Midata 项目的目的、原则、应用场景等信息。2013 年，英国通过修订《企业与规制改革法案》为该项目的推进提供制度保障。然而，2012 年至 2022 年，Midata 项目并无显著进展。2020 年 5 月，英国能源监管机构更是宣布在 2021 年暂停推进 Midata 项目。从 2011 年 BIS 首次提出 Midata 项目，到 2020 年该项目暂停，Midata 项目经历了两个阶段。

1. 第一阶段：2011—2016 年。该阶段，对 Midata 项目的推进主要集中在制度构建、引导企业参与以及"从 0 到 1"建立消费查阅和转移其个人数据的机制等事项上。该阶段的主要目的是希望通过企业向个人开放查询其个人数据并允许个人向第三方提供自己的数据，实现个人对其自身数据的控制力并释放数据的价值，从而促进数据服务的创新。

在这一阶段，BIS 主要通过引导企业自愿参与的方式推广 Midata 项目；但是也通过《企业与规制改革法案》迫使指定行业或领域的企业根据消费者要求，以电子格式向消费者提供包括历史交易记录和消费数据在内的相关资料，以保障能源、通信、金融服务等重点行业、重点领域的企业能够充分参与其中。

2014 年，BIS 在调研后发现，在个人数据提供方面，几乎所有被调查的公司都已向用户提供下载其 pdf 版本个人数据的渠道。在消费者个人数据保护方面，Midata 项目下成立了四个由公司、消费者团体和英国信息专员办公室（Information Commissioner's Office，ICO）等方面共同组成的个人数据保护相关的研究工作小组。BIS 在调研后也发现了 Midata 项目在实践中暴露出的各种问题。例如，数据格式不统一，即不同企业之间所采用的数据格式、数据字段以及所提供的个人数据范围都不相同；提供数据服务的平台未能与 Midata 项目相衔接；在能源行业，虽然提供费用分析和比较工具的企业的用户规模不断扩大，但通过 Midata 获得的用户能源支出数据仅占这些企业所分析的数据量的一小部分，部分企业更是没有提供上传 Midata 数据文件的入口，且调查发现仅有一家公司正积极考虑与包括 Midata 在内的第三方数据平台合作。这些都严重限制了 Midata 的可用性。与此同时，个人数据的安全性也使得所有参与调查的用户感到担忧，这也可能阻碍了用户积极参与 Midata 项目。此外，在数据价值的释放方面，2015 年英国的 Gocompare 网站与 Midata 项目完成衔接，用户在英国六大银行下载 csv 格式的个人数据后，可以将该文件上传至 Gocompare 网站，进而享受该网站提供的账户费用比较、收益比较等数据分析服务。这意味着用户不仅能从 Midata 获得数据，还

能通过第三方比价网站的数据分析服务来挖掘数据的价值。

2. 第二阶段：2016—2020 年。随着 Midata 计划的进一步推进，企业自愿参与的模式渐显疲态，因此英国政府在能源领域计划通过强制推广的方式，要求所有的能源供应商都要参与到 Midata 项目当中。英国政府希望通过 Midata 项目，使消费者能够掌握他们的能源消耗数据和费用数据，并将这些数据便捷地导入第三方比价网站当中，从而比较不同能源供应商之间的费用差异并从中选择最优惠的能源供应商，提高能源市场的竞争度。此外，英国政府也希望通过推广 Midata 项目，使消费者转换能源供应商的程序得到简化，例如允许消费者要求原能源供应商将其个人数据直接传输至新的能源供应商。

2018 年，英国能源监管机构发布了一份公开信，宣布在能源行业正式启动 Midata 项目，并提出推广 Midata 项目的具体计划；2020 年再次发布公开信，报告了这两年来 Midata 项目的推进情况，同时也宣布其将在 2020—2021 财年暂停推进 Midata 项目。

英国 Midata 项目所提出的规划是宏伟的，不仅致力于使消费者能够查阅和获取他们的个人数据，还曾计划建设个人数据管理平台，并通过该平台实现个人数据的快捷移转、充分利用以及价值释放，进而促进数据服务的创新。然而，Midata 项目的实践是残酷的。作为一个自愿性的项目，企业参与其中的积极性并不高，并且 Midata 所设想的财务分析、健康管理等数据分析服务也未能成为现实。虽然 Midata 项目的发展最终陷入了停滞，但 Midata 的规划与实践对个人数据管理以及可携带权等制度的发展具有重要的参考意义。我们期待在不久的将来，Midata 项目所提出的各种设想，会通过其他的方式成为现实。

（二）韩国的 MyData

韩国在 MyData 产业发展上起步较晚，推进速度却很快。2018 年 7 月，韩国金融委员会发布《金融领域 MyData 产业导入方案》，指出金融 MyData 业务范围、参与条件等内容。以 2018 年提出、2020 年 1 月国会通过、2020 年 8 月正式生效的《信用信息法》为法律基础，韩国 2021 年 1 月发放了 28 家 MyData 运营商牌照，2021 年 8 月开始全面实施 MyData 服务。

应用案例：（1）从沙盒测试逐步过渡到全面应用。2019 年 5 月，韩国科学技术通信部发布《医疗、金融、能源等 MyData 服务 8 个课题选定》，表示将在医疗、金融、公共服务、交通、生活消费等 5 个领域选定 8 个课题进行沙盒测试。从 2021 年 8 月开始，韩国全面提供 MyData 服务。（2）金融领域：PAYCO MyData 服务已通过沙盒测试并推向市场。（3）PAYCO MyData 服务：金融信息一站式查询。（4）PAYCO MyData：数据下载、数据查询记录、综合金融超市。（5）其他领域：包括医疗、公共服务生活消费以及交通等领域的沙盒测试也在陆续进行。

四、中国的 MyData 模式进程

相比发达国家的 MyData 产业进展，中国对 MyData 这种个人数据产业概念还比较

陌生。这主要是由于我国目前还处于快速发展阶段，海量数据规模、丰富应用场景优势以及复杂的国情，使得我国在出台《数据安全法》《个人信息保护法》等相关法律法规方面尤为谨慎。

从国家战略层面来看，"十四五"规划提出，保障国家数据安全，加强个人信息保护；提升全民数字技能，实现信息服务全覆盖；积极参与数字领域国际规则和标准制定。2022年12月，国务院颁布的《中共中央 国务院关于构建数据基础制度更好发挥数据要素作用的意见》（以下简称《意见》）提出要为构建数据基础制度，充分发挥我国海量数据规模和丰富应用场景优势，激活数据要素潜能，做强做优做大数字经济，增强经济发展新动能，构筑国家竞争新优势提供制度保障。目前，我国开始探索个人信息受托制度，未来空间极大。《意见》也提出，探索由受托者代表个人利益，监督市场主体对个人信息数据进行采集、加工、使用的机制。国内目前已有数据受托模式的尝试，未来这一模式可能会对标发达国家快速发展，形成像韩国 MyData 一样的完整产业链条。

随着区块链等新技术的发展，个人信息可携带权的实践模式出现了一些亮点，如粤澳健康码互认项目。该项目由用户个人主导，通过用户主动发起个人信息数据传输并自行上传，结合基于哈希值的可验证数字凭证——"数据指纹"上链，做到了信息携带与可信验证的平衡，进而实现了数据的可信传输。该方案对未来通过个人信息可携带权解决个人数据流转问题带来了启发。基于此，深圳市金融区块链发展促进会联合观韬中茂律师事务所、金融科技·微洞察等，联合发布《DDTP：分布式数据传输协议白皮书》。DDTP 模式如图 8-2 所示。

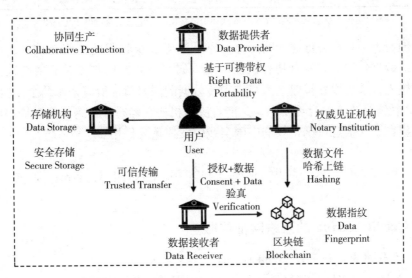

图 8-2　分布式数据传输协议（DDTP）示意图

[资料来源：高玉翔. 个人信息可携带权的全球实践和中国路径倡议［J］. 金融电子化，2022（12）]

DDTP 模式主要分两个步骤。第一步是用户从数据提供者处下载个人信息数据，并存储在个人指定的位置。存储位置可以是本地，也可以是云或其他位置。为确保个人真实意愿、防止真实数据被篡改、保持传输给接收者的个人信息与提供者提供的个人信息一致，经用户授权后，可进一步引入权威中立的第三方机构参与见证该个人数据文件的存储和传输过程，并获取相关文件的哈希值（而非源文件）作为"数据指纹"存储于区块链上。

第二步是用户将已下载的个人信息数据传输给数据接收者，并对使用范围和使用目的等进行授权。数据接收者在收到个人信息数据文件之后，可以通过区块链进行基于哈希值的可验证数字凭证——"数据指纹"的核验，从而完成验"真"的过程，确保文件没有被篡改。与此同时，个人的所有授权记录、数据接收者的具体使用情况也皆可在链上进行记录，便于个人未来追溯相关文件的流转。

该协议可以满足相关各方关于个人信息可携带权的基本需求，在安全存储、可信传输、协同生产三方面具有明显的优点，如表8-2所示。

表8-2   **DDTP协议的优点**

项目	优点
安全存储	用户自行发起传输，可选择存储位置
	存储和验证分离，避免数据的不必要复制，安全性高
可信传输	利用区块链不可篡改性实现数据验证
	用户授权记录上链，可溯源、可审计
协同生产	用户自主发起，可支持跨机构、跨行业、跨场景协同
	同样适用跨境协作场景

资料来源：高玉翔. 个人信息可携带权的全球实践和中国路径倡议［J］. 金融电子化，2022（12）.

未来随着DDTP在各行业陆续落地，还可基于公众联盟链和跨链技术，构建更广泛的分布式数据传输、核验和协作的新生态。届时，数据接收者只需要在任意应用平台中一点接入，就可以在接收个人自主上传数据的同时验证所有来源的个人信息数据。

DDTP既符合政策的合规要求，又能解决跨机构、跨行业、跨场景数据协同生产的问题，有望在个人信息可携带权的中国实践中发挥重要作用。

第二节　互联网征信服务商 Credit Karma 模式

一、Credit Karma 的互联网征信服务

（一）在线消费金融平台 Credit Karma

Credit Karma 是美国一家提供在线个人信用记录免费查询的金融创新公司。基于美国个人信用体系，Credit Karma 让美国公民免费在线查询个人信用分数，并向他们提供一些衍生服务。它于2008年成立于旧金山，目前有约3300万用户。个人信用评分以一些重要信用评级机构的贷款偿还记录为考量基础，在确定个人的贷款利率和借贷限

额等方面扮演着重要角色，起初该评分只在人们申请贷款或其他金融服务时才能提供给用户，并收取不菲的费用。Credit Karma则对这种传统的查看限制进行了改革。Credit Karma基于互联网，向美国消费者提供信用和金融管理服务，主要向个人消费者提供免费的信用评分和信用报告，以及信息监控服务，及时了解他们的信用报告和信用评分变化情况，同时根据这些消费者的信用特征为其提供工具和建议，来提高消费者的信用状况。作为纽带，Credit Karma主要连接信用信息、个人用户、金融机构三个环节。该公司提供的个人信用数据来自三大巨头中的环联公司和艾可飞。Credit Karma的服务还包括提供基于另一种公式计算的评分，使得保险公司能够通过该数据评估投保客户提出索赔的可能性大小。这些免费服务使Credit Karma的用户稳步攀升。目前有近2100万人申请了免费账户。

（二）主要产品和服务

Credit Karma向消费者提供了包括简版信用报告、信用评分、模拟信用分析和信用监测等在内的一系列征信产品。表8-3列出了Credit Karma提供的五大类产品，前四种都是基本的征信产品，直接从征信机构批发购买；第五种是Credit Karma提供的特色服务，即信贷产品的推荐。

为了向消费者提供更便利的服务，Credit Karma推出了Insight平台。消费者可以在该平台绑定自己的银行卡、信用卡账户等，同时也可以在平台上查看自己的房屋贷款、汽车贷款、助学贷款等各种财务状况，以了解自身的财务状况以及每项财务状况与自己信用评分的关系。

表8-3 Credit Karma 的产品和内容

产品	内容	是否付费
简版信用报告	基于复杂的信用报告，为用户梳理出重要的信息，以易于理解的方式重新呈现出来。帮助个人用户了解自己的信用历史以及如何影响到自己的信用状况	免费
信用评分	标准化数字化的信用衡量方式，每周可免费查询一次	免费
模拟信用分析	模拟客户每次选择信用工具对于积分的影响，比如开通或注销信用卡、申请新的贷款、改变支付习惯等	免费
信用监测	跟踪信用报告信息，当信用报告出现变化的时候及时通知消费者，避免身份盗取或录入不正确的信息	免费
信贷产品的推荐	根据每个人的信用特征为他们推荐相符合的信用卡或贷款产品。它是通过创建用户的财务信息以及分析用户资料来决定向用户推广何种类型的广告	免费

（三）Credit Karma 和谷歌：金融与互联网的竞合

谷歌旗下的投资公司是Credit Karma的重要投资人，谷歌对Credit Karma的投资表明Credit Karma的运营理念得到了谷歌的认同。Credit Karma希望吸收谷歌在互联网领域丰富的经验和技术，以及在市场营销和拓展在线服务上的知识经验。细究起来，谷歌和 Credit Karma 在商业理念上也是有一些相似的：都是向用户提供免费的基础信息服务；公司的收入并不来自用户而主要来自商业广告和产品推荐。不同的是，Credit Karma 提供的是金融信息服务，而谷歌提供的是一般信息服务。

在利用互联网数据做征信方面，我国走在了前面，例如阿里巴巴和腾讯成立征信子公司，利用互联网上的大数据来做征信。国外的征信机构在是否将互联网上的大数据作为新的征信数据源的问题上还主要以研发为主，目前依然在谨慎地推进。谷歌虽然已经拥有了海量的互联网大数据，而且控股了互联网征信机构 Credit Karma，但它还未提出利用互联网的大数据做征信，谷歌和 Credit Karma 还处于数据和信息隔离的状态，而且 Credit Karma 的创始人肯·林表示不会与谷歌共享任何信息，一个可能的原因是互联网的大数据碎而杂，其与个人消费者的信用相关性并不是很强，而且信息的稳定性也存在问题。

但是大数据时代已经来临，信息的共享和交换是大势所趋。未来谷歌和 Credit Karma 的进一步融合，还是让人有无限联想。互联网和金融的融合，将会改变金融乃至互联网本身。

二、Credit Karma 的商业模式分析

（一）Credit Karma 的商业模式

Credit Karma 实际上是一个纽带，将信用信息、个人用户、金融机构三个环节连接起来。它是将从传统征信机构获得的个人消费者的信用信息和个人金融信息，通过数据算法，为用户提供免费的信用评分等服务，同时也通过数据挖掘和算法分析等技术，为用户提供相应的金融产品。它的商业模式可以使得个人消费者、做产品广告的金融机构以及 Credit Karma 三方共赢。消费者利用 Credit Karma 的信用服务，Credit Karma 可以挣到钱，消费者可以节省钱，银行可以得到新的用户。

作为纽带，Credit Karma 公司自身运营过程中的主要支出可分为三部分：一是从征信机构购买基础的征信产品和服务，二是开发自己的征信产品和服务，三是公司及互联网的运营。

虽然 Credit Karma 公司为用户免费提供各种服务，但它却是营利机构而不是公益性的慈善机构。它的主要收入来源是广告和佣金。由于 Credit Karma 掌握消费者的实际债务负担，包括债权人和债务利率等信息，系统通过对个人消费者的数据进行数据挖掘和深度机器学习，针对不同的消费者推出不同的符合其需求的广告，将更多的优质客户推荐给相应的金融信贷公司，从而获取利润（佣金收入主要来自成功推荐信用卡、贷款以及其他金融服务）。根据公司自己的说法，在 2014 年 Credit Karma 就已经有了数亿美元的收入。

（二）竞争对手分析

面对如此大的市场需求，Credit Karma 也有包括 Credit Sesame、Quizzle 等在内的竞争对手。它们的共同特点都是不需要消费者提供信用卡和偿还等相关信用信息就可以

向消费者免费提供信用评分，也提供信用报告查询服务，这是因为它们通过和传统的美国三大征信机构代理销售征信产品服务而获取了消费者相关的信用信息。Quizzle 是一家成立于 2008 年的新兴征信服务公司，合作的征信机构是艾可飞，提供的信用评分是来自艾可飞的 VantageScore，该信用评分和 Credit Karma 提供的信用评分一样都属于 FAKO Score[1]。Credit Sesame 则成立于 2010 年，和全球最大的征信机构益博睿合作，提供益博睿自己研发的信用评分益博睿国家等值评分（Experian National Equivalency）。我们通过表 8-4 列出了这三家征信服务公司的对比。

表 8-4　　　　　　　　　　　三家征信服务公司的比较

特征	Credit Karma	Quizzle	Credit Sesame
加入费用	免费	免费	免费
社会保障号	最后四位	需要	最后四位
信用评分服务费用	免费	免费	免费
合作的征信机构	环联和艾可飞	艾可飞	益博睿
信用评分类型	Vantage Score V3 + industry specific scores	Vantage Score V3	Experian National Equivalency Score
信用评分更新频率	每天	每月	每月
信用评分模拟	提供	不提供	不提供
信用报告	不提供，但是有信用报告卡片	提供	不提供
收费的信用报告	部分提供	全部提供	部分提供
信用报告更新频率	未知	6 个月	未知
预算服务	不提供	提供	不提供
债务分析	不提供	提供	提供
房地产	提供	提供，但仅限于快速贷款	提供
银行服务	提供	提供	不提供
债务分析	不提供	提供	提供
房地产	提供	提供，但仅限于快速贷款	提供
银行服务	提供	提供	不提供
信用卡服务	提供	不提供	不提供
个人贷款服务	提供，来自借贷俱乐部	不提供	提供，来自借贷俱乐部
汽车、人寿保险	提供	不提供	不提供
提供车贷服务	提供	不提供	不提供

通过表 8-4 我们不难发现，三大个人征信机构背后都有着丰富的金融服务支撑，它们都和新的征信服务公司合作推出免费的信用产品服务，信用产品的免费应该是未

---

[1] "FAKO Score"一词是指不是由公开交易的信用评分公司（Fair Isaac Corporation，FICO）开发和销售的"FICO 评分"。

来的趋势。我们也不难发现，提供产品最全面的仍然是 Credit Karma，这也是 Credit Karma 有更多用户的原因。

（三）Credit Karma 和传统征信商业模式的比较

表 8－5 列出了以益博睿为例的传统个人征信机构和 Credit Karma 的比较。表中从数据来源、提供的征信产品名称、主要服务对象、服务是否收费以及盈利模式几个方面对传统个人征信机构和 Credit Karma 进行了对比。和益博睿相比，Credit Karma 还不能称为个人征信机构，目前并未受到美国个人征信机构监管部门的监管，只能称之为征信产业链上的一个创新环节。但是，Credit Karma 的商业模式很好地展现出互联网创新以用户为核心的价值观，从用户的角度思考，围绕用户的需求逐步丰富服务及产品，链接服务机构，从后端收费，只要抓住了用户，就存在着多种的可能性。未来，Credit Karma 可能会提供更多更优的服务，包括整合助学贷款、比较保险报价、选择适合自己消费习惯的信用卡以及为购车融资，成为互联网的综合个人财富管家。

表 8－5　　　　传统个人征信机构和互联网个人征信机构的比较

特征	传统个人征信机构例如益博睿	互联网个人征信机构例如 Credit Karma
数据来源	来源较多且杂，授信机构、数据代理商、公共事业部门等	征信机构和消费者自身
征信产品和服务	信用报告、信用评分、信用监测、风险决策支持、市场营销等	简版信用报告、信用评分、模拟信用分析、信用监测以及金融产品推荐
主要服务对象	授信机构	个人消费者
服务是否收费	收费	免费
盈利模式	从授信机构和个人消费者收费	从金融公司收费

三、Credit Karma 模式对中国个人征信业的启示

Credit Karma 的运营模式与"我们不生产数据，我们只是数据的搬运工"的运营理念不谋而合。在当今大数据和人工智能时代，虽然数据的数量与质量是企业在市场运营的核心竞争力，但是探索数据创新服务模式，使得征信数据乃至于其他领域数据的价值更加充分地得以发挥，也是我们需要重点关注的方面。

同时，Credit Karma 的成功也离不开其所处的宏观环境背景因素。首先，美国充分市场化的征信空间为征信数据的买卖与商业营销提供了可能性；其次，美国飞速发展的深度学习和人工智能技术为实时监控和精准营销提供了技术基础；最后，美国完善的法律法规和政策也在一定程度上保障了流动数据的安全性。

中国的征信业尚在起步阶段，还没有成规模的市场化个人征信机构，也难以像美国一样获取到足够的征信数据源，利用数据进行买卖与营销也受到严格的控制，所以 Credit Karma 的商业模式在中国并不能完全模仿，但是 Credit Karma 的运营理念和服务模式的创新却值得我们学习。

第一，不仅要关注数据的采集，还要关注数据的服务。征信是一个专业性很强的

行业，主要的难点在于两端：输入端的征信数据采集和输出端的征信服务。数据是征信机构的核心资产，如果不能采集足够多的数据，征信机构就不能提供对外服务。但是我们重视征信数据采集的同时不能忽视征信服务模式的创新和研究，这决定着征信的价值和作用是否能够充分地发挥。

第二，不仅要关注信用评估，更要关注基本的征信产品和服务。信用评估只是征信产品和服务的一种，信用报告和信用监测是更基础的征信服务，其重要性不亚于信用评估。就信用报告而言，其所提供的个人消费者的信用信息更加全面、客观和真实。用来进行信用评估的内容往往就是根据信用报告的基本数据进行挖掘、分析而得到的。

第三，个人征信不只为机构服务，更要为个人消费者服务。除了中国人民银行征信中心免费向个人消费者提供每年两次的信用报告查询，国内大部分个人征信机构都把业务的重点放在和信贷机构合作上，而对个人消费者本身的需求重视不够，缺乏相应的产品和服务。作为个人征信的信息主体，个人消费者同样需要征信服务，每一个消费者只有了解自己的信用状况才能管理好自己的信用，进而才能管理好自己的财富。

第四，找准在征信行业价值链中的定位，而不是大而全。征信行业的价值链条包括数据采集、加工、分析、服务等，即使美国的三大征信机构也把很多分析和服务外包出去，例如美国有很多小型的征信机构提供专用的数据源，有的征信机构服务于特定人群，最为熟知的 FICO（费埃哲）公司专门提供基于征信数据的决策分析，Credit Karma 则专门向个人消费者提供征信信息服务。国内新兴的个人征信机构可以根据自己的特点和实力进行正确定位。

第五，从商业模式和技术两个维度进行创新。Credit Karma 本身并没有数据，但是却利用互联网商业模式的创新和数据挖掘技术，根据"基础的金融服务应该是免费的"理念不断丰富征信产品和服务，开创了互联网征信新模式。国内新兴的个人征信机构可以充分利用大数据技术的后发优势，进行符合中国国情的创新，营造个人征信的新模式。

目前我国仍在积极探索征信市场化之路，未来我们或许可以借鉴 Credit Karma 征信服务的模式，结合中国具体的金融环境和市场环境，创造一个中国特色的"Credit Karma"。近些年，国内互联网用户飞增，个人消费金融蓬勃兴起，都需要市场提供更多的基于互联网的征信服务。

第三节　跨境征信

一、跨境征信的模式及评析

跨境征信是指通过信息共享和数据交换等方式，实现不同国家或地区之间的个人信用信息共享和风险评估。随着经济全球化趋势不断增强，作为世界经济大国的中国，与国际间经贸往来越来越频繁，越来越多的国内外跨国公司跨境开设分支机构，外派员工和跨国移民，业务跨境合作和资金跨境流动需求日益增强，征信数据跨境流动需求也随之增加。即使在全球新冠疫情和世界经济形势复杂严峻的背景下，我国全口径外债余额和与贸易有关的信贷余额依然稳健增长，市场拓展、风险管控、贸易融资等跨境合作场景对跨境征信服务存在现实需求。与此同时，近年来，我国征信业对外开放步伐日益加快。2016年1月，人民银行和商务部联合发文，明确了外资设立征信机构的标准。2019年3月，时任国务院总理李克强在博鳌亚洲论坛上表示，我国将持续扩大金融业对外开放，征信、信用评级服务、银行卡清算和非银行支付的准入限制将大幅放宽。2020年4月，中国人民银行等四部门联合发布《关于金融支持粤港澳大湾区建设的意见》，要求推动跨境征信合作，支持粤港澳三地征信机构开展跨境合作，探索推进征信产品互认，为粤港澳大湾区提供征信服务。2021年9月，广东省人民政府印发《广东省深入推进资本要素市场化配置改革行动方案》，推进粤港澳共建"征信链"以满足跨境征信需求。2023年2月，中国人民银行、中国银行保险监督管理委员会、中国证券监督管理委员会、国家外汇管理局、广东省人民政府联合印发《关于金融支持前海深港现代服务业合作区全面深化改革开放的意见》，探索深港市场化企业征信机构依法开展跨境交流合作。与此同时，上海、福建、广西等地也纷纷推进跨境企业征信平台的建立，以切实解决企业市场拓展、风险管控、贸易融资等方面难题。由此可以预计，我国个人征信业也即将打开对外开放的大门。所以无论是促进跨境贸易融资发展，还是推动征信行业对外开放，都要求尽快构建征信数据跨境流动管理体系，积极参与跨境征信合作。

目前跨境征信主要有三种主流模式。

（一）公共部门主导：欧盟各成员国之间的跨境征信合作

这种模式一般由政府或政府机构主导建立和管理，旨在促进跨境合作和信息共享，提高金融机构的风险管理能力。欧洲联盟中的欧洲征信中心（European Credit Passport）项目，是由欧洲委员会主导建立的跨境征信平台，旨在促进欧盟成员国之间的信贷信息共享，为跨国企业和金融机构提供更加精确和全面的风险评估服务。该项目建立了覆盖所有欧元区国家的集中统一的信用信息系统——中央信贷分析系统（AnaCredit），采集了来自欧元区银行的企业信贷数据。在这个系统中，各国中央银行从信贷机构收集法人信用数据，其跨境机制为从欧洲中央银行到各国中央银行实现跨境报告。各国中央银行还可以自愿使用 AnaCredit 数据向其银行等机构提供信用相关信息。

此外，亚太经合组织（APEC）也曾提出过建立跨境信用信息共享机制的倡议，旨在促进亚太地区各成员之间的信用信息共享和风险管理合作。

总之，以公共部门为主导的跨境征信模式是一种比较常见的模式，不同国家和地区都有不同的实践和经验，但其核心目标都是促进跨境信息共享和风险管理合作。

（二）私营机构主导：诺瓦征信的"信用护照"模式

诺瓦（Nova）征信的"信用护照"模式是一种基于区块链技术的跨境征信模式，旨在为个人和企业提供一个全球通用的信用身份认证和信用评估工具。该模式是由总部位于美国的金融科技公司建立的，这是一家专注为移民提供征信服务的专业跨境征信机构，主要利用"信用护照"技术来使移民能够将他们的信用记录从原籍国带到移入国。当消费者在居住国申请信贷时，通过特定的身份验证并授权跨境传输信用报告，诺瓦征信公司实时获取消费者的信用报告，通过应用程序接口技术，将国外信用数据按照美国的金融产品和服务定义进行自动分类，转换成美国标准的信用分数和信用报告并传输给有需要的债权人。目前该公司已与印度、墨西哥、巴西等数十个顶级美国移民来源国家的征信机构建立了合作关系。该模式通过先进的技术手段将移民来源国的信用报告数据转换为移民国等效分数及报告格式，在很大程度上解决了监管制度差异给跨境征信业务带来的阻碍。

（三）公共部门与私营机构合作：西非国家中央银行的跨境征信系统

西非国家中央银行的跨境征信系统建立于 2015 年，该系统是西非国家中央银行与私营征信机构 Volo 征信合作建立的区域私营征信系统，组织了贝宁、科特迪瓦等 8 个西非经济和货币联盟国家间的跨境征信共享。这个系统通过中心—辐射和间接共享相结合的方式进行信息共享，由 Volo 征信数据库作为中心承载来自不同国家的征信数据，汇总各类不受监管的主体产生的征信数据；由西非国家中央银行负责汇总以及监管各类受监管的主体报送的征信数据。在满足监管需要的基础上，该模式有效扩大了数据采集范围，并借助 Volo 征信的先进技术，加速推动区域跨境征信业务的发展。

（四）评析①

上述跨境征信模式具有如下几个明显特点：第一，公共征信监管当局之间开展的跨境征信合作具备明显的政策属性，首要目标是服务于监管当局的金融监管和宏观调控；侧重点是开展跨境信用监管合作和防范区域系统性金融风险。欧盟的跨境征信合作基于金融统计数据模型，有助于分析贷款的投向和风险，了解金融机构之间的关联交易，从而有效评估区域内金融体系的关联度和稳定性。西非国家中央银行参与建立的"中心—辐射"业务模式，可以更有效地汇总辖内各类市场主体的信贷数据，防范区域性金融风险。第二，公共征信监管当局参与或推动建立的跨境征信合作，可以有效解决不同国家和地区在跨境征信合作中的标准化问题。公共征信监管当局在统一标准和制定强制采集数据项方面具备先天优势，最具代表性的就是欧盟的 AnaCredit 系统，它明确了 70 个信贷信息数据项以及 20 个身份信息数据项，有效解决了欧盟不同成员国之间的标准化问题。第三，私营征信机构开展跨境征信业务具备明显的服务属性，侧重于通过多样化的业务形式服务不同的跨境信息主体，进而不断扩大自身业务规模。同时，私营征信机构由于难以在不同国家和地区制定统一的数据标准和报告格式等内容，因此更倾向于运用技术手段规避跨境征信业务过程中的统一标准问题。比如诺瓦征信的"信用护照"就采用了应用程序接口技术和经过"训练"的人工智能技术。

---

① 王新军，赵竹青，刘昭伯，等. 跨境征信合作：实践、评析与启示［J］. 金融发展研究，2022（3）：89 - 92.

二、我国推进征信体系建设跨境合作的必要性[①]

（一）征信体系跨境合作是各国征信市场发展的必然趋势

无论是哪国的征信体系建设都需要根据该国的经济基础、征信市场发展等实际情况进行有效的制度选择和安排，并且都需要围绕征信领域中信息分享这一核心。近几年，伴随着经济全球化不断增强，各国经济、金融市场快速发展，在推动征信体系建设过程中，迫切需要建立优势互补、差异发展的有序国际化征信市场格局。因此，目前在加强信息主体权益保护、合规经营的整体框架下，推进征信体系合作和数据跨境流动，通过信息共享服务国际信用活动，推动信用信息开放，构建征信体系发展的新路径是征信市场发展的必然趋势。

（二）征信体系跨境合作是推进企业走出国门、健康长足发展的有利条件

"一带一路"建设将带领我国以全球化发展与定位的新思路，全面推进发展开放型经济体系，为我国企业带来前所未有的战略机遇和发展空间。然而目前由于跨境征信体系统一框架缺失，中国企业出口海外时常受到资信认证的困扰，因此寻找跨境贸易合作伙伴阻碍重重。开展征信体系跨境合作，能够有效帮助我国企业尤其是优质的出口企业提供信用管理服务、评估交易方信用状况，有效防范海外欺诈风险，有助于推动我国企业走出国门，积极发展对外经济。

（三）征信体系跨境合作有助于推动我国征信机构发展

目前，以美国、欧盟为代表的发达国家巨头征信机构全球化、国际化发展日益凸显。如美国的邓白氏公司于1841年成立，以商业信用调查为主要业务，经过180余年的发展，业务已经从美国新泽西州拓展至世界各地，通过并购，不断丰富和扩大自己的产品覆盖范围。据统计，邓白氏在全球拥有210多家分支机构，合作机构遍布世界150多个国家和地区，服务于全球企业征信市场。我国征信业依然处于行业发展的初级阶段，虽然目前活跃在我国征信市场上的有300多家征信机构，但是它们能够提供的产品和服务仍然相对有限，没有具有较强市场竞争力、国际影响力的权威性征信机构。

三、国际征信体系建设跨境合作的经验[②]

（一）美国

美国征信行业自19世纪40年代起步，至今已有180余年的历史，逐渐形成了完整的产业体系和高度发达的市场，其以私营征信机构为主导的征信体系也成为世界其他国家学习借鉴的对象。美国在推进征信体系建设跨境合作方面同样走在世界前沿，且特点突出。

1. 征信机构市场化发展迅速，跨境征信业务覆盖世界各地。美国拥有业务遍布世

① 郭庆祥，张颖君. 征信体系建设跨境合作探讨 [J]. 征信，2018（1）：28-30.
② 郭庆祥，张颖君. 征信体系建设跨境合作探讨 [J]. 征信，2018（1）：28-30.

界的各类征信业巨头机构，这些机构充分利用经济全球化带来的机遇，在不断提升自身实力、深化服务的基础上，从美国本土市场不断向国际化市场拓展，逐步发展成为具有国际影响力的大型跨国征信机构，为不同国家提供征信服务。如以信用评级业务为主的邓白氏公司，以信用调查、行业分析业务为主的穆迪、标准普尔评级服务公司，以信用登记、信用评分为主的艾可飞、环联公司等。

2. 注重信用信息的自由流通和全面共享，实现信息跨境合作和共享。经过100多年的发展，美国征信机构间的大规模兼并重组已经结束，在优胜劣汰的市场化进程中，一些征信行业巨头发展成为大型的跨国征信机构。这些巨头征信机构已经建立了覆盖全球的大型信用信息数据库，并在世界范围内实现了信息的流通和共享。如艾可飞公司已成为美国目前三大消费者信用评估机构中历史最久的征信机构，每年收集并分析全球范围内超过6亿消费者和8000万企业的数据，每年更新消费者评分1580亿次。

3. 征信市场跨境监管合作完善。美国是目前征信立法最为全面的国家，其以《公平信用报告法》为核心，搭建了多层次的征信法律框架，是征信市场跨境监管的基础。自律管理体系是征信法规和政府监管的有效补充。美国最具代表性的自律管理体系有消费者数据行业协会和全国信用管理协会，它们在促进本国及他国征信行业专业人才培训、国际经验交流合作等方面发挥着积极作用。

（二）欧盟

欧洲征信业也有百余年的发展历史，伴随欧元的诞生以及欧元区单一货币政策的实施，欧盟各国征信市场进入更加活跃的发展状态。欧盟征信体系建设发展过程本身就是各国征信体系间跨境合作的探索和实践，对其他国家开展征信体系跨境合作具有一定的借鉴意义。

1. 各国征信法规相互融合、相对独立。在征信立法方面，欧盟从规避风险的角度规范立法，加强各国跨境合作，指导各国制定符合本国实际的征信法规。围绕保护个人隐私和信息主体权益，欧盟推出了《个人数据保护指令》，在此框架下，各国结合本国实际制定个人数据保护法规，积极加强对自然人、法人数据的保护。

2. 征信机构业务相互交融、互动发展。欧盟各国征信业发展各具特色，但无论是公共征信系统还是私营征信机构，都呈现相互融合的发展态势，而且数据跨国交换丰富了征信机构的数据来源。如2003年，德国、法国等七国央行签署了《公共征信系统信息交流备忘录》，按月交换借款人的负债总规模，有力推进了公共征信系统信息国际交换共享力度。

3. 征信市场监管严格，以政府监管为主，行业自律组织推动跨境交流合作。从国际经验来看，一国征信监管构架与其征信市场发展模式有着直接的关系。以德国为代表的欧盟国家征信市场监管较为严格，多以政府专业监管机构作为征信市场监管主体，但在政府实施监管的同时，跨国家、跨地区的行业自律组织也逐步在共享信息、维护征信机构利益等方面发挥着越来越重要的作用。如欧洲消费者信用信息供应商协会（ACCIS）在推动各国征信行业的会员机构产品代理、跨境人才交流等合作方面发挥了积极作用。

（三）日本

日本征信体系采用会员制，由行业协作运作的个人征信中心与市场化运作的企业征信机构并存，建立相应的银行体系、消费信贷业和销售信用产业协会。

1. 强调征信活动法律约束。为更好促进信息流动，推动征信信息跨境流动，对于信息流动中个人信用信息保护，日本政府更注重顶层制度设计，突出法律的约束作用。如《行政机关保有的电子计算机处理的个人信息保护法》对个人信用信息的保护进行了严格的规范。

2. 征信机构快速发展。日本政府在立法上推动信息共享，为征信机构发展创造了完善的市场环境，使征信机构得以快速发展，在国际上的核心竞争力不断提升。日本本土两家最大的评级机构评级和投资信息公司（R&I）与日本信用评级公司（JCR）占有国内70%的评级市场份额，并在主权信用评级方面迅速发展。在国际化合作方面，日本在法国、比利时、卢森堡和中国香港等地都具有合格外部评级机构资格，并与韩国的首尔信用评级公司建立了战略合作关系。

3. 重视征信行业自律。征信行业监管方面，日本十分重视行业自律。日本对个人征信机构的监管并没有专设的政府机构，主要通过行业协会进行自律管理。对企业征信机构的监管，日本完全实行市场化运作，极大地推动了征信业的发展。

四、对我国征信体系建设跨境合作的思考

近年来，我国积极推进跨境征信合作。2020年4月，中国人民银行等四部门联合发布《关于金融支持粤港澳大湾区建设的意见》，强调推动跨境征信合作，支持粤港澳三地征信机构开展跨境合作，探索推进征信产品互认。目前，在内地居住、申请居住证的港人已超过10万人，因此加强区域间征信数据的整合，综合分析信息主体的信用状况，促进人才、资本、数据、技术等创新要素跨境流动能更好地满足企业跨境融资、个人跨境信贷等金融需求。百行征信也按照监管部门的有关要求开展大湾区征信互认等相关研究，从法律法规、互认顺序、共享场景、共享标准、场景拓展、区块链应用等多个方面探索分阶段、分步骤推进征信互认的可行路径，为大湾区跨境融资、申办信用卡、房贷、创业、就业、消费等多场景的应用提供优质服务，为深圳社会主义先行示范区和粤港澳大湾区的建设添砖加瓦。

征信体系建设跨境合作在信用信息的自由流通和全面共享、征信机构互动发展等方面发挥着积极作用，因此应借鉴国际经验，尽快构建我国征信体系建设跨境合作框架，进一步完善、健全我国征信体系，实现我国征信市场规范、健康发展的目标。

（一）立足征信体系法律法规建设，加快我国征信市场建设步伐，实现与发达国家的合作和发展

完善的征信法律体系是促进本国征信市场发展、实现各国征信体系跨境交流与合作的基础。我们应积极借鉴相关征信法律法规，建立健全推动数据跨境流动的相关法

律制度。在制度设计上，要本着信用信息数据安全和数据开放兼顾的原则，进一步健全我国个人信用信息安全方面的法律法规，并在注重隐私权保护的前提下，推动信用信息数据的合理流动和共享。促进我国征信市场外部环境不断优化，推动我国征信机构、征信业务以及征信市场的规范发展。

（二）积极培育征信机构，推动征信机构跨境合作，加强征信机构相互交融、互动发展

虽然我国一些市场化的征信机构与美国、欧洲的一些发达征信机构已经建立了交流合作关系，但客观上在跨境合作方面依然存在障碍。我国应抓住征信体系建设快速发展的机遇期，立足征信机构发展，积极培育大公国际、中诚信等已具规模的大型征信机构，出台政策促进我国征信机构"走出去"，提升我国征信机构的核心竞争力，进一步扩大我国征信机构在其他国家设立分支机构，提升我国征信机构与其他国家征信机构数据合作、业务合作及倡议合作水平，有效促进征信机构间的跨境交流合作。

（三）建立征信市场监管跨境合作机制，加强跨境信用信息交流与共享

健全和有效的国际征信合作体系需要由完善的征信监管体制作为内在基础和保障。在未来相当长的时间内，政府仍将是我国征信体系的核心监管力量，同时征信体系建设市场化进程不断加快也是征信体系未来发展的必然趋势，"一带一路"倡议和建设也给我国征信体系建设跨境合作注入了新的发展动力。因此，在政府监管的基础上，我国应该积极尝试建立征信市场监管跨境合作机制，探索与"一带一路"沿线国家在信用信息监管与应用、信用评级公司评价体系和标准构建等方面的合作与交流，实现对信用资源的有效配置。如建立信息交流备忘录、消费者信用信息供应商协会等跨国家、跨地区的行业跨境合作合约、合作组织，明确征信业务合作范围，深化各国征信管理部门与执行机构间的合作。

【知识链接 8 – 1】

西非经济货币联盟：开创真正的跨境信用信息共享系统

一、案例背景

西非经济货币联盟（Union Economique et Monétaire Ouest – Africaine, UE-MOA）于 1994 年 1 月 10 日成立，总部设在布基纳法索首都瓦加杜古，前身西非货币联盟最初建立于 1962 年 5 月 12 日，当时由非洲西部的塞内加尔、尼日尔、贝宁、科特迪瓦、布基纳法索、马里、毛里塔尼亚等 7 个成员国组成。1963 年 11 月，多哥加入了该联盟。最初建立的西非货币联盟成员国原系法国的领地或殖民地，是法郎区的一部分，这些国家在独立前后的一段时期，使用的货币为法属非洲法郎。1962 年 11 月 1 日，西非货币联盟成立了西非国家中央银行（Banque Centrale des Etats de l'Afrique de l'Ouest, BCEAO），作为成员国共同的中央银行。西非国家中央银行总行设在塞内加尔首都达喀尔，在各成员国设有代理机构，总行

负责制定货币政策，管理外汇储备，发行共同货币非洲金融共同体法郎，供各成员国使用。西非货币联盟的根本宗旨是建立稳定的、有助于成员国经济发展的货币和金融环境。其基本职能有四项：创建统一货币；建立共同的中央银行；建立统一的监督机构；建立、执行共同的银行政策。该联盟的 8 个盟员国除科特迪瓦和塞内加尔属于中低收入国家外，其他成员国被认为是低收入经济体。该地区中央银行的目标之一是通过向中小微企业和个人提供更多贷款，促进成员国家间的金融包容性。

2012 年，在世界银行集团的 183 个国家中，该区域内所有国家在信贷方面排名第 126 位，在信贷信息深度方面的得分为 1.0（当时平均分数为 6.0）。2012 年，私营个人征信机构覆盖的成年人口比例为零，尽管该地区所有国家都有一个由西非国家中央银行管理和运营的中央公共登记机构，但没有一家私营信贷机构投入运营。地区公共信贷登记系统的覆盖率也徘徊在 0.9%～10.7%。公共信贷登记系统所提供的信息范围、广度和质量都未能帮助银行满足其信贷风险管理要求。此外，只有当贷款达到一定额度时，监管机构才会收集其信息。

二、问题

在西非经济货币联盟，个人和中小微企业可获得信贷的渠道受到缺乏可靠信贷数据的阻碍，因为这些数据无法为贷款决策提供足够信息。因此，相当一部分人（估计超过 60%）无法获得信贷，因为他们缺乏合适的传统抵押品。本区域的个人征信机构负责帮助编纂个人和中小微企业的信用记录，帮助这些个体建立信誉担保物从而获得信贷。考虑到信贷市场中信息共享的局限性，西非国家中央银行要求国际金融公司帮助其建立一个区域性的私人征信机构的解决方案，并要求该方案通过中心辐射式的方式满足本地区经济规模的要求，并且不论会员国的大小或各自经济的强弱，都为其创建出最先进的征信解决方案。在各种方式、方法中，部署区域性的个人征信机构的方法能够促进资金出借、提升金融包容性，同时有助于防止过度负债。

三、解决方案

根据以上要求，国际金融公司与西非国家中央银行签订了一项协议，以独立、中立的顾问身份提供信贷信息咨询服务，具体包括以下内容。

1. 对该地区的信贷市场、信贷信息共享基础设施以及法律和监管环境进行了详细的市场分析，提出了战略报告和建议，其中包括可供参考的战略议题、借鉴国际经验的最佳案例建议和为该区域量身定做的解决办法。

2. 起草了一份能够适应 8 个成员国的统一的征信法案，并和西非国家中央银行通过在该地区举办的许多讲习班，显著提高了征信法内容的认知程度和敏感程度。

3. 与非洲国家中央银行以及其他利益相关主体合作制定了一份技术建议书，用于征求已建成的个人征信机构的建议。

4. 依照客观计分卡对提案进行评估,并选择最佳供应商在本地区设立分局。

5. 西非国家中央银行进行了如下能力建设:发展其运营授权能力和个人征信机构的监管能力;提供大量的相关文档和指导;为监管方提供培训;为其他行政辖区安排游学,内容包括访问个人征信机构和监管方。

6. 向金融机构(银行)的主管提供培训,以确保受监管实体履行信用报告法规定的职责。

7. 对现有的公共信贷登记系统进行了两次差距分析(GAP Analyses),目的是判断需要进行哪些升级或改进,进而确保该信贷登记系统能够支持金融部门的监管,以及为该地区制定适当的货币和金融货币政策。

8. 向西非国家中央银行和银行业委员会提供了监管机构如何运用信用报告数据完成监管任务的培训。

9. 举办了大量讲习班和会议,其中包括两次高级别国际会议。

10. 帮助西非国家中央银行编制关于原生消费者的征信知识材料,提高消费者对征信及其影响的认识。

四、结果

该项目非常成功,到2018年7月短短6年的时间已经取得了如下成果。

一份统一的征信法案被部长会议(西非国家中央银行最高决策制定机构)采纳,并且被8个成员国采纳并通过。

开创了统一法律允许信息跨国界流通之先河。所有信用信息存储在一个位于中心位置的共享数据库中,得益于成功的立法,塞内加尔的借款人可以申请科特迪瓦的信贷,并且从塞内加尔或其他地区的区域性个人征信机构中访问出借人的信用历史。本系统是少数真正实现跨境个人征信机构信息共享的系统之一。

获得详细的征求建议书后,经过筛选过程,西非国家中央银行给科瑞迪福集团沃洛公司授予许可证,使其成为覆盖全部8个成员国的区域性私人个人征信机构。

该机构自运行以来,截至2018年7月,共增加了192个成员,其中152个成员机构与该区域性私人个人征信机构间能够共享数据,同时为350万个客户提供服务,未偿还贷款数额达到270亿美元,记录查询次数激增。

五、成功要素

强大而坚定的利益相关主体来领导和支持项目对于项目的成功是至关重要的。在本案例中,西非国家中央银行是项目实施的主要对接人。如果项目需要,西非国家中央银行愿意为私人的个人征信机构,提供在8个成员国中的推广奉献出的时间和资源长达五年,这五年的时间是创纪录的。

国际金融公司为该项目带来了与全球60多个国家的合作,超过15年以上的项目经验。此外,国际金融公司扮演的中立、独立的第三方顾问的角色,也成为了本项目成功实施的重要因素。

资料来源:世界银行集团. 征信知识指南(2019年版)[M]. 北京:中国金融出版社,2021.

【本章要点】

1. 随着数字经济时代的到来，社会公众将越来越关注个人数据的价值。从全球来看，个人征信业务也将逐渐发展成为个人数据产业。本人数据库管理（MyData）模式作为有利于解决个人信息保护的全新个人数据管理和商业实现的理念也正在全球兴起。

2. Credit Karma 基于互联网，向美国消费者提供信用和金融管理服务，主要向个人消费者提供免费的信用评分、信用报告和信息监控服务，及时了解他们的信用报告和信用评分变化情况，同时根据这些消费者的信用特征为其提供工具和建议，来提高消费者的信用状况。Credit Karma 通过为金融公司做广告，根据用户的信用特征和获得金融产品的可能性，将定制化的产品广告推送至这些用户。

3. 跨境征信的模式主要有三种：公共部门主导，如欧盟各成员国之间的跨境征信合作；公共部门与私营机构合作，如西非国家中央银行的跨境征信系统；私营机构主导，如诺瓦征信的"信用护照"模式。

【重要概念】

个人数据产业　Credit Karma 模式　跨境征信

【延伸阅读】

有关粤港澳三地征信机构开展跨境合作的内容，请参阅《关于金融支持粤港澳大湾区建设的意见》。

【思考题】

1. 什么是个人数据产业？
2. Credit Karma 的商业模式是什么？
3. 跨境征信的模式有哪些？
4. 你认为我国为什么要推进征信体系建设跨境合作？

企业征信产品应用场景

【学习目标】

1. 通过案例学习，了解企业征信产品在银行贷款、信用交易、债券发行、股票上市、资信评级、普惠金融和其他金融场景应用中的重要性，以及企业不良征信信息对企业生产经营和金融交易活动可能产生的影响和后果。

2. 了解企业信用风险转移的主要手段和工具，学会运用企业征信产品分散和转移信用风险。

3. 通过案例学习，认识和掌握加强企业征信信息管理和应用场景的主要方法和途径。

征信活动是随着信用经济的产生而产生，并随着信用经济的发展而发展的。对于债权人而言，为了防范和控制风险，就需要通过各种征信信息对债务人履约的可能性进行评价。在与企业（债务人）的业务交往中，如信用交易、银行信贷、债券发行、股票上市、资信评级、融资租赁、融资担保、信用保险等活动都会涉及对企业的征信，因而企业征信信息的应用十分广泛。

当前，少数企业只顾追求经济利益，道德失范，商业不讲诚信，生产不讲信誉，在银行贷款、信用交易、债券发行、股票上市、资信评级等金融交易活动中，骗贷逃债、财务造假、违约拖欠、欺诈上市等失信现象层出不穷。当选择失信的机会成本远远低于选择守信所付出的代价时，那些投机者就会肆无忌惮地践踏诚信。随着社会信用体系建设的深入推进，我国多部门已初步建立了"守信激励、失信惩戒"的联动惩戒机制，依法依规出台措施，改变"可以从失信中获利"的惯性思维，将失信者淘汰出局或让失信者得不偿失，共同挤压失信被执行人的"生存空间"。对企业来说，今后守信将会一路畅通，失信将会受到多部门联合惩戒，陷入"一处失信，处处受限"的境地。

因此，企业有必要了解征信信息的重要性，以及企业出现不良征信记录对生产经营和金融交易活动可能产生的影响和后果。本章对银行贷款、信用交易、债券发行、股票上市、信用评级等金融交易活动中的企业守信和失信现象进行分析，帮助企业了解征信信息在各种金融场景应用中的重要性，以及掌握加强企业征信信息应用和管理的方法和途径。

第一节　银行贷款

银行贷款是企业获得经营所需的财务资本的重要来源，通过银行贷款获得的资金可用于购买设备以及弥补企业营运资金不足等，对于企业的长远发展非常重要。商业银行会从企业的品质、能力、资本和抵押品等方面来对企业信用价值作出评估，以决定贷款的发放。一些企业实际控制人和管理人员诚信意识淡薄，以各种欺瞒手段骗取银行贷款，无疑会严重损害企业的诚信形象，断送企业的发展前程，而且责任方个人也会因违约被列入失信被执行人黑名单，严重者要承担刑事责任。

一、案例1：企业老板骗贷失信的成本

A企业成立于1991年，企业注册资本1000万元人民币，坐落于某沿海城市工业区，企业主营业务为印刷，经营范围包括印刷机械的维修、保养和调试，包装印刷，印刷机械零件销售等。企业成立后取得了新闻出版局颁发的出版物印刷许可证等资质证书。通过引进先进的德国海德堡印刷机，A企业在沿海城市里赢得了不少市场。经过几年的发展，企业的总资产达到4000多万元，净资产也达到了3000多万元。

为进一步扩大生产能力，A企业于2010年5月向该市某银行申请了1年期500万元人民币贷款用于购买设备和补充流动资金。为顺利取得贷款，A企业将一台新进口的德国制造的价值约800万元人民币的海德堡对开四色印刷机抵押给该银行，同时企业老板夫妇承担个人连带责任保证。这台海德堡印刷机的印刷质量高、机器寿命长、保值性能强，作为抵押品也受到银行青睐。粗看这台印刷机的权属是十分清晰的，有发票，有经过证实的购货合同，抵押手续似乎也无懈可击。但是后来证实，这台印刷机事实上并不属于该企业。A企业老板在与海德堡销售机构签订了购买合同后，又与一家在香港的境外银行签订了设备租赁合同，约定在租赁期间内，印刷机的所有权归境外银行所有。设备的发票则是通过一家没有进口设备经营权的企业开出的，当追查到开发票企业时，该企业已经注销了。这样，A企业从一开始就为赖账埋下了伏笔。

贷款到期后，A企业老板并没有按时归还欠款，贷款银行立即催促企业还款，并随即向法院提起了诉讼。该企业老板赖意在先，为了避免因签订夫妇个人连带保证责任而可能以其夫妇个人名下的资产偿还贷款，他之前就采取了一系列转移财产的行动。该企业老板夫妇在老家某市注册成立了一家印刷企业，注册资本为450万元人民币，距偿还贷款时间还有6个多月时，老板夫妇就将其老家企业的全部股份无偿转让给刘某等三人，并办理了有关的工商变更登记。之后老板夫妇又将其在该市购买了仅一个多月的两套住房转让给其亲戚，转移资产以逃避债务的意图暴露无遗。

贷款银行通过区法院依法查封了印刷企业的设备等财产，其中包括一台日本三菱

对开四色胶印机。这时 A 企业老板又自作聪明编造出一个所谓的债权人——××保税贸易有限公司，称该保税公司为印刷企业办理了三菱印刷机进口手续，并垫付了购机款项。××保税贸易有限公司向区法院对被执行人的三菱胶印机提出执行异议申请。区法院作出裁定书驳回了××保税贸易有限公司的执行异议，同期××保税贸易有限公司向中国国际经济贸易仲裁委××分会提出了仲裁申请。仲裁委员会作出了裁决书，裁决××保税贸易有限公司对三菱胶印机拥有所有权。中级人民法院向区法院发出执行监督函，要求区法院暂缓对被执行人的执行，致使第二日已经公告的拍卖无法进行。之后，中级人民法院经核实相关情况，依法驳回了××保税贸易有限公司的执行异议，并通知区法院恢复执行。

最后，A 企业老板因恶意逃避银行贷款，他们夫妇俩投资的印刷设备等全部被拍卖用来偿还债权人的债务。一个曾经有一定规模的印刷企业由于老板的失信从此销声匿迹，老板在当地企业信用信息网上成为恶意欠款的老赖，被法院列入失信被执行人名单。

二、案例 2：伪造虚假资料贷款诈骗上亿元，实际控制人被判无期徒刑

2013 年至 2015 年间，马某伙同他人，以其实际控制的北京久益中矿久益建设安装有限公司（以下简称久益公司）名义，采取伪造建设工程施工合同等资料，冒充大同煤矿集团有限责任公司（以下简称同煤集团）高级管理人员等方式，虚构久益公司对同煤集团存在应收账款等事实，先后骗取广发银行股份有限公司北京京广支行（以下简称广发京广支行）、包商银行股份有限公司深圳分行（以下简称包商深圳分行）贷款共计 1.3 亿元。贷款到期后，被害单位多次催收，马某等人未归还贷款，畏罪潜逃。

那么马某是如何骗过银行的考察人员，虚构双方的应收账款的呢？据介绍，2013 年 7 月，久益公司执行董事提出想以与同煤集团马脊梁矿建设施工合同产生的应收账款作为担保向广发银行贷款 1 亿元。当月，行长去了久益公司大同办事处，见到了董事长马某及法定代表人。第二天，久益公司法人带着行长到大同煤矿财务有限责任公司见了副总经理高某（根据证言，高某实为被告人马某的姐夫），高某认可同煤集团与久益公司的合作，后又见到了主管生产经营的副总经理南某，而南某的真实身份则是被告人马某的"打工人"。9 月，分行审查部副总经理、审查人、行长及证人又去了大同，与之前走的流程一样，见到的也都是同一波人。一个月后，该分行批了 3000 万元的贷款额度，10 月 31 日正式放款，并按照约定将款项打入久益公司在广发银行的账户，再转入上游供应商公司。2015 年 8 月，分行没有审批续贷，同年 10 月、11 月，银行两次催还贷款，后马某等人相继关机，失去联系。11 月底，行长等人再到同煤集团财务公司找人时，发现门牌没有了，而公司总经理则表示对之前的事情不知情，财务部的人表示没有和久益公司发生过业务，再之后同煤集团的人就说广发银行可能被骗了，高某不认识广发银行的人。实际上南某、高某二人均与被告人马某是熟识，所以在马某提出借办公室谈生意一事时，遂将一间办公室借出。因此，每当广发银行的

工作人员要进行现场勘查时，马某就让手下把同煤集团马脊梁矿项目部的牌子换成久益公司，骗贷之事得以顺利进行。包商深圳分行被骗也如出一辙。

法院最终判决认定，被告人马某犯贷款诈骗罪，判处无期徒刑，剥夺政治权利终身，并处没收个人全部财产；责令退赔广发京广支行 2509 万元，退赔包商深圳分行 9143 万元。

三 、案例1—2 分析

案例 1 中，A 企业老板一开始就在抵押资产上存在骗贷的主观故意，为后来的赖账埋下了伏笔。在贷款到期后，该企业老板并没有按时归还（在借款时他就没有想到要还），之前就采取了一系列转移财产以逃避债务的行动，最终上了当地恶意欠款的黑名单。

案例 2 中，久益公司企业法定代表人马某通过伪造建设工程施工合同等资料，冒充同煤集团高级管理人员等方式，虚构久益公司对同煤集团存在应收账款等事实，骗取银行贷款 1.3 亿元后畏罪潜逃，给银行造成重大损失，马某最后也以贷款诈骗罪被追究其刑事责任。

长期以来，一些企业老板诚信意识欠佳，恶意欠债不偿，拒不履行义务，即便由法院判令被告偿还相应债务，也往往因人员难找、财产难查等而无法执行，成为债务追偿的一大难题。要防范企业经营者道德风险，解决老板跑路成本低问题，一方面应该加快完善企业信用体系建设，打破各部门之间信息平台的互联共享隔阂，对失信企业和经营者进行有效约束与惩戒；另一方面加快建立对民间借贷危机、老板跑路失联案件的"快侦、快破、快捕"机制，曝光失信被执行人的黑名单制度，使老赖们在政府采购、招标投标、行政审批、政府扶持、融资信贷、市场准入、资质认定等方面受到限制，形成有效的社会信用体系监督网，督促老赖主动履行义务。此外，金融机构从业人员在贷前调查中也要多渠道全方位地了解企业经营者的信用记录，防范可能的道德风险。

第二节 商业信用交易

在商业信用交易中，卖方作为授信方和债权人，最容易由于风险防范意识不足和风险控制措施不当而成为遭受损失的受害一方。尤其是在海外赊销交易中，由于信息不对称情况较为严重，卖方更容易被骗受损。本节从卖方角度分析企业如何对客户征信信息进行管理。

一、案例3：海外赊销交易中对买方主体资信调查的重要性

（一）案情

国内某旅游用品出口商 C 公司在一次海外展会中结识了匈牙利某公司华人业务经

理王某，双方自 2011 年开展小额贸易，在近两年的交易过程中，C 公司觉得匈牙利某公司操作规范、付款及时，双方逐渐建立起互信关系。交易期间王某作为匈牙利某公司的唯一联系人，包括询盘、定价、运输、提货、付款等在内的全部操作均由王某一人出面完成，其出色的业务能力、顺畅的语言沟通，以及日常交往中熟悉的中式商业文化，让 C 公司一度忽略了对新市场的分析研究和对交易伙伴的冷静判断。2013 年 C 公司决定扩大与匈牙利某公司的交易规模，将单次交易金额由几万美元大幅提高至 40 万美元，支付方式为货到付款（O／A）45 天，期望依托匈牙利某公司的销售网络开拓东欧市场，培育业务新增长点。

然而货款到期日后，买方发生了拖欠。经多番追讨，买方始终未能偿还欠款，于是 C 公司向中国出口信用保险公司（以下简称中信保）通报可能损失。按照惯例，中信保首先向匈牙利某公司发出了质询函，匈牙利某公司负责人签发书面回函称从未与 C 公司进行过贸易往来，在 2011—2012 年间从未向 C 公司支付过任何款项，对相关欠款并不知情，并进一步表示其公司没有名为王某的华人雇员。带着诸多疑问，中信保就案件展开深入调查。

C 公司表示，从王某身份看，其在历史交往中所使用的邮箱后缀清晰显示为匈牙利某公司，对于其业务经理的身份，也有相关名片为证，凭这两点可以充分证明王某系匈牙利某公司雇员，其行为应由匈牙利公司承担法律后果。从买卖双方的历史贸易单证看，提单的通知人和收汇水单的付款人均显示为匈牙利某公司，相关单据是贸易事实的有力证据。从此次拖欠款项涉及的货物情况看，根据船公司确认，货物已由买方凭正本提单提货，推测目前货物就在买方控制之下，买方否认欠款事实属无赖之举。

但中信保经分析认为，C 公司主张存在诸多漏洞：第一，以名片及邮箱后缀认定王某的行为由匈牙利某公司承担法律后果存在不确定性，对于此类疑似诈骗的案件，除非有清晰、完整、有说服力的证据链作支撑，否则法院很难支持 C 公司的主张。第二，证明贸易事实存在最有效、最直接的书面证据，是经双方签署生效、符合一国法律形式要件的合同文书，其他如提单或付汇水单等单证仍需结合更多证据才能具备主张事实存在的前提条件。A 公司仅以两份简单文件为支点难以支撑整个贸易事实。中信保经对相关贸易单证和操作环节反复分析，并通过专业渠道对匈牙利某公司展开背景调查发现，匈牙利某公司成立仅数年时间，业务规模总体并无明显增长，管理层中除 1 人为匈牙利本土人士外，其余均为华人。最后，中信保通过各种渠道查清王某并非买方员工，而是中国香港某公司的负责人，王某通过中国香港某公司在内地采购商品后转卖给匈牙利某公司，所以匈牙利某公司对中国香港某公司确不知情，王某认为 C 公司的货物质量有问题因而拒不付款。中国香港某公司是一家典型的皮包公司，在经济金融高度发达的中国香港，像王某这样的"幕后老板"无须现身，仅委托当地专业的会计师事务所或秘书公司负责年检等相关事宜，即可使公司保持"存续"状态。中国香港某公司注册资本仅 1 万港元，在法律上承担有限责任，一旦陷入商业纠纷并被诉诸法律，其承担责任的经济能力十分有限。

从惯常思维的角度看，无论在匈牙利还是中国香港，民事法律救济在过程和结果上都充满不确定性，且相关工作在金钱成本和时间投入上难以估量。中信保决定放弃对中国香港某公司和匈牙利某公司提起民事诉讼的常规追讨策略，将矛头集中指向王某，在中国香港地区法律体系下积极推动相关司法部门认定和追究王某的刑事责任。在巨大的压力下，王某以公司名义主动提出折扣和解，C公司从经济的角度充分权衡利弊后，最终接受了和解方案，有效挽回了部分损失。

（二）案例分析

在贸易交往中，出口企业往往容易忽视企业征信信息对业务健康发展的重要作用，特别是那些公司规模不断扩大、业务拓展需求迫切的出口企业，更要从企业征信信息工作的最基础环节着眼，提高风险防范意识，增强风险识别能力，重视对目标市场的钻研和对贸易伙伴的甄选，切勿急于求成。本案例中，C公司对贸易对手的背景和王某的身份缺乏最基本的了解，仅以名片、邮箱后缀等简单的要素作为客户识别和业务操作的依据，暴露出C公司在法律领域相关知识、经验和技术积累方面比较薄弱，在信息收集、客户管理、风险预警等贸易流程的重要环节上存在管理缺位。

随着中国经济的飞速发展，越来越多的商贸精英走出国门，相似的教育背景和思维模式，亲切的语言沟通和商务文化，使他们能够与出口企业迅速建立互信关系，并顺畅开展合作。但不能排除在这一群体中也潜伏着一小撮经验丰富、处事老道却别有用心的"精英"，他们熟悉国内外市场行情，精通贸易、金融和法律，懂得利用中式的人情世故松懈出口企业的防范意识，他们善于等待、精于设计，一不小心，就会让出口企业落入其悉心布下的连环套，百口莫辩，有苦难言。因此，在贸易交往中，出口企业首先要对交易伙伴做到知己知彼，在业务初期即对买方客户展开资信调查，对于相关买方发展历史、经营状况、主营产品、诉讼记录、管理层变动等重要信息进行收集整理并定期更新，必要时还应要求买方提供工商注册记录、纳税证明、买方负责人或业务员身份证（护照）等证照复印件；有条件的出口企业还可以委托第三方调查机构，对买方资信状况作进一步核实，或亲自出国对买方进行实地考察。对买方关键信息进行动态更新，对重要的资质文件进行存档管理，可以有效排除那些资质不良、信用较差、存在较大违约风险的买方企业，有效防范贸易主体风险。

与此同时，单据是国际贸易交往中权利义务流转的重要载体，单证管理直接体现了出口企业对相关法律规则的理解和驾驭水平。对风险的管理不仅体现在事前的识别和防范上，更体现在风险发生后出口企业如何妥善应对方面。以贸易合同为基本框架，对相关出运、交付、质检等操作环节的履约情况进行详细记录，对涉及的相关贸易单证和函件进行归档备案，围绕国际买卖的债权债务关系形成相对完整的证据链条，一旦发生风险或合同纠纷，出口企业便能够在第一时间作出反应，积极寻求法律救济。

二、案例4：重客户关系、轻客户资信调查，企业被骗受损

（一）案情

2009年6月，某电缆公司（以下简称D公司）分厂负责人接到某电力物资有限公

司（以下简称电力物资公司）询购电缆的电话，自称是某著名电力集团的下属企业，每年需订购价值3000万~4000万元的电缆，这次因电力局某领导大力推荐，他们才和D公司负责人联系订购事宜的。随后D公司分厂派员实地考察了该电力物资公司，看到该电力物资公司办公场所到处都有某电力集团的标志，便认为这是一家有一定合作前景的电力下属企业。6月16日，D公司在没有对电力物资公司进行任何征信调查的情况下便贸然与其签订了总金额211.9万元的电缆买卖合同。合同约定"先预付10%，货到验收付20%，一个半月付67%，留3%为质保金"。

6月19日，电力物资公司飞往D公司总部认真考察了三天。6月26日，电力物资公司预付货款10万元。6月27日，D公司在预付款尚欠11万元的情况下，便发去了154.43万元的电缆，7月5日，电力物资公司在某电力局人员的陪同下，又专程赴D公司分厂考察。7月9日，电力物资公司又预付20万元货款。7月10日，D公司分厂在电力物资公司未完全履行合同付款义务的情况下，又与其签订了第二份240.5万元的电缆买卖合同，并发去价值56.94万元的电缆。8月8日，在电力物资公司共付60万元货款，已发货价值211.37万元的电缆，尚欠货款145万元，同时尚欠第二份合同预付款24万元的严重违约情况下，D公司应分厂的再三要求，发了第二份合同中价值19.4万元的电缆。8月17日，电力物资公司带着据称是银行、公安各一人再次飞往D公司总部考察。至9月5日，债务人共订货452.4万元，分五次预付货款60万元，收到电缆价值230.77万元。

对此D公司分厂认为，目前客户违约现象很普遍，何况才逾期一个月；但以上情况引起了D公司信用管理人员的注意，从风险监控的角度分析认为已有风险，便发出了风险预警，引起了领导高度重视，先暂停了发货，至此电力物资公司尚欠179万元，多次催款一分未付。针对以上情况，D公司领导果断批示公司信用管理人员"速办此案"。在接办此案前后，信用管理人员查阅了合同、付款发货记录，初步判断：电力物资公司在长达40多天里分五次预付货款60万元的行为，说明了其财力不足，不符合电力企业的付款习惯，倒像小型私营企业所为，有假冒电力企业之嫌，因此债务人的身份值得怀疑。建议立即启动风险应急预案：正式停止发货，列入专业清欠，迅速采取"调查取证，催款追货，争取公安介入追讨"的催款策略。

首先，D公司信用管理人员先电话咨询了某电力集团，证实该电力物资公司不是某电力集团下属企业；让D公司分厂到当地工商局查询，打印并传回了债务人营业执照注册信息。经解读营业执照，"注册号"第七位是"2"，说明债务人是私营企业的身份（第七位的识别号"1"是法人出资非私企内资的识别号，"2"是自然人出资私营企业的识别号，"3"是个体工商户的识别号）；"企业名称"中的组织形式为"有限公司"，字号也与电力集团使用的下属企业字号不符；"注册地址"为居民住宅，这也不可能是电力企业，而实际经营又在海关大楼，两者地址不一样；"注册资本"300万元，订货452万元，远超出注册资本132万元；"成立日期"不到两年，根据业界"成立不到三年的公司风险大"的定律，也可判断该公司有风险；"年检情况"为B级，也表明有一定风险。经以上注册信息的解读和相互印证，证明债务人存在极大风险。

在掌握了电力物资公司的注册信息后，D公司便以催款的名义立即赴该公司进行实地考察。催款未果，只拿到一张还款承诺，但实地考察却发现了不少问题。该公司办公场所系租海关大楼几间房办公，挂满了"某某水利开发公司""某某投资开发公司"等公司牌子，到处都有某电力集团的标志，给人以既拉大旗做虎皮又自相矛盾之感。询问该公司的房东海关得知，该公司还欠海关房租数十万元。拜访了某电力集团，得知前段时期他们几乎天天都能接到查询该公司是不是他们下属企业身份的电话，再次证实该电力物资公司的虚假身份。在强大的催款和追查货物去向的压力下，该电力物资公司拿出了一份可证明230万元电缆有去向的下家合同，为进一步取证提供了方向和线索。通过调查，发现这份下家合同是编造的，即章是真的，但内容是编造的。通过以上调查及取得的证据，完全可以证明该电力物资公司是一家没有实际履约能力，以支付部分货款、开始履行合同为诱饵，骗取全部货物后，在合同规定的期限内拒不支付其余货款的骗子公司。

10月，D公司多次强力催款未果，在欠款风险越来越大的情况下，以涉嫌合同诈骗罪为由向公安机关报案，公安机关立即进行案前调查和立案追讨，先后将案犯全部缉拿归案。经公安机关查证，电缆已低价卖给铜贩子。至此，本案赃款只追回一部分，D公司损失巨大。

（二）案例分析

本案例中，D公司最大的失误在于对订货量大、风险不确定的新客户某电力物资公司，没有在赊销交易前进行任何征信信息调查，便贸然签订了两份共450万元的赊销合同；在债务人已严重违约情况下，又违规发了第二份合同的部分货，进一步扩大了损失。本案例中的经办销售员宁肯花3万元接待费去维护客户关系，却没花钱去进行客户资信调查，也没有去购买第三方征信公司的资信报告。这种"重客户关系，轻客户征信信息调查"的倾向对企业信用风险的控制与防范是十分不利的。征信调查被西方工商界誉为"经济生活中防止跌倒的手杖"，在信用交易前对客户事先进行征信调查是识别骗子和不良客户、防范客户风险的重要手段。

第三节　债券发行

在资本市场中，企业债券是重要组成部分，也是企业融资的重要渠道。企业在发债的时候，企业信用体现的就是债券自身的信用。良好的诚信水平和诚信形象有利于改善企业与利益相关者的关系，创造外部经济性。企业的诚信状况也逐渐成为再融资的关键条件之一。投资者往往愿意给诚信的企业更高的溢价，更愿意追捧诚信度良好的发债企业。企业诚信水平越低，投资者面临的不确定因素越多，为满足收益与风险匹配原则，投资者往往要求风险溢价，从而使得企业融资成本较高，失信的企业则或因失信侵蚀中长期估值而被投资者回避。因此，在全流通时代，要提升公司市值，增强企业债券的吸引力，提高诚信水平是一条切实可行的途径。

一、案例5：诚信提升估值

广东省××股份有限公司（以下简称E公司）主要从事家具和木地板等木材深加工产品的研发、设计、生产与销售。公司自成立以来始终坚持以信用为基础，构筑业务发展平台。在与经销商、大公司的沟通中，E公司同样把信用、信誉摆在了重要的位置，始终认为，产品的市场竞争力，根本上还是要在质量、服务和价格上锤炼。因此，在国内一些同类企业相继遭遇信用危机时，E公司却与100多个经销大户联系越来越紧密。近10年来，通过提高生产力水平，在逐步降低生产成本、不断提高产品附加值的过程中，E公司赢得了越来越多消费者的认同，而长期建立起来的市场信誉、品牌效应也带来了越来越多的合作伙伴。日益健全、强大的信用体系使E公司的生产和经营处于一个良性的循环之中，连续4年上榜"中国最有价值品牌"。依托较好的自有品牌知名度以及美国市场的复苏，E公司国外市场销售规模逐年上升，同时大力拓展内销市场，采取"体验馆+专卖店"的销售模式，内销收入规模不断扩大。

2015年，E公司开始发行第一期公司债，发行规模为人民币12亿元，债券期限为5年。公司债券的价格往往反映了利息率的波动和通货膨胀率的变动情况。在公司债券定价的过程中，E公司的信用价值是十分重要的考量因素。E公司不仅在市场中拥有良好的品牌效应和诚信形象，2014年获得人民银行认可机构评定的AAA年度信贷评级，同时中诚信证券评估中心评定E公司主体信用级别为AA，评级展望为稳定；该期公司债信用级别定为AA级，为其偿还本息提供了保障。该期债券票面年利率为5%，在中长期债券发行中属于低水平债券，表明资本市场对E公司品牌的充分信任，对该公司良好诚信形象的高度认可，以及对该集团未来发展的良好预期。因此，在资本市场上，发债企业诚信水平越高，投资者在一定程度上往往更愿意追捧，从而有助于间接降低企业融资成本，提升债券未来估值。

二、案例6：F医药公司4.6亿元债务违约及退市案例

F医药公司为民营医药流通企业，主营药品、医疗器械的批发配送业务，全资控股股东为上市公司F健康产业公司。中诚信评级最初给予F医药公司AA稳定评级。F医药公司曾于2018年4月20日发行两期公募公司债，金额分别为2.2亿元和2亿元，均由控股股东F健康产业公司提供担保。2019年7月，F医药公司曾试图发行两只新债但最终延期。2020年，18同济01在面临回售时临时将回售实施条款由不进行转售、回售申报不可撤销修改为可进行转售、可撤销，但公司未披露回售实施结果，18同济01/02均应于2021年4月25日到期。中诚信国际2021年3月2日、4月23日两次提示，F医药公司将通过间接控股股东F医药控股归还的占用款偿还上述债券本息，但截至公告日相关资金尚未到位。F医药公司、F健康产业公司分别于4月26日、4月27日发布了债券逾期公告，称F医药公司流动资金阶段性紧张，暂无法按期兑付债

券。2021 年 4 月 23 日中诚信国际将其评级展望调整为负面，8 月 23 日进一步下调至 BBB – 并列入可能降级的观察名单，最后 4.6 亿元债券违约。值得注意的是，F 健康产业公司在 2019 年迎来业绩暴跌。归母净利润大幅下滑为 0.98 亿元，同比下降 81.43%。2020 年，F 健康产业公司归母净亏损 22.62 亿元，业绩进一步恶化。2019 年、2020 年，F 健康产业公司的财务报告被会计师事务所出具了无法表示意见的审计报告，在二级市场，F 健康产业公司的股价也持续走低。这不免让外界生疑，也引起了证监会的注意。2020 年 4 月，F 健康产业公司因涉嫌信息披露违法违规被中国证监会立案调查。2021 年，证监会发布公告，确认了 F 健康产业公司财务造假的事实。2016—2019 年，该公司通过虚构销售及采购业务、虚增销售及管理费用、伪造银行回单等方式，虚增营业收入 200 多亿元。另外，该公司还涉及未及时披露控股股东及其关联方非经营性占用资金的关联交易，未按规定披露为控股股东及其关联方提供担保及重大诉讼等信息披露违法违规行为。最终中国证监会对 F 健康产业公司及相应责任人作出行政处罚及采取终身市场禁入措施。2022 年 4 月，在股价经历 8 个交易日低于 1 元后，实际控制人曾希望通过增持"拯救"公司，然而，这份增持计划已经难以扭转 F 健康产业公司的颓势。在近半年的时间内，F 健康产业公司发布了超过 20 次关于公司股票可能被终止上市的风险警示公告。2022 年 6 月初，F 健康产业公司收到股票终止上市决定，自 6 月 10 日起，F 健康产业公司股票进入退市整理期，预计最后交易日期为 6 月 30 日。

三、案例 5—6 分析

企业征信信息对审核企业债券发行申请具有重要的参考价值。2012 年，国家发展改革委办公厅下发了《关于加强企业发债过程中信用建设的通知》（发改办财金〔2012〕2804 号）。通知要求，今后，省级发展改革部门向国家发展改革委转报企业发债申请前，需向征信服务机构调取申请发债企业的征信记录或信用报告，并在转报企业发债申请时，一并转报企业征信记录或信用报告。企业征信记录或信用报告将作为审核企业发债申请的重要参考材料。

按照现行《公司债券发行试点办法》，发债公司须满足的条件之一即是经资信评级机构评级，债券信用级别良好，而最近 36 个月内公司财务会计文件存在虚假记载，或公司存在其他重大违法行为；对已发行的公司债券或者其他债务有违约或者迟延支付本息的事实，仍处于继续状态等情形的，则不得发行公司债券。在这一背景下，一份良好的信用记录对发债企业的现实意义重大。在推动社会信用体系建设过程中，今后将重点对企业过去是否有弄虚作假、恶意拖欠等违法违规和不诚信行为的不良征信信息进行重点采集，为债券审核工作提供更全面的信息支持，以进一步防范企业债券市场风险，切实加强发债企业信用建设，加快建立诚信企业守信受益、失信企业得到惩戒的良好机制，使企业征信信息更好地服务于企业债券市场发展。而有志于做大做强的中国企业，也有必要为自己建立一份诚信的履历。

除了征信记录或信用报告外，企业在申请发债前，发行人、主承销商、会计师事务所、律师事务所、评级机构等还需签署提交综合信用承诺书，并与债券发行申请文件一并报送国家发展改革委。企业债券综合信用承诺，指发行人、各中介机构等利益相关方分别签署信用承诺书，承诺遵守法律法规、规范性要求和发债约定，规范与债权人利益有关的各项行为，承诺如有违规或违约将自愿接受已经承诺的惩戒。

四、案例7：资本市场首例企业债券本息违约事件

（一）案情

F公司成立于2003年，是一家专业生产各种型号、规格太阳能电池组件，配套生产和安装太阳能用户系统、太阳能灯等太阳能系列产品及工程的高科技企业。2007年F公司整体变更为股份有限公司，2010年其股票在深圳证券交易所中小企业板挂牌上市。2012年3月6日F公司公开发行10亿元公司债券，期限2年，2014年3月7日到期。但由于各种不可控的因素，F公司第二期利息共计人民币8980万元将无法按期全额支付，仅能够按期支付400万元。3月7日当天，F公司债券本息兑付正式违约，成为国内首例债券违约事件，这同时也宣告公募债务的"零违约"被正式打破。

稍早之前因连续3年亏损，F公司股票自2014年5月28日起暂停上市，债券于2014年5月30日起终止上市。因不能清偿到期债务，且资产不足以清偿全部债务，法院于2014年6月26日裁定受理F公司重整并指定管理人。2014年10月7日，F公司重整计划草案公布，如重整计划获得执行，F公司债券本息将全额受偿。

（二）案例分析

这是一起典型的债券信用违约事件。其实，在成熟的债券市场，发行人发生违约并不鲜见。根据彭博社汇编的数据，截至2022年末，全球债券市场总额为133万亿美元。其中美国、中国、日本三国位居前三名，占全球债券市场总额的70%以上。美国债券市场价值超过51万亿美元，是全球最大的债券市场。中国的债券市场总规模约为20万亿美元，位居世界第二，占全球总量的16%，债券余额占同年GDP的117%，庞大的债券市场在实现中国式现代化的发展中，被赋予更大的使命和责任，过去3年，中国债券市场每年增长13%。但与此同时，债券信用违约也呈现上升趋势。据标准普尔报告统计，2022年全球企业违约总数已增至68家，欧洲和新兴市场2022年同期的违约率均高于2021年。欧洲新增了3起违约，其中欧洲投机级企业违约率从1.3%跃升至1.8%。新兴市场的违约（主要是由于中国的地产开发商）持续攀升，已接近2021年同期的2倍水平。标准普尔预计，由于信贷环境不断恶化，各地区的违约数量将继续上升，这可能导致利润率下跌，并限制评级较低的企业的融资能力。随着金融脱媒化、利率市场化及社会融资结构变化的进一步加剧，社会融资结构大变迁、直接融资大发展等金融生态变革正在债券市场上充分展现，针对信用风险事件甚至违约事件，重要的是市场交易各方应尽快树立信用风险意识，建立健全风险转移和风险对冲机制，及时适应市场变化，促进信用风险合理配置。同时，发债主体自身须加快信用

风险管理制度创新，除了严格的事前、事中、事后风险管理制度外，还需要加强信用风险管理手段以分散不确定的信用风险。

第四节　股票上市

诚信是企业在资本市场的立市之本，也是上市公司的价值基础。一些企业妄图通过造假来取得上市资格或者通过虚假信息披露来掩盖企业亏损事实，这种极大损害投资人利益的行为必然会使企业诚信形象严重受损，并最终会受到监管处罚。上市公司应把诚信建设作为公司价值增长的重要组成部分，把公司的诚信建设与经营增长放在同等重要的位置。监管层则主要发挥倡导和推动作用，让每个公司真正把诚信做到实处。

一、案例 8：资本市场首例 IPO 撤单企业造假被处罚案

（一）案情

某光伏科技有限公司（以下简称 G 公司）是一家集科研、开发、制造、销售为一体的太阳能光伏高新技术企业。G 公司成立于 2006 年，位于某市高新技术开发区。2012 年 2 月 1 日，G 公司在其招股说明书预披露稿中称公司 2011 年 1 月至 9 月营业收入为 57285 万元，利润总额为 7173.6 万元。而这一天，证监会宣布正式实施调整后的 IPO 预披露制度。随后，市场媒体对 G 公司招股说明书提出多项质疑。或迫于舆论压力，公司在 2012 年 4 月便撤回了 IPO 申请，但这并未能使其逃脱制裁。

2013 年 5 月 31 日，证监会公布的行政调查显示，G 公司通过伪造作为入账凭据的工程结算书和虚构销售回款等，在某市县道路亮化工程、太阳能照明工程、和谐小区太阳能照明工程三个项目的财务账册中有虚假记载，虚增财务报表收入 8564 万元，虚增利润合计 3815 万元，占当期利润总额的 53.18%。调查显示，G 公司"未卜先知"地提前确认了收入，虚增财务报表。首先是"某工程第二期所需光伏项目"，该工程的招标时间是 2011 年 10 月。但是，招股说明书预披露的时候，该工程并没有完工，G 公司在 2011 年 9 月末将该工程的收入予以了确认。其次是"某市和谐小区亮化工程"，该工程的招标结束日为 2011 年第四季度，在招股说明书预披露的时候，整个小区配套工程也未完成，然而，G 公司却在 2011 年 9 月末将该工程收入予以了确认。至于"某市道路亮化工程"，该工程招标开始和结束的时间均为 2011 年 12 月，同样是在招股说明书预披露的时候，该工程仍未完工验收，G 公司却早在 2011 年 9 月末就确认了收入。

除了将未达到条件的款项提前确认收入，G 公司还通过实际控制人秦××控制的一系列壳公司倒账来虚增收入。上述光伏系统应用项目主要是太阳能路灯和电站，均需要 G 公司供货并安装。上述三个工程项目属于市政工程类，在现金流方面，按照行业和市场规律其回款较慢，但是 G 公司回款速度却异于同行。秦××在 G 公司提交

IPO 申请之前就注册了多家壳公司，实际负责人均为秦××，没有办公场所，没有实际经营业务，主要用于伪造销售回款走账。除此之外，为了美化 G 公司现金流量，2011 年 12 月，G 公司以其存单作质押从当地金融机构贷款 6000 万元，用于伪造部分项目回款。

与别的造假公司不一样的是，G 公司虽然预披露了有关招股文件，但由于其造假行为在其 IPO 之前被媒体揭露，公司主动撤回了申请，终止了 IPO 程序，造假还未造成严重后果。证监会对该公司进行了严厉处罚，除对公司给予警告并处以罚款外，还对控股股东、实际控制人及公司董事、监事、财务总监等相关当事人给予警告、罚款，并对其中部分人处以终身或一定年限的证券市场禁入。担任这两家公司 IPO 中介业务的相关保荐机构及其当事人也受到处罚。

（二）案例分析

对尚未完成 IPO 的企业进行行政处罚，在 2013 年之前的监管历史上是前所未有的。这体现了监管部门严格执行证券市场法规的态度。只有真正按照证券法规的要求从严执法，让法规对造假者的失信行为产生足够的威慑力，只有当那些存在瑕疵的企业对证券市场敬而远之，才会将造假失信者隔离在市场之外。

在本案例中，独立董事也要秉承诚信原则，切实发挥公正独立作用。《首次公开发行股票并上市管理办法》规定，为了发挥其公正独立作用，拟 IPO 公司上市材料需让独立董事签字，确保材料真实性。证监会调查组约谈了本案 G 公司一位身为大学教授的独立董事，他对公司的情况基本上一无所知，不看就签字了事，完全违背了诚信原则，没有承担约定的应有责任和义务。

证监会在此次案件发生之后，专门出台了《证券期货市场诚信监督管理暂行办法》，规定只要公民有受到证监会及其派出机构行政处罚，或者受到行业组织纪律处分等情况，一律不得担任发审委委员、重组委委员等重要职务，也即实行失信一票否决制度。

二、案例 9：资本市场首例被刑事处罚欺诈上市案

（一）案情

某省生物科技有限公司（以下简称 H 公司）始建于 1996 年，2001 年 3 月以整体变更方式设立为股份有限公司。2006 年 11 月，H 公司首次上会被否。2007 年 10 月，该公司二次过会。2007 年 12 月 21 日，公司公开发行股票并在深圳证券交易所挂牌上市，一举成为国内绿化苗木行业首家上市公司，某省首家登陆中小板的民营企业。上市前，H 公司就已经虚增资产 7000 万元、虚增收入近 3 亿元。据其招股说明书中的数据，2005 年和 2006 年，营收同比增长分别达 8% 和 21%，净利润同比增长分别达 11% 和 26%。2008 年 1 月，该公司股价一度冲高到 63.88 元的最高点。2009 年之前，该股受到多只基金的青睐和追捧。

2009 年 8 月，某省证监局发现 H 公司在业绩、资产和关联方交易等方面存在重大

虚假信息披露。2010 年 3 月，证监会决定立案稽查。根据证监会披露，2004 年至 2007 年 6 月，H 公司利用其控制的多家公司，采用阴阳合同等方式虚增资产；以虚构银行回款的方式虚增收入；以虚增资产、虚假采购的方式将资金流出，再通过其控制公司将资金转回虚增销售收入。调减后，公司连续 3 年亏损。在招股说明书中，H 公司虚增 2006 年末银行存款，虚增金额占货币资金期末余额一半以上。另外，H 公司在首发上市之前还伪造了工商局证明。2009 年，H 公司向数十家供应商采购金额过亿元，但其中数千万元资金的去向与支票收款方不一致，一部分资金流向账外银行账户。H 公司还通过实际控制的 28 家公司制造资金循环。操作方法是，H 公司以土地款、灌溉系统工程款等各种名义转出资金，利用控制的账户流转资金，最终回到 H 公司，导致付款方与销售客户不符。2011 年 5 月后，H 公司被戴上 ST 帽子。

经过证监会和公安部门的调查，2011 年，H 公司欺诈发行案在某市区人民法院开庭审理。法院认定，2004 年至 2007 年，H 公司法定代表人何××等利用相关银行账户操控资金流转，采用伪造合同、发票、工商登记资料等手段，少付多列、将款项支付给其控制的公司、虚构交易业务、虚增资产，共计虚增营业收入 2.96 亿元。上市后，H 公司继续实施财务报表造假，2008 年虚增收入 8564.68 万元，2009 年虚增收入 6856.1 万元。根据判决结果，H 公司犯欺诈发行股票罪，被判处罚金人民币 400 万元；何××犯欺诈发行股票罪，判处有期徒刑 3 年，缓刑 4 年。

2012 年 1 月 31 日，H 公司收到某市人民检察院的刑事抗诉书，该市人民检察院认为，原审法院对欺诈发行股票罪部分量刑偏轻，应当认定被告单位及各被告人违规披露重要信息罪。2013 年 2 月 7 日，该市中级人民法院再次对 H 公司欺诈发行股票案作出一审判决。法院审理查明：2004 年至 2007 年 6 月，何××等共同策划 H 公司发行股票上市，并登记注册了一批由 H 公司实际控制或者掌握银行账户的关联公司，利用相关银行账户操控资金流转，采用伪造合同、发票、工商登记资料等手段，少付多列、将款项支付给其控制的公司、虚构交易业务，虚增资产 7000 余万元，虚增收入 2.9 亿元，H 公司招股说明书中包含了上述虚假内容。2007 年 12 月 21 日，H 公司在深圳证券交易所首次发行股票并上市，非法募集资金达 3.4629 亿元。法院认定 H 公司犯欺诈发行股票罪、伪造金融票证罪、故意销毁会计凭证罪，判处罚金 1040 万元；何××被判处有期徒刑 10 年，公司其他高管也分别被判处 6 年至 2 年 3 个月不等有期徒刑并处罚金。

随着 H 公司案件的刑事判决生成，证监会也对牵涉其中的中介机构进行了处罚。2013 年 3 月 14 日，证监会认定 H 公司保荐机构、律师事务所、会计师事务所未勤勉尽责，未发现其在招股说明书中虚增资产、虚增业务收入，对三家中介机构一并进行处罚，对相关责任人处以终身证券市场禁入，并撤销相关保荐代表人保代资格和证券从业资格。这也是证监会依法作出的最高幅度的处罚和处理。

（二）案例分析

上市公司的信息披露失真等有失诚信的行为，会导致"柠檬"充斥市场，良品则被驱逐，长此以往，市场会走向萎缩。上市公司如果通过不披露甚至虚假披露，制造与投资者之间的信息不对称，不仅会误导投资者，给其带来损失，也会对上市公司本身甚至整个市场的信心造成伤害。上市公司诚信与否，影响资本市场的配置资源能力。过往的银广夏、蓝田股份以及近年的乐视、康美药业等财务造假事件，都是前车之鉴。

近年来，欺诈发行、虚假陈述等严重违法行为时有发生，资本市场道德失范现象层出不穷，仅2021年中国证监会办理的虚假陈述案件就达163起，向公安机关移送相关涉嫌犯罪案件32起，同比增长50%。尽管案件高发的原因是多方面的，但信用作为金融行业的基础，加强诚信建设，守牢底线、诚信经营，无疑是破解这一难题的重要途径。加强资本市场诚信体系建设是推进资本市场改革发展的重要基础工作，有利于加大对违法失信行为的惩戒力度，保护投资者的合法权益，是防范资本市场道德风险的有力抓手，也是新时代资本市场实现高质量发展的坚实保障。近年来，监管部门不断加强立法修法，以建立健全资本市场诚信建设法律制度体系。2020年，新《证券法》落地实施。为贯彻落实新《证券法》规定，将有关市场主体遵守证券法的情况纳入证券市场诚信档案，2020年3月20日，中国证监会对《证券期货市场诚信监督管理办法》①（以下简称《办法》）进行了修订，明确将《证券法》作为制定依据，将违反新《证券法》第一百七十一条规定的相关失信行为纳入诚信信息范围，进一步明确证券交易场所在公开发行证券及上市审核或挂牌转让中审查诚信状况要求等，以进一步加强证券期货市场诚信建设，保护投资者合法权益，维护证券期货市场秩序，促进证券期货市场健康稳定发展。

第五节　信用评级

信用评级是指信用评级机构对企业资产状况、履行各种承诺的能力以及信誉程度作出的全面评价。对于被评企业来说，信用等级的高低决定了其获得资金的能力以及成本。对于投资人来说，信用等级揭示了企业的违约风险。

一、案例10：信用评级助推企业成长

（一）案情

S公司是一家从事电力设备监测业务的企业，成立以来一直致力于电力系统领域的业务发展。近年来随着智能电网、智能化变电站的建设，国家两大电网公司对电力设备尤其是变电站的状态监测提出了更高的要求，给该公司创造了巨大的业务发展空间。S公司在发展过程中，业务模式也在不断地转变，从早期的国外先进设备代理模式向项目集成、综合监测模式发展，收购国外知识产权，研发具有自主知识产权的产

---

① 《办法》是在原《证券期货市场诚信监督管理暂行办法》（以下简称《暂行办法》）基础上修订完善形成的。《暂行办法》于2012年9月正式实施，2014年进一步修订完善，是证监会制定的首部资本市场诚信规章，被誉为填补了"法治和诚信结合"的空白，并在全国首届诚信论坛上被评选为"全国诚信建设制度创新十佳事例"。

品，并投资建造工厂，自行投入生产。企业在发展过程中遇到两大难题：一是大规模铺点项目所需的流动资金以及生产设备购置、知识产权购买和研发投入所需的资本性支出；二是如何在招投标中提升企业的诚信形象和信誉，赢得客户的信任。

考虑到其客户主要是电网公司及电厂公司，对供应商的筛选要求比较严格，在招标中需要企业提供营业执照、组织机构代码、税务登记证、法人身份证、审计报告等证明公司身份和财务实力的资料，S公司首先利用了某著名资信评估公司的企业主动评级业务来获取业务发展机会。资信公司根据S公司较为规范的管理、较好的财务数据和良好的市场前景，给予了S公司较高的信用等级。

S公司通过主动评级增强了透明度，消除了招标企业不必要的怀疑，减轻了交易成本，扩大了信用声誉，提升了业务的竞争力，在电力电网的招投标中赢得了业务发展的机会。在随后的5年中，S公司主动邀请资信公司对企业进行信用评估。通过资信公司的信用评估后，S公司将这些评估报告提供给银行、监管部门和合作伙伴。

资信公司通过在信用评级过程中对S公司进行现场调研，发现该公司经营发展中存在融资问题。该公司属于"技术＋市场"的创业型公司，公司高管对如何利用金融工具和金融市场扩大生产经营规模缺乏意识。虽然凭借该公司的经营情况可以获得外部融资机会，但该公司以前都是靠创业者自有资金投入和利润的内部积累，对负债经营或分散控制权有所担忧。资信公司根据该公司所处行业未来5年市场的趋势，预测企业发展资金需求，并规划设计其未来的融资方案。针对自办工厂建设生产线所需的设备投资资金，资信公司帮助S企业设计了通过金融租赁方式获得资金，减轻了创业者的资金压力。随着企业经营模式的转型和收入规模的扩大，资信公司帮助S公司设计了引入私募股权投资机构的方案，创业者以较小比例的股权稀释获得了发展扩张所需的资金。同时引入短期银行借款，解决流动资金周转对公司资金的占用，引导企业利用财务杠杆提高自有资金收益率。这些举措使该公司逐步向公众公司的条件靠拢。

（二）案例分析

资信评级旨在解决市场信息不对称问题，如果资信评级深入金融市场规范运作，在一定程度上会消除信息不对称，这对于缓解中小企业特别是民营企业融资难的矛盾是有积极作用的。规范运作的企业，通过主动进行资信评级，增强自身的透明度，有助于取得投资者、社会及政府的认可与支持。资信评级机构与借贷或投资各方不存在利益关系，因而它独立、客观、公正的评价意见容易取得商业银行和投资者的信任，这有利于企业拓宽融资渠道，缩短银行等金融部门的调查时间，降低信贷风险，保证交易和资本流动的有效性。同时，第三方评级机构拥有技术优势和专业经验，不仅掌握企业短期信贷风险，还关注企业长期发展趋势，为监管部门和金融机构提供更加客观、公正的参考依据。在评级的过程中，遇到企业财务不规范的情况，银行和评级机构还可以对企业进行财务辅导，帮助企业建立规范的财务制度，提升企业财务信息的可信度，所以评级也是对企业经营的规范，可以助推企业快速成长。信用评级的高低，不仅影响企业的定价与估值，更通过直接作用于企业的融资数额与融资成本对企业的发展带来长远的影响。

二、案例11：资信评级揭示企业信用风险

（一）案情

某省生物能源有限公司（以下简称M公司）创建于2006年，是一家专门从事生物柴油及相关绿色再生能源产品的研发、生产和经营的新型能源企业，注册资本9180万美元。M公司在某省新区的项目计划总投资为4亿美元，分三期实施，其中一期总投资9000万美元，注册资本3000万美元，主要以城市生活中的废弃酸化油、非食用的各种动植物油脂为生产原料，年生产生物柴油20万吨。2014年6月，M公司却因银行抽贷资金链断裂而停产，甚至走到濒临破产的边缘，该公司发行的集合票据也出现了债务违约，公司已经连续拖欠员工5个月工资和7个月社保，同时公司经营业绩存在多处疑点。

某著名国际资信评估有限公司评定M公司2014年度信用等级为CC级，评级展望为负面，及时揭示了M公司存在的信用风险。评级结果认为，M公司业务结构单一，盈利严重依赖生物柴油的生产与销售，原材料供应不稳定，抵御市场风险的能力弱。同时公司在建工程过大导致流动资金几乎殆尽，短期内难以形成稳定的收入和利润来源，偿债能力极低。公司现存有息债务规模较大，违约风险大。尽管M公司对资信公司的评估观点提出异议，但资信公司的报告以有力的证据、客观而翔实的分析，最终被银行所采信，而后多家银行向M公司停止放贷，M公司陷入了前所未有的危机，究其本质是企业的信用危机。资信公司的评估报告准确描述了M公司资金链断裂的轨迹，及时揭示了公司的信用风险并为银行所采信。

（二）案例分析

资信评级的主要功能就是信用风险测量和风险预警。随着金融市场的快速发展，投资者和商业银行面临日益增加的金融风险。资信评级机构通过收集各种企业信用信息，运用专业的评级技术体系，对影响企业风险的因素进行判断和预测，并对信用风险进行度量，尽可能地考虑各种可能预知事件和因素的产生对信用风险造成的影响，为债权人提供信用信息服务，使债权人通过合理的信贷组合降低信用风险，保证资金安全运作。实际上，在复杂多变的市场环境中，企业在经营中会遇到各种各样的问题，其信用状况也在不断变化。凭借专业的评级技术体系，专业的资信公司还应建立动态的信用风险预警机制，准确揭示企业的信用风险，从而为资本市场提供高质量的信用信息。

第六节　小微企业普惠金融

近年来，我国小微企业保持快速增长态势，成为培育经济新动能的重要源泉和推

动经济增长、促进就业增加的重要支撑。但由于小微企业资产实力与经营规模都较小，缺乏有效担保，银企之间存在信息不对称，很多金融机构对小微企业"看不清、搞不懂"，担心风险管理"理不顺、控不住"，因此对小微企业"不敢贷、不愿贷"，导致小微企业"融资难、融资贵"与金融机构"不敢贷、不愿贷"问题同时存在。2020 年至今，突如其来的新冠疫情席卷全国，严重打乱了企业的生产经营，小微企业大量停工停产，急需融资支持。因此，地方政府和金融机构应积极探索创新小微企业普惠金融新模式，立足征信支持路径，以"立信、树信、用信"为出发点，充分挖掘企业信用信息，将信用与融资可得性相结合，最大化实现征信助力小微企业融资，真正为小微企业纾困解难。

一、案例 12：征信助力普惠金融领域小微企业融资

没想到信用评分良好也能申请来贷款！苏州某精密机械厂负责人张××收到根据大数据授信模型测算的 100 万元征信贷款之后激动不已。2020 年，苏州企业征信服务有限公司与金融机构合作，在全国首创线上信贷产品征信贷，基于征信平台大数据构建授信模型提供信贷服务，旨在破冰小微企业融资难。

2020 年以来，机械厂到了发展的关键时期，公司负责人张××明白，必须要扩大生产规模才有出路，而扩大规模得有投入。规模小、可供抵押物少，专业技术并无突出优势，作为一家普通的加工企业，没有抵押物就很难贷到款。正在一筹莫展的时候，银行向张××推荐了新推出的线上信贷产品征信贷。张××立即下载了征信苏州 App，完成基本信息填写、人脸识别身份认证等授权后，即可选择银行征信贷产品。仅 1 分钟，大数据模型就显示其信用评分持续良好，实时测算结果为 100 万元预授信额度。很快，该厂就拿到了 100 万元的银行授信支持。有了这笔资金，企业顺利渡过了难关。

2022 年 1 月，在人民银行苏州市中心支行、苏州市地方金融监督管理局的支持下，苏州企业征信服务有限公司与 7 家商业银行共同推出了面向小微企业的线上信贷产品征信贷。征信贷面向注册地在苏州大市范围内、有融资需求的小微企业，对单户企业的发放规模不超过 500 万元，采取纯信用方式，企业可在线上秒批秒贷、随借随还，全部指尖操作完成。试点银行办理征信贷业务时不再线下要求借款企业提供反担保及抵押措施。征信贷实现了地方征信平台、综合金融服务平台和金融支持中心三大平台的深度融合，是依托互联网和征信大数据在普惠金融领域支持小微企业融资的一大重要创新举措。打造"数据＋信贷"的双轮驱动模式，将进一步扩大信用类贷款对小微企业的支持度和覆盖面，有效降低小微企业融资成本。

二、案例 13：征信赋能，科技助力，普惠小微

近年来，物流行业快速发展，2020 年行业生产总值约 15 万亿元，物流行业小微企业贷款需求约 3 万亿元，融资需求旺盛、市场前景广阔。但是物流企业普遍存在数量多、规模小、信用弱、担保缺等问题，操作成本高、风控难度大，贷款覆盖率不足

5%，融资成本普遍在12%～15%，融资难融资贵问题突出。尤其是2020年新冠疫情暴发后，物流企业更是雪上加霜、举步维艰。与此同时，新一轮科技革命蓬勃发展，大数据、云计算、人工智能、物联网等新技术层出不穷，金融科技与小微金融的融合持续深化。

×银行作为最早规划和布局金融科技的股份制商业银行之一，全面推进数字化转型，聚焦物流行业痛点，依托物流行业保费等场景，深度融合光学字符识别（OCR）、机器人流程自动化（RPA）、大数据、数据建模、规则引擎、电子认证、数字加密等新技术，整合产业数据、挖掘场景生态、创新服务模式，通过多维数据集成、风控模型构建、资金闭环管理等手段，业内首创线上化信用贷款产品"物流e贷"，为客户提供"利率低、全线上、随借随还"的服务，零人工干预，全程仅需几分钟。

一是借助数字技术实现客户精准画像。搭建数据分析云平台，经客户授权后，收集整理"小微企业＋小微企业主""基础数据＋行为数据＋交易数据"等多维度大数据，通过数字证书、电子签名以及客户手机号重复性校验等数字技术，建立兼顾安全与便捷的身份认证体系，构建客户统一风险视图，为客户精准画像，简化人工调查手续，提高反欺诈能力。

二是借助OCR技术实现保单自动识别。引入OCR技术，自动识别和精准提取保单信息，避免操作风险和道德风险，降低操作成本，提高运营效率。

三是引入RPA技术，自动登录保险公司官网、自动填写保单信息、自动同贷款申请信息比对，实现全流程自动操作。

四是借助数据建模实现业务自动审批。整合银行自有数据、场景数据和公共大数据，依靠专家经验和人工智能技术，构建智能化风险建模机制，精准刻画和识别客户风险特征，打造秒级自动化审批能力。

五是借助风控平台实现智能贷后管理。建立数字化智能风控平台，自动批量获取信息、自动开展量化分析，建设3万余种组合的风控规则体系，从行业、区域、期限等多维度高效开展组合监测和集中度预警，将风险管理关口前移，实现风险早识别、早预警和早处置，普惠金融业务定检自动化超过95%。

三、案例14：地方征信平台的搭建，让征信数据成为小微企业融资的"通行证"

2021年6月16日，深圳市组建由深圳市国资委100%控股、市场化运作的深圳征信服务有限公司，作为深圳地方征信平台承建和运维主体，该平台坚持"政府＋市场"建设模式，短短4个月已取得显著成效：平台完成37个政府部门和公共事业单位6.94亿条涉企信用数据的归集，实现深圳380多万活跃商事主体全覆盖，并与全市48家商业银行完成技术和业务对接，让征信数据成为企业融资的"通行证"，累计服务中小微企业近2万家，促成企业获得融资53.78亿元。

一个实用、好用、可持续的地方征信平台也给银行带来了明显利好。例如，深圳福永的一家制造企业受到疫情冲击，急需一笔贷款。抱着试试看的心态，该企业主向中国银行福永支行提出贷款申请。在该企业法人因疫情防控滞留异地的情况下，中国银行福永支行通过深圳地方征信平台的数据支持，迅速向客户推荐了"知税贷"，一周内放款500万元纯信用贷，解决了企业的燃眉之急。

打通政务数据，解决小微企业和银行信息不对称难题。柯达科是深圳一家提供液晶显示模块等服务的国家高新技术企业。近年来，该公司的生产经营规模不断扩大，产品远销海内外。疫情影响下，由于海外市场波动，公司急需增加流动资金对产业链进行升级，以应对市场的新需求。2021年5月，公司通过线上普惠E贷向交通银行深圳分行提出信贷申请。在地方征信平台数据的支持下，交通银行及时了解借款企业过往的诚信经营记录、持续经营信息，以及企业的工商、社保、税收等多维数据，再通过对这些数据进行交叉验证等，认为公司无须提供抵质押，仅通过线上申请就可获批300万元纯信用贷款，一周时间就放款，效率非常高。

深圳地方征信平台搭建了企业和银行之间的数据桥梁，成为银行服务中小微企业的利器。

四、案例12—14分析

中小微企业融资难是一个世界难题，而征信是破解中小微企业融资信息不对称难题的重要抓手。数据是征信的灵魂，数据归集是地方征信平台建设的重点和难点。长期以来，大部分中小微企业都是缺乏甚至没有信贷类征信信息的"征信准白户"，或者是完全的"征信白户"。金融机构由于缺乏中小微企业数据，不能贷、不敢贷，逐个向数据源单位寻求支持，搜寻成本较高，对接效率较低。把中小微企业在地方政府部门和公共事业单位的信用数据汇集成替代数据，通过地方征信平台建设，将散落在各部门之间的碎片化数据归集汇总在一起，并进一步清洗、加工，以符合金融机构要求的产品形态稳定输出，可以有效填补信贷类征信信息空白，缓解中小微企业融资中的征信难题。

第七节　其他企业征信产品应用

随着信用交易的不断扩大以及外部环境不确定性因素的干扰，企业面临的信用风险也与日俱增。尤其是2020年以来的新冠疫情，对经济运行、企业经营以及市场预期带来了很大的影响，供需两端均受到较大冲击，并通过产业链进一步扩大波及范围，给不少行业和企业造成了较大的负面冲击，进而放大了信用风险。任何有效的信用管理都不能完全消除信用风险，此时，防范风险最有效的手段就是进行风险转移和债权保障，通过特定的金融工具或金融交易，把信用风险转移到其他企业或部门。信用担保、信用保险、保理、保函等多种债权保障方式逐渐产生并得以广泛运用于各种场景，为企业转移信用风险、抵补风险损失提供了行之有效的途径和工具。

一、案例 15：融资担保有效增信，助解企业融资难题

（一）案情

M 公司是国内一家知名户外运动用品厂商。2021 年通过与户外用品界久负盛名的美国公司合作后，该企业成为美国公司授权的首家本土品牌。由于每年 8 月至 10 月为外包加工服装、鞋等产品的成品入库高峰期，因此 M 公司急需短期流动资金用于增加库存。为抓住机遇，满足市场需求，M 公司拟向银行申请流动资金贷款 1500 万元，并找到某国有融资担保有限公司（以下简称融资担保公司）为其提供担保服务。融资担保公司从财务、人力、市场前景等方面对 M 公司进行了尽职调查分析，M 公司连续几年保持了 5000 万元以上的年销售收入，由 60% 的出口业务和 40% 的国内零售构成，自有 10 家连锁经营网点。由于 M 公司的生产基地、库房以及办公场所的土地全部为租用，且其产品生产以外包加工为主，因而缺少土地、房产和机器设备等固定资产，传统的标准担保措施较难落实。考虑到 M 公司的品牌在国内享有较高知名度，其法定代表人个人拥有住宅房产，融资担保公司于是将 M 公司商标权、股权质押和法定代表人个人房产抵押都列入反担保措施中，虽不足以覆盖风险敞口，但基于 M 公司几年来连续稳健的经营状况以及对企业实际控制人违约成本的把控，融资担保公司同意为其进行担保。2021 年 9 月，M 公司在某银行成功融资 1500 万元，不仅填补了该企业经营过程中的资金缺口，也拓宽了稳健的融资渠道。

（二）案例分析

本案例体现了企业在缺少房产、土地等银行认可的强担保抵质押物的情况下，融资担保机构针对企业订单需求和产品淡旺季等因素进行综合考虑和变通，将商标权、股权质押和法定代表人个人房产进行组合反担保设计，辅之以法定代表人承担无限连带责任的方式，以提高违约成本，锁定还贷意愿，为信用不足的企业起到了增信作用，使不具备抵押贷款条件的企业顺利获得了生产经营中急需的资金支持。

二、案例 16：后疫情时代通过信用保险追偿理赔唯快不破

2021 年，全球步入了后疫情时期，尽管全球局势有所好转，部分国家和地区依然面临着疫情反复、经济疲软的严峻考验。我国有效遏制了疫情的蔓延，帮助出口企业早早复工复产。在全球经济整体受重创的环境下，中国出口信用保险公司（以下简称中国信保）充分发挥逆周期调节的政策性职能，积极出台各项举措，快赔快追，为企业保驾护航。

出口企业 SS 公司主营业务为器械设备的制造、出口，主要面向南美地区，此前一直通过投保出口信用保险为海外信用交易保驾护航。此次涉案的阿根廷买方虽然已按照合同要求支付了定金，但仍有大额债务拖欠。SS 公司的多次催讨，换来的不过是阿根廷买方以疫情导致财务困难为由的一次次拖延。买方甚至干脆"玩失踪"，让 SS 公司发出的邮件石沉大海。在僵持了数月，毫无进展的情况下，SS 公司于 2021 年初向中

国信保报案。本案的追讨难点在于合同账期长达 1 年，货物于 2019 年底出运，应收汇日为 2020 年底，不论是疫情初期出口企业的停工阶段、中期疫情加剧蔓延至海外买方的阶段，还是后续疫情对买方财务造成的连带损失，都对案件可追性造成了负面影响。

接到报案后，中国信保的追偿人员首先分析评估了阿根廷整体经济形势。官方数据显示阿根廷经济已连续 3 年衰退，年度通胀率为 40.7%，未来 12 个月的预期更是高达 51.2%。其次，阿根廷货币比索已在官方市场和非官方市场分别贬值了 20% 和近45%，两者汇率差已升至 70% 以上。对此，阿根廷中央银行收紧了外汇管控政策，出台了反商业政策，却见效甚微。最后，阿根廷的法律环境整体不够成熟，司法系统不够完善且执法效率不够高效。上述条件限制外加恶劣的宏观经济环境、政府的干预，使得本案的追讨难上加难。结合上述种种，中国信保的追偿人员最终将本案委托给了位于阿根廷当地的渠道，希望凭借渠道的经验以及在当地的地理优势，让本案"起死回生"。渠道的法律团队分析后认为，本案最合适的追偿方案是申请调解程序，即要求债务人签署标注了日期且具有法律执行效力的协议文件，并授权银行付款以确保债权人权益。在渠道发函、实地调查等方式的强势介入下，阿根廷买方开始浮出水面，但是给出的拖欠理由依旧是换汤不换药。经过渠道的不懈努力，买方从杳无音讯到逐渐现身，随后开始表达出分期 6 个月的还款意愿，到最后承诺签署协议文件并承诺还款，从"毫不配合"到"积极配合"的态度转变，渠道只用了短短一周时间。最终 SS 公司成功在当月底前收回所有剩余债务，实现了委托金额全额追回的赔前减损。

全额追回这一成果大大超出了 SS 公司的预料。SS 公司本以为买方在失踪数月之后能够再次出现就已是希望渺茫，认为 6 个月的分期还款方案可以心满意足地接受。实际上，渠道对买方公司做了初步调查，发现其在当地法院并没有其他被诉记录时，就已经对买方公司的财务实力作出了初步判断。随后在谈判过程中，买方提出的分期还款方案则进一步证实了渠道的想法。渠道考虑到当地疫情又开始反复，分期还款方案面临的不确定性因素过多，结合买方的财务状况，强势提出要求其在月底前还清全额债务。中国信保的介入不仅给一宗本来几乎毫无可追性的案子带来了追偿希望，还一举追回了全额债务，解决了 SS 公司的后顾之忧。这一系列操作从开始到结束只用了短短的 20 天。

在后疫情时期，出口贸易面临的考验和压力来势汹汹，层出不穷。中国信保结合丰富的实战经验和遍布全球的资源网络，帮助出口企业迅速解决"走出去"过程中面临的种种案件，实现了"天下武功，唯快不破"。

三、案例 17：拒收失联不要慌，信用保险来帮忙

随着全球新冠疫情蔓延，多国闭关隔离政策时有发生，出现不少在途货物到达境外港口以后无人收货，无人卸货，停滞在港口产生高额滞港费的严重情况。更有甚者，货物到港时已经无法与买方取得有效联系，导致出口商转卖退运货物渠道不畅，损失不断扩大，引起恐慌。

国内某知名出口贸易企业 A 与黎巴嫩买方 B 签订合同，并于 2019 年 10 月出运货物，发票金额 5000 万美元，支付方式为 30% 定金，剩余 70% 货款见提单复印件付款。因买方 B 在货物到港后迟迟未付款赎单，卖方 A 于 2020 年 4 月首次向中国信保报损，后在 8 月补充所有材料后再次报损，报损金额为 3500 万美元。买方 B 拖欠货款期间，新冠疫情暴发，黎巴嫩疫情严重，买方 B 逃离至乡村避难，卖方 A 多次与买方 B 失去联系。自卖方 A 报损后，中国信保追偿人员于 2020 年 4 月至 7 月期间多次向买方 B 发函确认贸易事实和债务金额，直至 7 月终于收到买方 B 回复，希望以 6 折金额提货。依据最大程度减损原则，为避免损失进一步扩大，中国信保同意了该货物处理方案。在买方 B 支付了 2100 万美元后，企业 A 于 8 月 3 日将提单电放给买方 B，中国信保就差额部分进行了赔付。8 月 4 日凌晨，黎巴嫩贝鲁特港发生特大爆炸，该笔货物付之一炬。

黎巴嫩买方 B 与中国 A 企业为交易多次的合作伙伴，2019 年以前的交易较为顺利。2019 年以来，黎巴嫩经济持续低迷，公共债务高企，失业率居高不下，新冠疫情更是令其经济雪上加霜。黎巴嫩本币对美元的黑市汇率连创新低，截至 2021 年，累计贬值已高达约 90%。在这样的汇率冲击下，即使买方 B 已经预付了 30% 的定金，也存在着极大的弃货可能性。加之新冠疫情在黎巴嫩大城市间蔓延迅速，买方 B 逃离至乡村躲避疫情，导致与 A 公司频频失联，货物处理和债权核实一度停滞不前。随着时间推移，A 企业越来越认识到等待买方 B 主动付款的可能性日益减小，加之货物滞港费用逐日递增，A 企业启动了中国信保的索偿程序。在中国信保追偿渠道与 A 企业的通力协作下，从联系买方、核实债权、确认方案、实现收款放货，到最终取得差额赔付，中国信保助力企业将损失减到最小。

四、案例 16—17 分析

国际市场风云变幻，尤其是在 2019—2021 年三年新冠疫情冲击下，我国出口贸易性企业面临的风险和不确定因素持续增加。对外贸企业而言，在做好长期发展规划的同时，必须内嵌有效的风险控制工具，出口信用保险可为外贸企业"走出去"提供安全锦囊和风险地图，是降低企业出口风险的有效配置。出口信用保险主要承保买方因破产而无力支付债务、买方拖欠货款、买方因自身原因而拒绝收货及付款等风险，也是国家为了推动本国的出口贸易，保障出口企业的收汇安全而制定的一项由国家财政提供保险准备金的非营利性的政策性保险业务。2023 年以来，受美元加息影响，国际信用环境持续恶化，出口企业面临的收汇风险加大，贸易信用风险将长期处于较高水平，各外贸企业要增强风险防范意识和抗风险能力，充分发挥出口信用保险作用，提高出口企业国际竞争力。

五、案例 18：善用应收账款保理解决融资难题

2016 年 12 月 7 日，S 公司发布公告称，公司于 12 月 6 日召开董事会议，审议通过

相关议案，同意公司向某保理有限公司申请办理额度不超过1.5亿元的应收账款保理业务。近年来，很多上市企业都相继发布公告，采用应收账款保理进行融资。

保理同时也很适合中小微企业融资，没有严苛的审核条件和资产抵押要求，更重要的是，保理融资本身就是应收账款变现，并不会增加企业的负债，且能大大提升资金的周转效率。深圳某通讯器材有限公司主营3C电子配件产品，在多家电商平台都有在线销售渠道，且对资金流动性要求非常高。随着2020年下半年各大电商促销活动越来越多，该公司销售规模扩大，融资需求不断增加，但传统渠道融资效率低，跟不上备货资金的时间节点。公司正在为电商平台备货资金发愁时，出于加快资金周转的迫切需求，于是转向保理公司寻求将应收账款转让叙做保理融资。保理公司项目经理审核该企业与下游买方的贸易事实及交易规模，设计出了保理融资方案。通过加急办理，该公司最终通过保理融资获得了流动资金，确保及时支付了上游货款，并为即将到来的电商促销活动准备好充足货源。

应收账款保理是指企业将其采用赊销方式进行商品交易而形成的在一定期限内付款的应收账款，以协议的形式有条件转让给保理机构（银行或商业保理公司），由后者为企业提供贸易融资、应收账款管理、应收账款催收和坏账担保等综合性服务的业务。应收账款保理尤其适合很难贷到款、票据少、债权特别多的企业。保理机构以即付方式支付现金，可避免应收账款对企业资金的占用，加快资金周转，提高资金使用效益。加强企业财务管理，使销售收入立即变现，有利于稳定经营，保证货款回笼和利润实现。此外，企业通过出售流动性稍弱的应收账款，将之置换为具有高度流动性的货币资金，可改善财务结构，提高偿债和盈利能力，减少坏账损失。

值得一提的是，有些经营进出口业务的企业，有大量出口项下应收账款，因涉及多个国家的客户，且出货时间分散，应收账款回款期限往往在3~6个月不等。在这种情况下，企业申请单笔融资不能满足资金周转需求，但若申请多笔融资，手续相当烦琐。一些保理机构推出应收账款保理池融资业务，专门针对赊销项下发生频繁、余额稳定、管理成本较高的应收账款交易，实现多笔应收账款的融资，为企业节约时间和人力成本。

需要提醒的是，并非所有应收账款都符合保理业务的要求，以下债权不适合做保理：不合法基础交易合同（即不真实交易的应收账款）；寄售合同、代销货物（因为货物的所有权仍未转移，不属于真正的债权）；没有交易实质的预估应收账款；权属不清，有权属纠纷的应收账款；票据或其他有价证券产生的付款请求权（如股票）。

六、案例19：供应链融资保理及其操作要点

某汽车零配件生产厂商N公司，专门负责营销汽车的零配件。N公司处于整个汽车生产销售链条的上游，其下游的采购商多为大型的汽车生产厂家。鉴于下游生产厂商比较强势的地位，N公司长期以来都为其采购商提供不同账期的销售结算模式，形成了大量稳定的应收账款，且余额基本上能够维持在一个固定的数额上。对N公司来

说，大量的应收账款扩大了企业的销售量，但是同时也加大了企业资金的占用量。另外 N 公司作为一家规模和实力都一般的中小企业，由于资信水平不高，很难通过银行的保证担保、抵押担保等传统授信渠道来获得融资支持。A 公司一方面手头有大量的应收账款，另一方面又急需资金来扩大生产，维持正常的生产和发展。A 公司急需一些融资手段来帮助其缓解短期流动资金压力。供应链融资保理就能很好地解决 N 公司这方面的需求。在供应链管理系统中，N 公司不再是一个单独的个体，在申请保理融资的时候，保理商会审视整条供应链管理系统，特别是下游企业的资信程度来提供相应的融资服务。在本案例中，N 公司提供零件的客户都是大型的汽车生产厂商，它们的资金实力雄厚，因此 N 公司可以向保理商转让这部分的应收账款，来缓解流动资金短缺的困境。

以 N 公司与车厂 B 的交易为例，具体操作流程如下：

（1）N 公司与 B 公司签订销售合同；

（2）N 公司送货，B 公司验收货物并确认收到货物；

（3）B 公司根据送货单明细定期生成电子收货单（Purchase Order，PO），送至 N 公司和保理商；

（4）A 公司收到 PO 后开出增值税发票，并交给保理商申请保理授信出账（同时在增值税发票备注栏注明应收账款债权转让事项）；

（5）保理商根据 B 公司发来的 PO 和 A 公司交来的发票，确定、核实应收账款的具体金额后，将发票送达 B 公司；

（6）保理商根据核实的应收账款金额放款给 A 公司；

（7）B 公司按时付款到 N 公司在银行的付款账号，A 公司偿还保理授信。

七、案例 18—19 分析

近年来，中国企业应收账款的数量呈现逐年上升的趋势，企业流动资金短缺与大量债权无法变现之间的矛盾，催生了对应收账款保理的极大市场需求。尤其是中小微企业，受制于自身实力与行业地位，往往饱受下游强势核心企业账期不断延长的应收账款累积之重，大量资金被挤占，利润空间越来越小，生存越来越艰难。保理作为一种针对中小企业的新型融资模式，可以破解这一融资难题。在真实的贸易背景下，应收账款的债权人可以将赊销形成的现有或未来的应收账款转让给保理人，保理人则为债权人提供包括资金融通、应收账款管理或者应收账款债务人付款担保等在内的服务，从而帮助债权人获得流动资金支持，加快自身资金周转。

【本章要点】

1. 企业在信用交易前对客户事先进行征信调查是识别骗子和不良客户、防范客户风险的重要手段。企业把信用管理的重心移到信用交易前期，可以有效排除那些资质不良、信用较差、存在较大违约风险的买方企业，有效防范客户风险。

2. 在债券市场中，企业信用体现的就是债券自身的信用。良好的诚信水平和诚信形象有利于改善企业与利益相关者的关系，创造外部经济性。企业的诚信状况也逐渐成为再融资的关键条件之一。因此，发债主体自身须加快信用风险管理制度创新，除了严格的事前、事中、事后风险管理制度外，还需要加强信用风险管理手段。

3. 诚信是资本市场立市之本，也是上市公司的价值基础。上市公司的信息披露失真等有失诚信的行为，会导致"柠檬"充斥市场，良品则被驱逐，长此以往，市场会走向萎缩。上市公司应把诚信建设作为公司价值增长的重要组成部分，把公司的诚信建设与经营增长放在同等重要的位置。

4. 资信评级旨在解决市场信息不对称问题。规范运作的企业，通过主动进行资信评级，增强自身的透明度，有助于取得投资者、社会及政府的认可与支持。同时，第三方评级机构拥有技术优势和专业经验。信用评级的高低，不仅影响企业的定价与估值，更通过直接作用于企业的融资数额与融资成本，对企业的发展带来长远的影响。

5. 中小微企业融资难是一个世界难题，而征信是破解中小微企业融资信息不对称难题的重要抓手。地方政府和金融机构应积极探索创新中小微企业普惠金融新模式，立足征信支持路径，以"立信、树信、用信"为出发点，充分挖掘企业信用信息，把信用与融资可得性相结合，最大化实现征信助力中小微企业融资，真正为中小微企业纾困解难。

【重要概念】

企业诚信　企业信用管理　资信调查　债券信用　资信评级　信用增信

【延伸阅读】

1. 更多企业信用管理案例请阅读：陈洁主编《信用管理案例分析》，中央广播电视大学出版社，2011年版；谢旭主编《全程信用管理实务与案例》，中国发展出版社，2007年版；蒲小雷、韩家平主编的《企业信用管理典范》，中国对外经济贸易出版社，2004年版。

2. 登录各地企业信用信息网站了解企业信用管理方面的知识。

【思考题】

1. 为什么企业要"以诚为本，以信营商，诚信立企"？
2. 企业在信用交易中如何开展买方资信调查？
3. 如何防范企业经营者道德风险？
4. 发债主体应如何加快信用风险管理制度创新以提升债券信用等级，创造外部经济性？
5. 如何防范上市公司信息披露失真、财务造假等失信行为？
6. 资信评级对企业有何意义？

第十章

个人征信产品应用场景

【学习目标】

1. 通过个人征信信息应用案例学习，了解个人信用记录是怎样产生的以及对个人可能产生的影响。

2. 通过个人征信信息应用案例学习，掌握做好个人信用管理的基本方式方法。

当代社会是信用社会，个人信用记录已经广泛应用于社会的方方面面，良好的信用记录是一笔无形的财富。信用卡和贷款记录是信用记录的重要组成部分，信用卡持卡人和借款人都应当树立信用意识，按照合同约定及时履行还款义务，这样既能避免产生不良记录，又能为信用记录"加分"。为他人担保需谨慎，这种行为不但会减低自己可以获得的信用额度，而且在债务人不履约还款时担保人须承担还款责任，如不及时还款也会产生不良信用记录。

对于个人来说，信用记录的好坏不仅会影响其获得信用卡、贷款等金融服务，还会对其求职、出国留学、租房、手机申请等造成影响。个人不良信用记录会给其生活带来极大不便。个人有必要了解不良个人信用记录是怎样产生的、对自己可能产生的影响以及维护个人信用的方法，以更好地管理自己的信用。对各种情形的个人征信信息应用案例进行分析，可以帮助我们更好地管理个人信用。

第一节 信用卡

信用卡（Credit Card），又叫贷记卡，是发卡机构（主要是商业银行）向客户发行的有一定信用额度的银行卡，持卡人可以在信用额度内先消费后还款。信用卡的信用额度通常都可以循环使用，当已消费的金额得到偿还后，持卡人的信用额度就会自动恢复。近年来，我国银行业金融机构大力发展信用卡业务，发卡量和交易量迅速增长，根据人民银行发布的《2022 年支付体系运行总体情况》，截至 2022 年末，全国信用卡和借贷合一卡数量共计 7.98 亿张，银行卡授信总额为 22.14 万亿元，银行卡应偿信贷余额为 8.69 万亿元。

信用卡作为一种常用的支付结算工具，不仅影响着人们的消费行为，也直接关系到个人的信用记录。银行在发放信用卡后，会将信用卡的开卡、使用和还款情况报送至个人信用信息基础数据库，形成个人信用报告的重要内容，直接影响到个人信用记录的好坏。如果持卡人在使用信用卡消费后没有在到期还款日（又称最后还款日）前及时还款，就会产生逾期记录，进而对自己的信用记录造成负面影响。

一、案例1：不良信用记录导致信用卡申请被拒

江某某，男，32岁，广东省××市人，为某大型上市公司员工。2010年3月，江某某向中国银行××分行（以下简称中行）申请办理长城信用卡，拟申请信用额度为人民币1万元。该客户填写了信用卡申请表，同时提供身份证、中行存折复印件等证明文件，符合受理申请的条件。中行工作人员在获得客户授权后，登录个人信用信息基础数据库查询了江某某的个人信用报告，信用报告显示其曾经向中行申请过一张信用卡，额度为6000元，但在过去24个月内陆续出现多次逾期还款记录，信用记录较差。中行工作人员通过内部系统进一步查询了客户的详细资料，发现该客户于2008年1月通过单位批量办卡向中行申请了信用卡，并于当年4月领卡使用，8月份发生透支交易，后经中行工作人员多次电话催收才还清欠款，拖欠时间超过了半年。通过对查询到的信用信息和账户信息进行综合分析，中行工作人员判断该客户存在较大的信用风险，拒绝了其提出的信用卡申请。

二、案例2：银行拒绝有不良信用记录的"优质客户"

许某某为广东省××市居民，在广东××钢铁集团的下属企业工作。2011年3月23日，许某某向中国建设银行××市分行（以下简称建行）提交了信用卡申请资料，拟申请办理建行龙卡信用卡。许某某提交的资料显示其为单位中层领导，收入较高，属于银行青睐的优质客户。建行信用卡业务人员在取得客户本人书面授权后，通过个人信用信息基础数据库查询了许某某的个人信用报告，报告内容显示许某某在其他银行办理了多张信用卡，其中有一张授信额度为8000元的信用卡状态为"冻结"，一张授信额度为10000元的信用卡有当前逾期记录，逾期时间超过3个月。通过对客户的信用报告进行分析，信用卡初审人员认为该客户的信用记录较差，不符合办理信用卡的基本条件，并根据信用卡审批的相关规定，建议上级行暂缓发卡。

三、案例3：良好的信用记录为申请信用卡创造条件

林某某为广东省××市居民，在当地疾病预防控制中心工作，月工资收入约3000元。2013年6月，林某某向中国建设银行××市分行提交申请资料，拟办理建行龙卡信用卡。建行××市分行业务人员在取得林某某的书面授权后查询了其个人信用报告，发现该客户名下共有3张信用卡和2笔个人住房贷款，其中信用卡额度合计为19800元，已使用的额度为1938元；贷款金额为30万元，余额为24万余元；信用卡和贷款

的还款情况均正常，没有逾期记录。最终，林某某由于信用记录较好，成功办理了一张信用额度为8000元的建行龙卡信用卡。

四、案例1—3分析

银行在受理客户提出的信用卡申请时，为了防范信用风险，保障信贷资金安全，都会通过征信系统查询客户的个人信用报告，了解申请人的信用记录情况。如果申请人的信用记录正常，则符合办理信用卡业务的基本条件；如果申请人的信用记录较差，即使其他各方面条件都很好，银行通常也会拒绝为其办理信用卡业务。

通过分析上面的案例，我们可以获得两方面的启示：一是使用信用卡时要做好个人信用管理，注意及时还款，避免产生不良信用记录；二是个人信用记录已经广泛应用于银行的信用卡业务之中，对银行防范信用风险至关重要。

五、案例4：一次"意外"造成的不良信用记录

（一）案情

陈先生为广东省××市居民，在中国农业银行办理过一张信用卡，一直以来都正常使用并在还款日前按时还清欠款。2012年4月，陈先生接到农业银行的信用卡催款电话，提醒他上个月的透支款项尚未归还，陈先生说透支款项早已全额还清了。经进一步核实，原来当月陈先生用拉卡拉信用卡还款，但当天拉卡拉出现故障还款未成功，陈先生在操作还款之后误以为欠款已还清，也没有进一步对还款信息进行核实，导致出现本次违约。时隔一年半，陈先生在向平安银行申请大额信用卡时被拒，被拒原因正是他在一年半前曾有过一次信用卡的逾期记录。

（二）案例分析

拉卡拉集团（以下简称拉卡拉）成立于2005年，是首批获得支付业务许可证的第三方支付公司，也是中国最大的便民金融服务公司，致力于为个人和企业提供日常生活所必需的金融服务。拉卡拉在全国超过300个城市投资了超过10万台自助终端，每月为超过1500万人提供信用卡还款、水电煤气缴费等服务。在任何一个拉卡拉便利支付点，利用智能刷卡终端，用户可以使用带有银联标志的借记卡为指定的信用卡还款，支持所有银行的借记卡及拉卡拉签约服务银行的信用卡。

近年来，我国的第三方支付行业发展迅速，涌现出以支付宝、财付通、拉卡拉等为代表的一大批第三方支付机构，为社会公众提供了高效便利的支付服务。越来越多的人选择通过第三方支付进行网购、还款（信用卡、贷款）和缴费（水、电、煤气）。我们在享受第三方支付业务带来的便利的同时，也要注意做好个人信用管理：在使用拉卡拉等第三方支付机构的终端进行还款时，要密切留意还款操作是否成功，避免因还款不成功而产生不良记录；同时，还要注意还款时间，由于通过第三方支付机构还款和通过银行还款相比有一定的时滞，因此需要预留出足够的时间，避免资金到账不及时影响个人信用记录。

六、案例5：值得注意的"最低还款额"

（一）案情

小明（化名）2012年毕业于广州的一所重点大学，现在广州某外资企业工作，每月收入约8000元。2013年初一次同学聚会时，在广发银行工作的小张向小明极力推荐办理广发信用卡，并告诉小明使用信用卡有很多好处：可以先消费后还款、最长56天的免息还款期、优惠活动很多、可以积分。后来经小张介绍，小明向广发银行申请了一张信用卡，信用额度为12000元。小明本来日常开支就大，没有什么积蓄，有了信用卡以后，消费起来更是大手大脚，每月的账单都有好几千元，渐渐感觉到了还款的压力。有一次在浏览账单时，小明注意到账单上有一个"最低还款额"，于是向小张咨询是否可以只还这个金额，小张告诉他没有问题，每期账单只要还了最低还款额就不会影响信用记录，银行只是收点利息而已。听完小张的介绍后，小明很高兴，心想着终于不用担心还款压力了，于是到银行按最低还款额还了款。但是，令他意想不到的是，次月的账单上竟然有200多元的利息。咨询银行客服后，小明才得知如果每期账单没有全额还款，就不能享受免息期的优惠，银行会从客户刷卡消费的次日起计算利息。

（二）案例分析

最低还款额是商业银行对信用卡用户每月还款金额设定的最低限额，通常是透支额的10%加上本期费用（利息）和上期最低还款额未还部分。信用卡用户在无法全额还款的情况下，只要还款金额大于或等于最低还款额就不会影响个人信用记录。采取这种方式还款，虽然能够减轻短期内的还款压力，但是却会产生很高的利息成本：在未全额还款的情况下，信用卡用户不能享受免息期的优惠，银行要从透支消费的次日起按每日万分之五的标准计息，直到全部还清为止。举个例子，假设某期账单金额为10000元，最低还款额为1000元，免息期为50天，如果信用卡用户没有全额还款，则不能享有免息期，这一期间的利息为 $10000 \times 50 \times 0.0005 = 250$ 元。由此可以看出，虽然在使用信用卡后只还最低还款额不会影响个人信用记录，但是会产生高额的利息成本，增加以后的还款压力，这种还款方式应当尽量少用。

七、案例6：身份证丢失带来的巨大烦恼

（一）案情

2014年2月，广东省××市市民廖某到当地人民银行查询其个人信用报告时，发现其名下有9家商业银行的15个信用卡账户，授信总额高达28.4万元人民币，已用额度为125499元，并且发生了多次逾期记录。廖某对此非常震惊：自己从未去过上述银行，也从未办理过信用卡，怎么会有这么多银行信用卡的记录呢？在工作人员的提醒下，廖某这才想起自己曾经于2008年在东莞市遗失身份证，并于2008年12月补办了新的身份证，很有可能是不法分子捡到遗失的身份证后冒用身份到银行办理了信用

卡。于是，廖某向人民银行提出了异议申请，否认在上述 9 家商业银行办理过信用卡，要求这 9 家商业银行进行核实。上述 9 家商业银行经过调查核实，廖某的确是被他人冒用身份办理了信用卡，并为廖某删除了其名下的信用卡记录。虽然问题最终得到了解决，但这一事件耗费了廖某大量的时间和精力，给他带来了巨大的烦恼。

（二）案例分析

近年来，商业银行在信用卡业务方面竞争十分激烈，各家银行都想尽一切办法来增加发卡量，抢占市场份额。虽然各银行都规定在受理信用卡申请时必须核实客户身份，但少数银行工作人员为了完成信用卡发卡任务，在审核客户身份时还是会把关不严，这在客观上给犯罪活动提供了条件。一些不法分子捡到他人身份证后，通过伪造虚假的个人资料（例如工作证明、收入证明等），冒用他人身份申请信用卡，并在获得信用卡后进行大额消费或者套现，导致被害人名下背负着银行债务和不良信用记录。从上面的案例可以看出，我们在日常生活中一定要妥善保管好自己的身份证件，防止丢失或者被盗，避免因被他人盗用而产生不良信用记录。

第二节　贷款

个人贷款是指银行或其他金融机构向符合贷款条件的自然人发放的用于个人消费和生产经营等用途的本外币贷款。个人贷款包括个人住房贷款、个人汽车消费贷款、个人耐用消费品贷款、个人经营性贷款、个人有价单证质押贷款、个人小额信用贷款、个人非住宅抵押贷款。按揭贷款、消费贷款没有按期还款，也是个人最容易出现负面信用记录的情况之一。

一、案例 7：助学贷款不良记录导致信用卡申请被拒

袁某某毕业于中山大学医学院，现就职于广东省××市人民医院。2009 年 2 月，袁某某向中国建设银行××分行申请办理信用卡，从其提供的个人资料来看，袁某某的学历较高，工作稳定，属于银行的优质客户，通常情况下至少可以获得 5000 元的信用额度。但是在信用卡审批环节，建设银行工作人员通过个人信用信息基础数据库查询了袁某某的信用报告，发现其在国家开发银行办理过一笔助学贷款，该笔贷款存在多次逾期还款记录。经向客户了解得知，袁某某未及时还款的主要原因是对征信知识不了解，自以为晚还款几天没有关系，不知道会影响到自己的信用记录。虽然袁某某并非恶意拖欠贷款，但是从防范信用风险的角度出发，信用卡审批人员最终还是拒绝了其信用卡申请。

二、案例 8：财政贴息不及时影响个人信用记录

邓小姐 2008 年毕业于××市的一所重点院校，现为广东省××市供电局员工。2011 年 3 月，邓小姐因购房需要向中国建设银行××市分行提出贷款申请，但在贷款

审批环节却因为信用记录有问题而被银行拒绝，原来是她在大学期间办理的助学贷款有逾期记录。对此，邓小姐觉得很不可思议，她告诉银行工作人员自己从来没有拖欠过助学贷款，不可能有逾期记录。在银行工作人员的建议下，邓小姐向当地人民银行提出了异议申请，人民银行工作人员通过征信系统将异议信息发送至助学贷款业务的经办银行进行核实。10 天后，该行向人民银行回复了核实结果：客户名下的逾期记录是因当地政府向银行支付助学贷款利息不及时而产生的，并非客户本人的原因，该行正在帮助客户删除逾期记录。2011 年 4 月，邓小姐再次向中国建设银行××市分行提出贷款申请，由于信用记录的问题已经解决，该笔贷款顺利获批。

三、案例 7—8 分析

国家助学贷款是由政府主导、财政贴息、财政和高校共同给予银行一定风险补偿金，银行、教育行政部门与高校共同操作的专门帮助贫困家庭大学生的银行贷款。借款学生不需要办理贷款担保或抵押，但需要承诺按期还款，并承担相关法律责任。借款学生通过学校向银行申请贷款，用于弥补在校期间各项费用不足，毕业后开始履行还款（还本付息）义务，在校期间的贷款利息由财政全额补贴。国家助学贷款自 1999 年开办以来，已经帮助近千万名在校大学生完成学业。据教育部统计，截至 2021 年 9 月，全国累计有 1500 多万学生获得助学贷款，贷款金额为 3000 多亿元。

近年来，国家助学贷款业务发展迅速，贷款质量总体上较好，绝大多数的大学毕业生都会按时归还贷款。但也有一些大学生由于信用意识不足、对还款要求不清楚或者毕业后经济困难，没有及时履行还款义务，产生了逾期记录；甚至还有少数学生抱有错误的观念，认为助学贷款属于国家优惠政策，不还贷款银行也没办法，因此长期恶意拖欠贷款，形成了严重的不良信用记录，对个人的发展造成负面影响。

由于学生在校期间的贷款利息是财政贴息，如果财政资金没有及时到位支付贷款利息，银行系统就会产生贷款逾期记录，处理不当可能会对借款学生的信用记录造成负面影响。由于这种逾期记录不是信息主体（借款学生）还款不及时产生的，如果信息主体提出异议，银行通常都会删除逾期记录。

通过分析上面的两个案例，我们可以看出，贷款记录是信用记录的重要组成部分，已申请国家助学贷款的大学生要注意在毕业后按时归还助学贷款的本金和利息，避免产生不良信用记录；同时，还要积极做好个人信用管理，时常关注自己的信用报告，当个人信用记录与实际情况不一致时，要及时向当地人民银行或者办理贷款业务的商业银行提出异议申请。

四、案例 9：及时到银行更新个人信息很重要

（一）案情

2006 年，韩某在中国工商银行××分行（以下简称银行）办理了助学贷款，大学毕业后，韩某离开了××市，与银行失去了联系，其助学贷款也产生了逾期记录。

2011 年 5 月，银行催收人员在做贷后跟踪时发现，韩某的个人信用报告显示其最新通信地址在广东省东莞市谢岗镇，并根据信用报告上的最新电话号码联系到了韩某。韩某称其毕业后忙于找工作，忘记了在大学期间曾经办理过贷款，并且由于通信地址变更，未能收到银行方面的催收通知。韩某表示，自己十分关注个人信用状况，对此次银行主动联系其协商还款事宜表示理解，并最终结清了该笔贷款。

（二）案例分析

商业银行主要通过客户办理业务时提供的个人信息（联系电话、通信地址等）来联系客户，因此，已申请助学贷款的大学生在毕业离校后，如果联系方式等个人信息发生变化，应当及时到银行办理变更手续，保持与银行的畅通联系，及时获取银行的还款提示，避免因忘记还款等造成不良信用记录。

五、案例 10：良好信用记录铺就农民致富之路

（一）案情

许某某，男，34 岁，广东省××县大桥镇居民。近年来，由于农民的生活水平不断提高，大桥镇周边居民建设了大量房屋，对装修材料的需求十分旺盛。许某某夫妇于 2008 年在××县大桥中学附近开办了一家陶瓷店，商品主要供应大桥镇及周边乡村，年均销售额约为 60 万元，销售利润近 10 万元。

2013 年 7 月，许某某计划购进一批瓷砖，约需资金 8 万元，但自有资金只有 3 万元，存在 5 万元的缺口，于是向××县农村信用合作联社（以下简称农信社）提出贷款申请。农信社信贷人员对许某某的经营情况进行了实地调查，并在取得许某某夫妇的授权后，查询了两人的信用报告，发现许某某名下有一笔已结清的农户贷款，还款记录正常，表明其信用记录良好。根据借款人条件，农信社向客户推荐了农村青年创业贷款，并于 2013 年 7 月成功发放贷款 5 万元。在农信社贷款资金的支持下，许某某的陶瓷店生意越做越好，2013 年的销售收入增长约 70 万元，年销售利润达 13 万元，夫妇两人也成为远近有名的创业致富能手。

（二）案例分析

农村青年创业贷款是农信社推出的用于支持信用记录良好的农村青年生产创业的特色金融产品，贷款对象为 45 岁以下的农村青年，贷款金额一般不超过 10 万元。自 2013 年开始办理该项业务以来，××县农村信用合作联社已累计为 21 户农村青年发放贷款 90 万元，支持了一批有市场前景的种植、养殖和批发零售项目，取得了良好的社会经济效益。

过去，农户信用意识较差、农村信用环境不佳导致涉农贷款的不良率较高，严重制约了金融机构对"三农"的信贷支持。为改变这一不利局面，近年来，人民银行大力推动农村信用体系建设，通过农户信用信息采集、信用知识宣传教育、信用户（信用村、信用镇）创建等多种措施有效提升了农民信用意识，改善了农村信用环境，为金融机构加大"三农"信贷投入创造了条件。"农民要致富，信用来铺路"已成为农

民朋友耳熟能详的宣传口号。上面案例中的农村青年许某某具有良好的信用意识，在金融机构贷款资金的支持下，通过创业走上致富之路，成为了农村信用体系建设的受益者。

六、案例11：一笔送上门的"失踪"欠款

（一）案情

2009年1月14日，中国建设银行××市分行收回了一笔逾期3年多的耐用消费品贷款，虽然金额不大（本息合计3041元），但银行工作人员感到很意外。原来，这笔贷款在未到期前，该行便已联系不到借款人罗某某，后经多方追讨，均无果而终，但是此次借款人却主动到银行清偿了全部贷款本息，在向罗某某询问了解情况后，建行工作人员感叹地说："这全是人民银行征信系统的功劳。"

2003年8月15日，罗某某在中国建设银行××市分行办理了一笔耐用消费品贷款，金额为9000元，期限为2年。按照借款协议的约定，罗某某应于2005年8月15日前还清该笔贷款，但他抱着侥幸心理，在偿还了部分款项后便"玩失踪"，拒不偿还剩余款1762.43元，利息也越欠越多，达到了1278.57元，其拖欠贷款记录被建行报送到全国联网的个人信用信息基础数据库中。2008年底，罗某某在东莞市购买了一套商品房并交了首期款，在向东莞某银行申请个人住房贷款时因存在不良信用记录而被拒绝。由于银行拒绝贷款，自己也无能力一次性付清购房款，罗某某面临既拿不到房又被开发商没收违约金的风险，最后不得不主动上门还款，结清了他名下的拖欠债务。

（二）案例分析

个人向银行申请贷款后，银行会将贷款记录（包括还款情况）报送至全国联网的个人信用信息基础数据库，形成个人信用记录的重要内容。如果个人拖欠贷款不还，就会产生逾期记录，拖欠时间越长，信用记录受到的"损害"就越大。因此，上述案例中的当事人不但不能够逃脱债务，而且会因恶意拖欠贷款而产生严重的不良信用记录，最终影响今后的经济行为。

七、案例12：非恶意逾期也会影响个人信用记录

（一）案情

2013年11月，广东省××市居民林某向广发银行股份有限公司××分行（以下简称广发银行）申请金额为50万元、期限为3年的个人经营性贷款。广发银行通过查询林某的信用报告了解到该客户在其他银行有1笔经营性贷款、1笔汽车按揭贷款和4张信用卡，其中经营性贷款最近3个月内连续出现逾期；4张信用卡最近24个月内累计逾期超过6次。经向林某了解得知，产生上述逾期的原因是林某由于工作忙而忘记及时还款，并非故意拖欠不还。考虑到该笔贷款是免抵押的信用贷款，广发银行最终拒绝了林某的贷款申请。

（二）案例分析

个人信用报告的内容是对过去信用行为的客观记录，对信息主体的逾期或违约行

为，征信系统不能也不会区分是主观故意还是客观原因（例如本案例中的当事人由于工作忙记忘还款）。因此，我们应当增强信用意识，做好信用管理，避免由于疏忽而产生不良记录。

八、案例 13：信用记录没问题，房贷利率能优惠

2010 年 1 月，客户符某某向中国建设银行××市分行申请金额为 44 万元人民币的个人住房组合贷款。建行××市分行工作人员在获得符某某及其配偶的授权后，登录个人信用信息基础数据库查询了两人的信用报告。信用报告显示，符某某及其配偶名下各有 2 张贷记卡，没有贷款记录，贷记卡还款记录良好，无任何逾期记录。基于客户良好的信用记录，建行××市分行同意给予该客户 22 万元个人住房贷款和 22 万元个人住房公积金贷款，并根据建行的有关制度给予客户最优惠利率——基准利率下浮 30%。

九、案例 14：商业银行通过查询征信系统认定二套房

2013 年 5 月，客户黄女士在支付三成首付款后，向中国银行××分行申请首套房个人住房贷款，经办人员在初步审核客户申请资料后，拟同意为其办理贷款，并在取得客户书面授权后，登录个人信用信息基础数据库查询了借款人夫妻双方的个人信用报告，发现借款人名下有一笔已结清的住房贷款。经深入调查获知，该套房产确实为借款人本人购买的房产，虽已转让给他人，但中国银行××分行仍严格遵守相关规定，认定客户只能办理第二套住房贷款。后来，黄女士在付足六成房款后，按第二套住房贷款的标准，成功申请到该笔贷款。

十、案例 13—14 分析

个人住房贷款是指银行向借款人发放的用于购买自用普通住房的贷款，通常以所购房屋作为抵押物。个人住房贷款分为个人住房商业贷款和个人住房公积金贷款两种类型，常见的贷款方式为两种贷款的组合贷款。个人住房贷款的最长期限为 30 年，一般按月还款，还款方式有等额本息还款和等额本金还款两种。

我国对房地产市场采取差别化的调控政策，重点支持自住需求，限制投资和投机需求。根据当时的国家规定（现已有调整），购买第一套房的首付比例不低于 30%，购买二套房的首付比例不低于 60%。商业银行在开展个人住房贷款业务时需要对客户房产情况进行认定，通常采取"认房又认贷"的标准：既要查询客户在当地房管局的房产信息，也要查询客户在征信系统中的住房贷款记录，综合两方面的信息判断客户是否符合首套房贷款的条件。其中，个人信用信息基础数据库发挥了重要作用，为贯彻执行房地产调控政策创造了条件。通过查询个人信用报告，商业银行能够全面、及时、准确地获得客户名下住房贷款的信息，进而识别二套以上住房（包括在异地贷款购买的房产）。此外，个人住房贷款的利率由银行决定（最低可以是基准利率的

70％），而银行的贷款定价一般和风险挂钩，贷款风险越高，利率越高。因此，信用记录的好坏不仅影响到个人能否获得住房贷款，而且会影响到个人能否获得贷款利率优惠。

通过分析上述两个案例，我们可以获得两方面的启示：一是良好的信用记录等于无形的财富，在信用经济高度发达的今天，拥有良好的信用记录意味着可以获得更多或者更低成本的信用交易机会，为日常生活带来更多的便利，为事业发展创造更好的条件；二是征信系统在个人住房贷款业务中发挥了重要作用，是商业银行控制信贷风险、贯彻调控政策的有力工具。

十一、案例15：个人车贷逾期纠纷

（一）案情

徐某于2018年购买了一辆汽车，在支付了部分首付款后，剩余车款向甲银行按揭贷款。乙担保公司与徐某签订了汽车按揭担保合同，约定该担保有限公司作为徐某银行贷款的担保人，徐某向担保公司交纳担保费8500元，同时合同约定若徐某逾期还款，担保公司代偿欠款后，除代偿的垫付资金以外，徐某还需按代偿款每月2%的利率向担保公司支付违约金。后因徐某未按期偿还车辆贷款，2018年开始至2020年7月，甲银行先后从担保公司扣划账户余额代偿徐某应负债务，共计39252.01元。2021年5月，乙担保公司向法院起诉要求徐某偿还代偿金额并按合同约定每月支付2%的违约金，计算至起诉时为19416.19元。

（二）案例分析

本案属于个人汽车消费贷款，申请汽车消费贷款一般需要具备以下条件：

（1）购车者必须年满18周岁，并且是具有完全民事行为能力的中国公民。

（2）购车者必须有一份较稳定的职业和比较稳定的经济收入或拥有易于变现的资产，这样才能按期偿还贷款本息。这里的易于变现的资产一般指有价证券和金银制品等。

（3）在申请贷款期间，购车者在经办银行储蓄专柜的账户内存入低于银行规定的购车首期款。

（4）向银行提供银行认可的担保。购车者的个人户口不在本地的，还应提供连带责任保证，银行不接受购车者以贷款所购车辆设定的抵押。

（5）购车者愿意接受银行提出的认为必要的其他条件。

在本案的合同执行过程中，徐某未按约定偿还贷款本息，属于贷款违约方，乙担保公司为其履行相应担保责任，乙担保公司向法院提起诉讼，除了偿还代偿金额外，还需按合同约定支付违约金。

法律上对行使追偿权要不要支付违约金并没有作出明确的规定。当事人一方不履行合同义务或者履行合同义务不符合约定的，应当承担继续履行合同、采取补救措施或者承担赔偿责任等。担保公司与徐某签订的汽车按揭担保合同真实有效，对双方均具有约束力，对其中的违约金可参照民法典的相关规定。

十二、案例16：普惠型个人经营性贷款

（一）案情

周先生从事医疗器械生意，自己的公司在近两年的营业状况良好，并且刚和某医院签订进货合同，但如果从厂家直接进货需要首付定金300万元，因为最近资金周转紧张一时间拿不出这么多钱。于是，周先生就向A银行申请了个人经营贷款300万元。A银行审查了周先生的申请材料并作出贷款批复，原因有三个：一是周先生拥有位于北京CBD附近的一套200多平方米的高档商品住宅，当时市值为800万元左右，但现有银行贷款100万元未结清；二是周先生本人为公司股东，配偶全职在家；三是周先生资金使用时间为3~6个月，并且以后可能会有不定期的资金需求。周先生在20天后顺利获得了企业周转资金，贷款担保期限选择5年期循环授信，保证了不定期资金需求。

（二）案例分析

个人经营贷款是指商业银行向从事合法生产经营的个人借款人发放的用于定向购买或租赁商用房、机械设备以及满足其个人生产经营资金周转和其他合理资金需求的贷款。

个人经营贷款的借款人需要具备以下条件：

（1）年满18周岁，具有完全民事行为能力的自然人；

（2）具有合法有效的身份证明及户籍证明；

（3）具有合法的经营资格，能够提供个体工商户营业执照、合伙企业营业执照或企业法人营业执照；

（4）具有良好的信用记录；

（5）具有稳定的收入来源和按时足额偿还贷款的能力；

（6）能够提供合法的经营场所及贷款的具体用途；

（7）银行规定的其他要求。

案例中，周先生的贷款申请符合商业银行对个人经营贷款的一般性要求，如贷款主体、贷款用途等，但商业银行还要对借款人的信用等级以及还款能力等进行量化考核，以最终确定贷款的批复。商业银行对个人生产经营贷款客户信用等级实行百分制，按分值高低设立四个信用等级：AAA级、AA级、A级、B级，其中，AAA级和AA级客户为优良客户，A级客户为一般客户，B级为限制、淘汰客户。

AAA级：评分在90分（含）以上，各项指标优秀，个人综合素质高，生产经营稳定，经营收入高，资信状况好，还款能力强。

AA级：评分在80（含）~90分，各项指标良好，个人综合素质较高，生产经营比较稳定，经营收入较高，资信状况较好，还款能力较强。

A级：评分在70（含）~80分，各项指标一般，个人综合素质一般，生产经营稳

定，经营收入一般，资信状况一般，还款能力一般。

B 级：评分在 70 分以下，生产经营差，还款能力弱，个人与银行合作意愿及个人资信状况较差。

从银行最终的贷款批复看，周先生的信用评级应该是 AAA 级，还款能力强，个人资信状况好，因此获得了 A 银行的个人经营贷款。

第三节　担保

担保是担保人（也称保证人）和债权人之间约定，当债务人不履行还款义务时，担保人要承担责任，替债务人还款。因此，在给别人做担保的过程中，担保人的信用有可能遭到威胁，甚至被破坏。对于授信机构而言，如果消费者替别人做经济类担保，意味着他（她）的信用额度被别人占用，对他（她）的授信额度自然会降低。所以，需要利用自己信用的消费者，千万不要轻易给别人做担保，以免自己的信用不够用，或者信用记录被破坏。

一、案例 17：担保有风险，提供要谨慎

李明明（化名），男，25 岁，大学毕业后考入广东省××县工商局，成为一名基层公务员。他性格外向，喜欢交际，在当地各行各业都有许多朋友，相互之间称兄道弟，经常在一起吃喝玩乐。2012 年 5 月，在当地经营建材生意的王某找到李明明，说他因为生意周转的需要，想向银行申请 50 万元贷款，需要一个有稳定职业的朋友提供担保。李明明觉得王某平时为人豪爽，比较讲义气，是一个值得信赖的"好兄弟"，于是没有多想就答应了，并和王某一起到银行办理了担保手续。2013 年 9 月的一天，李明明正在单位上班，突然发生了一件令他意想不到的事情：银行工作人员找上门来告诉他王某的贷款已经逾期 3 个月未还，人也联系不到，作为贷款担保人，李明明必须代王某偿还贷款，否则银行将采取法律措施。他这才想起来，一年多前，曾经稀里糊涂地为王某的贷款提供过担保。

二、案例 18：信用记录有问题，担保条件不具备

黄小强（化名）为广东省××市装饰材料公司的股东（实际控制人），2013 年 6 月，因资金周转需要，黄小强的公司向中国工商银行（以下简称工行）××分行提交了一笔小企业贷款申请，拟申请流动资金贷款 50 万元。根据工行的相关规定，该笔小企业贷款需要由企业股东进行担保。工行信贷业务人员在取得黄小强的授权后，通过人民银行个人信用信息基础数据库查询了信用报告，发现该客户的信用状况较差，其名下的个人住房贷款和信用卡均有多次逾期记录。该行根据信用记录情况将该客户的综合等级评定为"禁入"。根据工行的贷款业务实施细则，综合等级为"禁入"的客户不具备为贷款进行担保的资格，因此工行××分行果断进行了拒贷处理，并及时

将结果告知客户。申请贷款的失败，给了黄小强一次深刻的教训，在朋友的建议下，他主动到当地人民银行查询了自己的信用报告，详细咨询了征信方面的问题，并表示今后一定要维护好自己的信用记录。

三、案例 17—18 分析

担保是指法律为确保特定的债权人实现债权，以债务人或第三人的信用或者特定财产来督促债务人履行债务的制度。担保一般发生在经济行为中，如果被担保人不履行承诺，一般由担保人代被担保人先行履行承诺。根据法律规定，担保有保证、抵押、质押、留置和定金等五种方式。

担保关系一旦确立，担保人就必须履行特定的法律义务（例如，担保人为他人贷款提供了担保，如果被担保人到期不还贷款，则由担保人履行还款义务），所以对担保人来讲，担保责任构成一项或有负债，与信用密切相关。因此，担保记录是个人信用记录的重要组成部分，商业银行会将个人为他人或者企业贷款提供担保的信息报送至征信系统，形成个人信用报告的重要内容，担保人如果不履行担保义务，就会对自己的信用记录造成负面影响。

商业银行在开展信贷业务时，由于小企业贷款的风险较高，除少数无须担保的信用贷款外，通常都会要求企业提供担保，常见的方式有保证、抵押和质押三类。信用记录良好是担保人能够为企业贷款提供担保的基本条件，银行在审核企业贷款时，通常都会取得企业负责人或股东的书面授权，以贷款审批或担保资格审查的理由查询个人信用报告，了解其信用记录情况。如果个人信用记录较差，担保人就不具备为企业贷款提供担保的资格。

上述案例能给我们两个方面的启示：一是对外提供担保要慎重考虑，担保关系一旦确立，担保人就必须履行相应的法定义务，其对外担保的信息也会进入个人信用记录。因此，千万不能随随便便为他人提供担保。二是个人信用记录的好坏不仅与信息主体本人息息相关，有时也会影响到个人名下的企业能否成功从银行融资，保持良好的信用记录对于个人和企业的发展而言都是至关重要的。

第四节　求职与考公

在个人信用制度完善的国家，大多数雇主在应聘者中筛选候选人时，会以个人信用报告中的"雇主服务"类报告来核实应聘者的填表内容是否真实、是否有犯罪前科记录。如果个人信用档案里有不良信用记录，会直接导致应聘的失败。

一、案例 19：大学毕业生因不良信用记录应聘失败

王某某为广东省××市东岗村村民，家庭较为贫困，儿子小王勤奋好学，于 2006 年考上外省某重点大学。由于经济困难，无法交足学费，小王向国家开发银行申请了

2 万元的助学贷款，在贷款资金的支持下，小王顺利完成了学业。2010 年大学毕业后，小王进入北京市某民营企业工作，月收入 5000 多元，成为了"北漂"一族。由于缺乏信用意识，加上经济紧张，小王没有按时归还助学贷款，出现了多次逾期。2011 年，小王得知工商银行××分行正在招聘工作人员，而自己的专业、学历等方面均符合条件，于是根据招聘公告的要求提交了个人简历和信用报告等应聘材料。但是在资格审查阶段，工商银行××分行的工作人员发现小王的个人信用报告中有助学贷款逾期记录，于是退回了小王的应聘材料。

二、案例 20：公司高管因不良信用记录失去任职资格

胡某某为广东省××市一家房地产公司的股东兼高管人员。2011 年，胡某某所在的房地产公司发起设立了一家小额贷款公司，拟聘任胡某某为该公司总经理。根据××市金融局的规定，小额贷款公司拟任高管人员必须向该局提供个人信用报告，作为任职资格审查的一项重要材料。胡某某到当地人民银行征信服务窗口查询了自己的信用报告，发现自己名下的信用卡和贷款均有多次逾期记录。原来，胡某某由于工作较忙，经常会忘记及时还款，而他自己又不知道会影响个人信用记录，因此从来都没太在意，导致逾期的次数越来越多。最终，由于信用记录不佳，胡某某的总经理任职资格没有获得××市金融局的批准。

三、案例 19—20 分析

近年来，随着我国社会信用体系的逐步建立，个人信用记录的应用范围不断拓宽，越来越多的金融机构、政府部门和事业单位在招聘员工时要求提供个人信用报告，以审查求职者的信用记录是否良好。以公务员招考为例，湖南、陕西、上海等多个省市均出台政策，要求在公务员招考中参考个人信用记录；广东省内部分地区也出台了此类政策。不仅如此，一些特殊行业还要求高管人员的任职条件之一就是信用记录良好。例如，人民银行颁布的《征信机构管理办法》规定，个人征信机构向人民银行申请核准董事、监事和高级管理人员的任职资格，应当提交拟任职的董事、监事和高级管理人员的个人信用报告。地方政府金融管理部门在审核小额贷款公司和担保公司的高管人员任职资格时，通常也会要求提供拟任职高管人员的个人信用报告，审核是否存在不良信用记录。

良好的信用记录是成功的"助推器"，不良信用记录是失败的"绊脚石"。每个人都要珍爱自己的信用记录，加强个人信用管理，为今后的职业生涯打好信用基础。

四、案例 21：公务员考生因盖假公章未被录用

（一）案情

26 岁的小张曾参加广东省公务员考试，在 100 多名考生中脱颖而出，综合成绩名列第一，但是他却因为"政审不过关"而被告知未被录用。

（二）案例分析

小张虽然综合成绩第一却未被录用是因为政审环节查到小张的一份大学实习鉴定表的公章是假的，按照《国家公务员局关于做好公务员录用考察工作的通知》的规定，未达到公务员基本素质标准，有公务员职业应当禁止的行为的，不得将其确定为录用人选，包括弄虚作假，误导、欺骗领导或公众的如下行为：

（1）考生在考试过程（包括笔试、面试）中有作弊、替考等不诚信行为；

（2）在履约环节的不诚信情形主要表现为考生已经确认参加面试却在面试当天无故弃考的行为；

（3）在报到环节的不诚信情形主要表现为有的考生在已经通过笔试、面试、考察、体检、公示、备案等环节之后又提出放弃录用资格等行为。

第五节　出国留学

个人在申请出国留学签证以及在国外留学生活时，都会对信用记录的好坏所带来的影响深有感受。如果有不良信用记录，会在出国留学签证申请时遇到麻烦，也会给国外生活带来很大不便。如果个人信用记录是空白的，虽然没有不良信用记录，也会难以申请到信用卡。

一、案例 22：个人信用记录影响为子女出国作经济担保

（一）案情

2013 年，李先生的女儿要出国留学，其为经济担保人。在办理签证时，领事馆签证官员从李先生提供的个人信用报告中发现，李先生在 2010 年有一笔个人住房贷款 30 万元逾期未还，女儿出国因此受到影响。此事对李先生震动很大，他不仅立即归还了拖欠的银行贷款，还经常与周围的人谈论信用记录的重要性，提醒大家不要因为信用不良影响以后的大事。

（二）案例分析

在申请出国留学签证时，使领馆签证官员除了要评估申请人本人的学习背景、学习能力和学习目的，还要考察申请人的经济情况，评估申请人是否可以负担在国外留学的学费和最低生活费。在任何情况下，签证申请人必须提供有关材料来证明其担保人的资金来源，签证官会仔细审阅这些材料，确认担保人有能力提供资助，申请人不会因经济困难去非法打工等。因此，经济担保也就成了签证官签发签证的一条重要依据。

如果担保人收入很少或没有收入，但有足够的存款，需要提供银行资金证明。银行资金证明应显示在持续一段时间内的平均节余。为了得到银行结算单而临时集资开账户，不是足够资金来源的可信证据。同样，将资金存放在担保人的银行账户上，或把钱直接汇往学校收款账户里而未能说明资金来源，通常也是没有用处的。在此情况

下，信用记录是比银行资金证明更有效的证明，因为银行资金证明只能显示担保人在这个时刻拥有这笔资金，比较容易作假，而一份来自权威征信机构的个人信用报告，更能证明担保人过往的经济和信用状况。从上面的案例我们可以看出，留学申请人及其家庭成员应当尤其注意个人信用记录的积累与维护，养成良好的信用意识和习惯，为本人以及家庭成员留学海外创造更便利的条件。

二、案例 23：糊涂申请信用卡影响信用记录

中国留学生奕航在英国生活多年，刚到英国时由于对英国的信用体系不了解，曾经糊涂地被申请信用卡坑过。原来，奕航平时逛街时，商家经常会向他推荐办理各种信用卡，奕航本来不太想申请信用卡，但抵不住商家的宣传，就随便填写了几份申请表，之后却得知信用卡申请没有通过。不仅如此，由于短时间多次申请信用卡都被拒，奕航在英国征信系统中的个人信用记录变得更差了。

三、案例 24：手机申请栽在信用记录上

冯小小是在英国留学的中国学生，到英国的第一年一直用国内带来的手机，从未和英国的通信运营公司打过交道，对英国信用体系一无所知。因为一次意外事件，国内带来的手机不小心摔坏了。冯小小通过朋友得知，可以与一些网络代理商签订手机合同，每月套餐金额才 20 英镑，签一年可以返现 100 英镑，合同结束时还能免费拿到一部手机，非常优惠。冯小小向多家代理商提出了申请，却被告知没有通过信用检查。冯小小为此很困惑：自己从未申请过信用卡，也没有拖欠缴纳任何费用，为什么信用度还不够？原来，由于她一直"老老实实"地遵循家长灌输的不欠钱原则，从不使用信用卡，在英国信用系统中属于没有任何记录的"黑户头"。最终，冯小小只能选择全额购买新手机，但这次经历给她上了一课，知道了要按照英国规则积攒信用办事。

四、案例 23—24 分析

信用记录被称为个人的"经济身份证"，在信用体系十分健全的发达国家，信用记录备受关注。英国有三大收集整合信用记录的公司。普通消费者不能像查银行余额一样随时随地查询自己的信用分数，然而任何存在于信用系统内的人都可以支付一定的金额获取自己的信用报告。在系统内部，每个人都会被评定为 1 到 10 不等的分数，每一次被拒绝的记录都会影响分数，信用报告中也会清晰地显示有谁查看了报告。在英国信用系统中，用于衡量个人信用的硬指标有还款效率（欠款是否按时全额还清）、欠款额、账单支付情况（是否定期支付水电气费、手机费、房租等）。除拖欠付款外，法院判决和破产记录是更为严重的信用杀手。

在中国，人们的传统观念里都不喜欢"欠钱"，排斥申请信用卡或者贷款，因此很多人的信用记录都是空白的。但是没有信用记录不等于信用记录就好，对于刚刚接触英国信用系统的华人来说，申请一张透支额较小的信用卡并保证按时还款是提高信用

最好的方式，而成功率最高的就是在长期开户的银行申请。如果首次申请信用卡被拒，需要留出最短半年的缓冲期（半年后再提出申请），否则在刚刚被拒的情况下再次申请信用卡很容易失败。

上面两个案例中的中国留学生在国外都遇到了信用记录方面的"麻烦"，深刻地感受到了做好个人信用管理的重要意义。通过分析上述两个案例，我们可以看出，在社会信用体系健全的发达国家，信用记录就像个人的身份证件一样重要，"维护信用记录、积累信用财富"不仅仅是一种思想观念，更是一种生活方式。

第六节　其他典型案例

一、案例 25："未婚"变"已婚"引发的误会

江苏省扬州市未婚女青年王某在某银行扬州分行办理业务时，现场提交的纸质材料上婚姻状况显示为空白。业务人员在录入数据时未经核实，仅根据王某年过三十的事实即以"常理"推断其应为"已婚"，并将采集的数据报送到中国人民银行征信中心。王某男友在陪其申请贷款时，发现其个人信用报告的"已婚"信息，从而对王某产生误解，使王某身心遭受极大伤害。

二、案例 26：银行因错报个人信用信息承担赔偿责任

2010 年 3 月，原告焦某至数家银行申请贷款遭拒，理由是信用报告显示其在被告行有一笔贷款逾期未还。焦某向法院主张，其从 2004 年 8 月到 2007 年 12 月确定向被告行贷款 4 次，但均按时还贷，请求判决被告行删除其不良信用记录，赔偿精神抚慰金 5 万元。被告行称，焦某共有 5 笔贷款，4 笔已归还，1999 年 3 月 9 日在其下设的某分理处办理的 5 万元贷款至今未归还。法院判决：法院审理查明，被告提供的证据不能证明原告在 1999 年 3 月 9 日向下设的银行分理处贷款 5 万元的事实。被告将虚假的贷款信息报送至中国人民银行征信中心，使原告的信用报告产生负面信息。此行为导致原告的社会信用评价被降低，无法再次获得银行贷款。该行为侵害了原告的名誉权，判决被告行删除焦某的不良记录，恢复其名誉，同时赔偿焦某 5000 元精神抚慰金。

三、案例 25—26 分析

个人基本信息（例如婚姻状况）和信用交易记录（例如贷款记录）都是个人信用报告中的重要内容，是商业银行在开展信贷业务时十分关注的信息。虽然人民银行要求各商业银行必须准确、及时、完整地报送个人信用信息，但在实际工作中，由于各种各样的原因，商业银行很难确保报送到征信系统中的信息百分之百准确。因此，法律不仅赋予信息主体知情权，而且还赋予信息主体异议权。我国《征信业管理条例》第二十五条明确规定：信息主体认为征信机构采集、保存、提供的信息存在错误、遗

漏的，有权向征信机构或者信息提供者提出异议，要求更正。征信机构或者信息提供者收到异议，应当按照国务院征信业监督管理部门的规定对相关信息作出存在异议的标注，自收到异议之日起 20 日内进行核查和处理，并将结果书面答复异议人。经核查，确认相关信息确有错误、遗漏的，信息提供者、征信机构应当予以更正；确认不存在错误、遗漏的，应当取消异议标注；经核查仍不能确认的，对核查情况和异议内容应当予以记载。

个人信用报告内容不准确，不仅会影响到个人办理各类金融业务，特殊情况下还会引发不必要的误解和纠纷，例如上述两个案例。因此，为了做好个人信用管理，我们应当定期或不定期地查询自己的信用报告，及时通过异议处理更正错误信息，维护好自己的信用记录；必要时还可以通过向监管部门投诉的方式或者采取法律手段维护自己的合法权益。

四、案例 27：过度负债影响个人信用记录

（一）案情

李某为广东省××市居民，现年 45 岁。2011 年 8 月，李某向中国银行××分行申请办理中银白金信用卡，申请额度为 30 万元。信用卡审批人员在审查客户提供的资料时了解到李某为国税局干部，其与配偶名下共有四套房产和两部私人轿车，综合条件较好。但通过查询该客户的信用报告发现，李某在两家银行有 3 笔贷款，贷款余额合计为 85 万元，此外还持有多家银行的 17 张信用卡，授信额度超过 100 万元，并且近 3 个月连续出现信用卡逾期。通过对个人信用报告的内容进行分析，信用卡审批人员认为李某的综合负债水平过高，并且已出现逾期还款记录，存在一定的授信风险，因此拒绝了该客户的申请。

（二）案例分析

近年来，商业银行的住房按揭贷款和信用卡业务发展迅速，部分客户频繁申请贷款和信用卡，使用银行资金进行炒房或超前消费，积累了大量的银行债务，成为名副其实的"负翁"。在过度负债的情况下，个人很容易因为还款困难或者忘记还款而产生逾期记录，对个人的信用记录造成负面影响。从上面的案例我们可以看出，个人在申请贷款和信用卡时要量力而行、适可而止，避免因为过度负债影响自己的信用记录。

五、案例 28：银行未经授权查询个人信用报告被罚

（一）案情

2013 年 6 月，江苏省××市居民彭先生到当地人民银行查询自己的信用报告后发现，外地某银行于 2013 年 5 月以"贷款审批"的理由查询过自己的信用报告。彭先生感到很意外，自己从未向该银行申请过贷款，怎么会有"贷款审批"查询呢？经咨询相关专业人士，彭先生得知银行只有在取得信息主体本人书面同意的情况下才可以查询个人信用报告，否则属于违规查询，信息主体有权向征信业监督管理部门投诉。经

过慎重考虑后，彭先生到违规银行所在地的人民银行进行了投诉，人民银行对相关情况进行调查后，依据《征信业管理条例》的规定，对该违规银行实施了行政处罚。

（二）案例分析

征信系统中的个人信用信息属于个人隐私，受法律保护，除法律另有规定外，任何机构和个人都不可以随意查询。我国《征信业管理条例》第十八条明确规定：向征信机构查询个人信息的，应当取得信息主体本人的书面同意并约定用途。第四十条还规定了未经同意查询个人信息的行为应当承担的法律责任。我们在管理个人信用时，不仅要关注自身的信用状况，还要关注个人信用报告中的查询记录，通过查询记录来了解有哪些机构查询过自己的信用信息，这些机构是否获得了本人的书面授权。对于未经授权擅自获取本人信息的行为，我们可以到监管部门投诉或者通过法律手段进行维权。

六、案例29：只有口头授权不能查询个人信用报告

（一）案情

关某、陈某、罗某和刘某四人为广东省××市居民，2012年11月，他们组成了商户联保小组，由关某作为代表到当地某商业银行申请小额商户联保贷款。由于现场只有关某一人，而其他联保小组成员均未到场，该商业银行工作人员于是让关某填写了小额联保贷款额度申请表（含征信查询授权书），同时电话联系了联保小组的其他成员，口头取得了他们的授权后查询了联保小组成员的个人信用报告。由于联保小组成员的个人信用记录均存在不同程度的问题，该商业银行最终拒绝了该笔贷款申请。客户陈某得知结果后，随即向当地人民银行投诉，认为该商业银行未经他本人授权擅自查询其信用报告，侵害了其知情权。

（二）案例分析

《征信业管理条例》第十八条规定，向征信机构查询个人信息应当取得信息主体本人的书面同意。案例中的银行工作人员虽然有意识要取得客户的授权，但在具体操作中不够严谨，仅取得口头授权就查询客户信息，明显违反了《征信业管理条例》的相关规定，存在较大的法律风险。

七、案例30：银行报送不良信息要履行事先告知义务

（一）案情

2014年1月，广东省××市居民小杨到当地人民银行查询个人信用报告时得知自己有一张信用卡在2013年11月出现逾期记录，于是向人民银行工作人员"诉苦"：自己平时很重视个人信用记录，前段时间因为出差和工作太忙，忘记了信用卡还款的事情，确实是自己的责任。但是信用卡发卡银行却一直没有将逾期情况通知他，这让他非常不满意。人民银行工作人员告诉小杨，根据相关规定，商业银行将客户的不良信息报送到征信系统前需要告知客户。听到这一说法后，小杨前往信用卡发卡银行，要

求该行给出合理的解释。信用卡发卡银行经过核实后告诉小杨，该行工作人员曾经于2013 年 12 月 5 日给他打过电话，但他的电话无人接听，银行方面有工作记录为证。

（二）案例分析

《征信业管理条例》第十五条规定，信息提供者向征信机构提供个人不良信息，应当事先告知信息主体本人。因此，案例中的信用卡发卡银行有义务通过一定的方式（可以是电话、短信、邮件、信函或其他方式）将逾期情况告知客户。值得注意的是，事先告知义务并不意味着银行必须告知客户，如果客户因为联系方式变更等没有收到银行的通知，而银行能够提供相应的记录和证明，则可以认定为已经履行了事先告知义务。

【本章要点】

1. 信用卡和贷款记录是个人信用记录的重要内容，为他人担保也是个人信用记录的内容之一。个人在使用信用卡和贷款时要注意依约及时还款，为他人担保要谨慎。

2. 个人信用记录不仅会影响个人获得信用卡、贷款等金融服务，还会对个人求职、出国留学、租房、申请手机等产生影响。

3. 为保持良好的信用记录，个人应了解个人信用管理的基本内容，定期查询自己的信用报告，关心自己的信用记录状况，及时停止不良信用行为，修复出现的信用问题。

【重要概念】

信用管理　信用报告　信用记录　信用卡　贷款　担保

【延伸阅读】

1. 更多个人信用管理案例请阅读叶尔肯拜·苏琴. 信用问题案例分析［M］. 上海：上海财经大学出版社，2022.

2. 登录人民银行各分支机构网站了解个人信用管理方面的知识。

【思考题】

1. 为什么说良好的信用记录是一笔无形的财富？

2. 个人信用记录主要应用于哪些领域？

3. 怎样维护好自己的信用记录？

4. 通过第三方支付机构还款要注意什么？

5. 如果发现个人信用报告中的信息有错误，该怎么办？

6. 如果发现某银行未经授权查询了自己的信用报告，该怎么办？

［1］中国人民银行征信管理局．现代征信学［M］．北京：中国金融出版社，2015.

［2］王晓明．征信体系构建：制度选择与发展路径［M］．北京：中国金融出版社，2015.

［3］杜金富，张新泽，李跃，等．征信理论与实践［M］．北京：中国金融出版社，2005.

［4］本书编写组．征信理论与实务［M］．北京：中国金融出版社，2009.

［5］中国人民银行广州分行．实用征信知识手册［M］．北京：中国金融出版社，2011.

［6］谭中明，等．社会信用管理体系——理论、模式、体制与机制［M］．合肥：中国科学技术大学出版社，2005.

［7］中国市场学会信用学术委员会．中国社会信用体系模式探索［M］．北京：中国方正出版社，2012.

［8］征信前沿问题研究编写组．征信前沿问题研究［M］．北京：中国经济出版社，2010.

［9］林钧跃．征信技术基础［M］．北京：中国人民大学出版社，2007.

［10］王征宇，于江，陈全生，等．美国的个人征信局及其服务［M］．北京：中国方正出版社，2003.

［11］玛格里特·米勒．征信体系和国际经济［M］．王晓蕾，佟焱，穆长春，译．北京：中国金融出版社，2004.

［12］刘新海，刘志军译．美国征信史［M］．北京：中国金融出版社，2022.

［13］叶谦，常胜．征信理论与实务［M］．北京：高等教育出版社，2015.

［14］吴云勇．现代征信原理与应用［M］．北京：清华大学出版社，2021.

［15］楼裕胜．征信理论与实务［M］．北京：中国金融出版社，2018.

［16］魏来．征信理论与技术［M］．北京：中国人民大学出版社，2020.

［17］万存知．征信业的探索与发展［M］．北京：中国金融出版社，2018.

［18］零壹财经．金融基石：全球征信行业前沿［M］．北京：电子工业出版社，2018.

［19］安建，刘士余，潘功胜．征信业管理条例释义［M］．北京：中国民主法制出版社，2013.

［20］刘新海．征信与大数据［M］．北京：中信出版社，2016.

［21］姚前，谢华美，刘松灵，等．征信大数据：理论与实践［M］．北京：中国金融出版社，2018.

［22］刘新海．世界征信立法汇编——蒙古国、柬埔寨、缅甸、新加坡、韩国篇［M］．北京：中国金融出版社，2020.

［23］何平平，车云月．大数据金融与征信［M］．北京：清华大学出版社，2017.

［24］孙文娜，胡继成．中国近代征信业研究［M］．北京：人民出版社，2018.

［25］马建华．征信知识与实务［M］．北京：国防工业出版社，2012.

［26］李俊丽．中国个人征信体系的构建与应用研究［M］．北京：中国社会科学出版社，2010.

［27］中国人民银行《中国征信业发展报告》编写组．中国征信业发展报告（2003—2013）［M］．北京：中国金融出版社，2013.

［28］全国信用标准化技术工作组．中国社会信用体系建设法规政策制度精编［M］．北京：中国标准出版社，2007.

［29］中国人民银行征信管理局．征信专题研究［M］．北京：中国金融出版社，2009.

［30］戴根有．征信理论与实务［M］．北京：中国金融出版社，2009.

［31］［德］尼古拉·杰因茨．金融隐私——征信制度国际比较（第二版［M］．万存知，译．北京：中国金融出版社，2009.

［32］林·C．托马斯．信用评分及其应用［M］．王晓蕾，等译．北京：中国金融出版社，2006.

［33］周汉华．域外个人数据保护法汇编［M］．北京：法律出版社，2006.

［34］王小奕，等．世界部分国家征信系统［M］．北京：经济科学出版社，2002.

［35］葛华勇．征信理论与实务［M］．北京：中国金融出版社，2012.

［36］马建华．征信知识与实务［M］．北京：国防工业出版社，2012.

［37］叶小杭．信用担保实务案例［M］．北京：经济科学出版社，2008.

［38］邵伏军，等．百姓征信知识问答［M］．北京：中国金融出版社，2008.

［39］邵伏军，等．征信专题研究［M］．北京：中国金融出版社，2009.

［40］王宝琴．"美国式"个人信用制度及其特点［D］．石家庄：河北师范大学，2007.

［41］万存知．征信新职能注入市场新动能［J］．中国金融，2018（23）．

［42］白雪．国外三大征信机构个人产品和服务的比较研究及启示［J］．当代经理人，2022（2）．

［43］刘新海．个人征信发展需要市场化驱动［J］．中国改革，2019（5）．

［44］任兴洲．建立社会信用体系的国际经验与启示［J］．经济要参，2005（25）．

［45］季刚．对企业信用信息基础数据库数据质量的研究［J］．中国金融电脑，2009（8）．

［46］肖向东．信用服务供给模式比较及其演进趋势［J］．求索，2009（4）．

［47］陈经纬，鲁万峰．征信服务于银行风险管理的机理［J］．技术经济与管理研究，2010（1）．

［48］潘孝礼．构建完善我国信用服务体系［J］．社会科学论坛，2008（1）．

［49］程卫东．跨境数据流动的法律监管［J］．政治与法律．1998（3）．

［50］王玥．个人征信权益保护问题的调查与研究［J］．征信，2012（3）．

［51］中国人民银行乌鲁木齐中心支行课题组．《消费者权益保护法》修正背景下征信维权工作探析［J］．征信，2013（10）．

［52］肖永红．维护信息主体投诉权若干问题探析［J］．征信，2009（5）．

［53］郭箭．浅析企业征信系统异议处理［J］．征信，2010（5）．

［54］王海涛．论个人征信异议处理的障碍及其对策［J］．金融理论与实践，2011（9）．

［55］中国人民银行征信中心江苏省分中心．征信领域金融消费者权益保护探索——基于人行南京分行征信管理实践的思考［J］．中国征信，2010（6）．

［56］林凯琼．常见征信涉诉案件法院判例摘编［J］．中国征信，2011（7）．

［57］举栗子．个人信用记录影响为子女出国作经济担保［J］．中国征信，2014（2）．

［58］轧三胡．遭遇英国信用体系［J］．中国征信，2014（2）．

［59］杨柳．基于案例分析的信息主体权益保护问题探讨［N］．金融时报，2011-10-31.

［60］尚博文．美国征信替代数据的应用与启示［J］．征信，2021（10）．

［61］王新军，赵竹青，刘昭伯，等．征信替代数据助推长尾客户金融可得性研究［J］．西南金融，2021（12）.

［62］胡春梅．美国消费者金融保护局的设立与权责［J］．金融法苑，2012（1）.

［63］杨勇，史玉琼．对五种征信维权典型案例的分析与处理［J］．吉林金融研究，2017（2）.

［64］杨夏．商业银行个人征信异议处理机制问题简析［J］．时代金融，2019（11）.

［65］刘新海．专业征信机构：未来中国征信业的方向［J］．征信，2019（7）.

［66］张颖毅，金波，赵以邴．香港征信业发展经验、教训及启示［J］．征信，2022（10）.

［67］高玉翔．个人信息可携带权的全球实践和中国路径倡议［J］．金融电子化，2021（12）.

［68］王新军，赵竹青，刘昭伯，等．跨境征信合作：实践、评析与启示［J］．金融发展研究，2022（3）.

［69］郭庆祥，张颖君．征信体系建设跨境合作探讨［J］．征信，2018（1）.